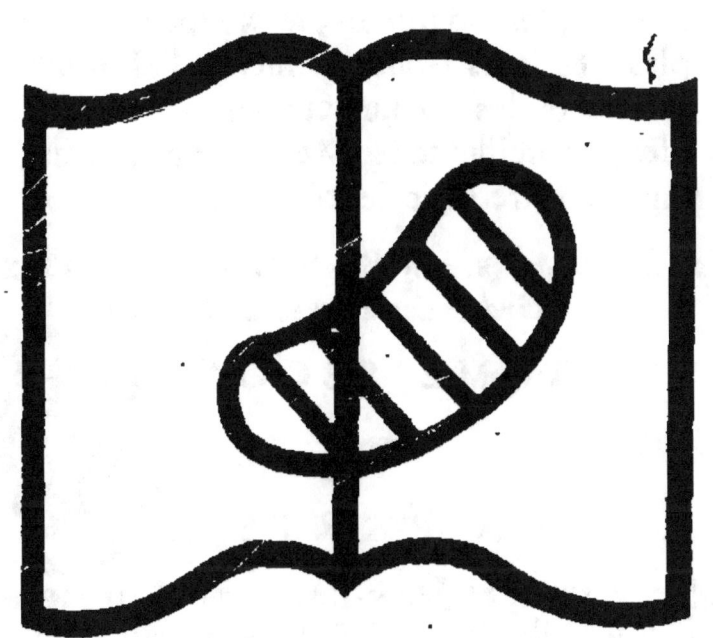

Original illisible

NF Z 43-120-10

"VALABLE POUR TOUT OU PARTIE
DU DOCUMENT REPRODUIT".

MEMOIRES
DU
CHEVALIER D'ARVIEUX,

ENVOYE' EXTRAORDINAIRE DU ROY à la Porte, Conful d'Alep, d'Alger, de Tripoli, & autres Echelles du Levant.

CONTENANT

Ses Voyages à Constantinople, dans l'Asie, la Syrie, la Palestine, l'Egypte, & la Barbarie, la description de ces Païs, les Religions, les mœurs, les Coûtumes, le Négoce de ces Peuples, & leurs Gouvernemens, l'Histoire naturelle & les événemens les plus considerables, recüeillis de ses Memoires originaux, & mis en ordre avec des réflexions.

Par le R. P. JEAN-BAPTISTE LABAT, *de l'Ordre des Freres Prêcheurs.*

TOME SECOND.

A PARIS,

Chez CHARLES-JEAN-BAPTISTE DELESPINE le Fils, Libraire, ruë S. Jacques, vis-à-vis la ruë des Noyers, à la Victoire.

M. DCC. XXXV.

Avec Approbation & Privilege du Roy.

TABLE

DES CHAPITRES CONTENUS dans ce second Volume.

Chap. I. Voyage de Gaze, 1
II. Description de la Ville de Rama, 23
III. Description de la Ville de Gaza, 46
IV. Histoire de Hussein Pacha de Gaza, 62
V. De la Ville d'Ascalon, & de notre retour à Rama, 71
VI. Route de Rama à Seïde par la Samarie, 75
VII. Voyage de l'Auteur aux Saints Lieux, 88
VIII. Route de Jaffa à Jerusalem, 96
IX. De la Ville de Jerusalem, 106
X. De l'Eglise & Couvent de S. Sauveur, 110
XI. De l'Eglise du S. Sepulchre, 117
XII. Des cérémonies qui se font dans l'Eglise du S. Sepulchre, 131
XIII. Cérémonie du prétendu Feu saint des Grecs, 139
XIV. De l'Ordre du S. Sepulchre, & des cérémonies qui s'observent à la reception des Chevaliers, 156
XV. Remarques particulieres sur la Ville de Jerusalem & ses environs, 168

TABLE DES CHAPITRES.

XVI. *Du Jourdain, du Mont de la Quarantaine, & de la Mer Morte,* 185

XVII. *Remarques sur la Ville de Jerusalem,* 206

XVIII. *Voyages à Bethléem, à Hebron, au Desert de S. Saba & à celui de S. Jean,* 217

XIX. *Départ de Jerusalem, & Voyage jusqu'à Acre par Emmaüs,* 256

XX. *Voyage à Nazareth & au Mont-Carmel,* 264

XXI. *Voyage de Safet,* 318

XXII. *Voyage de Seïde à Barut,* 324

XXIII. *Voyage de Barut à Tripoli de Syrie,* 373

XXIV. *Description generale du Mont-Liban,* 398

XXV. *Voyage du Mont-Liban à Damas,* 436

XXVI. *De la Ville de Damas,* 445

XXVII. *Voyage de Damas à Seïde,* 465

Traduction Françoise des Lettres de Chevalerie de l'Ordre du S. Sepulchre de notre Seigneur Jesus-Christ, 471

Privileges des Chevaliers du S. Sepulchre, 476

Ordonnances du Roi de Jerusalem, 478

De la dépense qu'on fait au Voyage de la Terre-Sainte, avec le Catalogue des SS. Lieux, les Certificats qu'on donne aux Pelerins, & les Provisions des Procureurs de Terre-Sainte, 499

MEMOIRES
DU
CHEVALIER D'ARVIEUX.

SECONDE PARTIE.

Contenant ses Voyages particuliers en Galilée, Samarie, Judée, Palestine & les Saints Lieux.

CHAPITRE I.

Voyage de Gaze.

'AY remarqué ci-devant que Hussein Pacha de Gaze, avoit genereusement prêté à la Nation Françoise, une somme considerable sans interêts, pour payer la grosse avanie que Hassan Aga Gouverneur de Seïde lui avoit imposée. Le commerce étoit si fort tombé, qu'on

1659.

1659

fut fort long-tems sans pouvoir lui rendre cette somme : de sorte qu'il fut à la fin obligé d'écrire au Consul qu'il avoit besoin de son argent, & qu'il souhaitoit qu'on le lui renvoyât incessamment.

Le Consul se pressa de satisfaire à ce qu'on devoit à cet obligeant Pacha, & quatre Vaisseaux François étant venus mouiller en rade, on les fit contribuer au payement de la somme; & quand elle fut prête, on la mit sur des bateaux du Païs, & on l'envoya à Rama sous l'escorte du Sieur Antoine Souribe, & de quelques François qui la devoient presenter au Pacha.

Le Sieur Souribe étoit ami particulier de ce Pacha; il lui presenta l'argent, retira l'obligation, & tout se passa avec beaucoup de politesse de part & d'autre.

Le Consul & la Nation s'étant assemblez après le retour du Sieur Souribe, jugerent qu'il ne suffisoit pas d'avoir payé la somme principale; mais qu'il falloit donner au Pacha de Gaze des preuves de la reconnoissance qu'on lui avoit de la generosité extraordinaire, qu'il nous avoit témoignée en cette occasion. On fit faire un bon nombre de vestes de brocard de Venise de differentes couleurs ; on y joignit quelques pieces d'écarlatte, de satin & de mousseline, du sucre, des bougies & quelques galanteries. On choisit les Sieurs Cefar Ravalli & Jean-Baptiste Campon, pour accompagner le Sieur Souribe, qui fut chargé d'aller lui presenter ces choses de la part du Consul & de la Nation.

1659.

Je me joignis à ces trois Députez dans le dessein de voir la Palestine, & de faire le voyage par terre.

Voyage de Seïde à Gaze le 4. Novembre 1659.

Nous partîmes de Seïde le matin du 4. de Novembre 1659. accompagnez chacun de deux Valets. Nous étions douze Cavaliers, avec deux guides aussi à cheval, ce qui faisoit quatorze Cavaliers. Nous avions chacun un fusil, deux pistolets, un sabre à la maniere du Païs & un poignard. Nous étions habillez à la Levantine, & montez sur de très-beaux chevaux.

Nous prîmes la route de Sour sur le rivage de la mer, laissant Gazias à la gauche. Nous déjeûnâmes à une fontaine ombragée de quelques arbres, que les François appellent le jardin de M. Audifret. Il n'y a pourtant point de jardin en cet endroit, & c'est deviner que de dire qu'il y en a eu. Le lieu paroît avoir été autrefois considerable ;

A ij

on y voit les restes d'un grand reservoir & quantité de masures. La situation en est agréable, mais ce n'est à present qu'un desert.

L'ancienne Ville de Sarepta est à quelques mille pas de cette fontaine. Ce n'est plus à present qu'un gros Village appellé Sarfend. Il est situé sur la pointe d'une colline, dont la vûë est belle & le Païs agréable, par la quantité d'oliviers & d'arbres fruitiers dont les jardins sont remplis. Les maisons sont bien bâties, & il y a une fort belle Mosquée ; c'est le lieu où le Prophete Elie ressuscita le fils de la veuve qui l'avoit logé, & dont il multiplia l'huile & la farine. Il y a des grottes à une petite distance du Village, qu'on appelle les Grottes de S. Elie, que les Chrétiens du Païs visitent avec beaucoup de dévotion.

Un peu au-delà de Sarfend, on trouve sur le bord de la mer une petite Mosquée, que les Chrétiens du Païs croyent être le lieu où Notre-Seigneur s'arrêta pour parler à la Cananée. Il y a un Derviche qui demeure dans cette Mosquée, & qui presente de l'eau fraîche aux passans, & reçoit l'aumône qu'on lui veut faire.

En continuant la même route, on

laisse à gauche de hautes collines toutes percées de grottes, & à deux heures delà on trouve la riviere de Kassimie. Ce nom signifie division, parce qu'elle sépare le Gouvernement de Seïde de celui de Safet. Cette riviere prend sa source au pied du Mont-Liban, & reçoit les eaux de quantité de ruisseaux, qui lui donnent environ soixante pas de largeur dans son embouchure. Elle coule dans une vaste prairie, où elle forme diverses Isles fort agréables. Elle est très-poissonneuse, & on y trouve quantité de canards excellens. Sans presque nous détourner, nous en tuâmes en moins de rien une douzaine, qui nous firent faire un bon souper. Cette riviere est profonde & extrêmement rapide : de sorte qu'il est impossible de la passer à gué, comme on passe toutes les autres de cette côte.

1659.
Riviere de Kassimie.

Il y avoit autrefois un pont magnifique sur cette riviere. Le Grand Seigneur Soliman faisant la guerre en ce Païs-là, le fit détruire, il n'en est resté que les piles qui portoient les arches. Depuis ce tems-là on n'a pas songé à le réparer, c'est la coûtume invariable des Turcs. Ils détruisent, ou bâtissent de neuf, & jamais ne raccommodent, pas même leurs propres maisons. Nous

Pont de Kassimie détruit.

A iij

en avons dit la raison ci-devant. Toute la réparation qu'on y a faite, forcé par la necessité, a été de mettre des poutres d'une pile à l'autre, sur lesquelles les gens de pied passent avec peine & danger, & ceux qui ont des chevaux les font passer à la nâge en les tenant par la bride, ou par le licol, comme nous fûmes obligez de faire.

Château de Kassimie. Au-delà du pont, nous trouvâmes un grand bâtiment en forme de Château, avec des murailles & quelques restes de tours. Les uns croyent que c'est un ouvrage des Sultans d'Egypte; les autres croyent qu'il a été bâti par l'Emir Fekerdin, pour garder la tête du pont. Mais comme il y a un calice gravé sur la clef de la porte principale ou unique, on a lieu de croire que c'est un ouvrage des Croisez, qui en ont bâti d'autres sur lesquels on voit de semblables symboles.

La grande porte conduit dans une cour vaste, pleine de fumier, où les Païsans qui s'y retirent au nombre de douze ou quinze familles enferment leurs bestiaux pendant la nuit. Ces Païsans cultivent les terres des environs qui sont très bonnes, & qui les mettroient fort à leur aise sans les pillages continuels des Arabes, & les tyrannies ordinaires & extraordinaires de leurs Gouverneurs.

Nous entrâmes dans ce Château, & nous y dînâmes : nous y trouvâmes du pain, du lait, de très-bonne eau, des œufs, des poules & des poulets, & des fruits, & de l'orge pour nos chevaux, le tout à bon marché.

Nous en partîmes le lendemain de grand matin, & nous allâmes dîner à une fontaine au-deffous du Cap Blanc, des provifions que nous avions apportées, & nous nous y repofâmes en toute fûreté pendant deux heures. Nous avions obfervé toute la plaine & les bords de la mer de deffus le Cap, & nous n'avions rien découvert. Cependant nous nous étions trompez. Comme nous étions prêts de monter à cheval, fix Arabes fe prefenterent à nous la lance à la main, & nous demanderent civilement la vie ou nos habits. La réponfe fut courte ; nous leur préfentâmes nos fufils bandez, & leur dîmes que s'ils avançoient, nous les allions envoyer en l'autre monde. Il faut de la prudence dans ces occafions. Il fuffit de leur faire peur & de les chaffer ; mais on hazarderoit infiniment d'en venir aux dernieres extrêmitez avec eux. Si on en tuoit quelqu'un, on fe

1659.

mettroit fur les bras une guerre immortelle, que le fang de toute la Nation ne feroit pas capable d'éteindre. Nous leur fîmes grande peur, ils tournerent bride fur le champ, & leurs belles cavalles fe déroberent dans un moment de notre vûë. Nous ne tardâmes pas à partir, l'endroit pouvoit devenir plus dangereux ; nous allâmes bon train, & nous arrivâmes à Acre fur les quatre heures après midi, où nos amis nous regalerent de leur mieux pendant deux jours.

Arrivée à Acre.

En partant d'Acre, nous prîmes le chemin de la mer, laiffant à main gauche la petite riviere & les marais, qui rendent cette Ville fi mal faine pendant l'Automne, & nous marchâmes avec la fage précaution de Voyageurs, qui n'ont pas envie de perdre leur bien, entre ces buttes de fable, que le vent forme fur le croiffant que fait la côte. La précaution la plus ordinaire, eft de faire marcher un Valet bien monté, cent cinquante, ou deux cens pas à la tête de la troupe : il porte fa lance avec fa banderolle baiffée, & dès qu'il apperçoit quelque chofe il dreffe fa lance, & auffi-tôt on court à lui le fufil bandé.

Ce paffage eft prefque toûjours dangereux. Les Arabes fe cachent derriere ces monceaux de fable, & dès qu'ils découvrent quelqu'un, ils montent fur leurs cavalles, & vous joignent dans un inftant; mais ils s'arrêtent dès qu'ils voyent des armes à feu, ou qu'on eft en état de leur prêter le collet : car malgré la démangeaifon qu'ils ont de voler, ils craignent infiniment pour leur peau, & n'aiment point du tout à en venir aux mains, à moins que la partie ne foit fi inégale, qu'ils foient phifiquement fûrs d'avoir l'avantage fans rien rifquer. Deux hommes bien réfolus, & armez de bons fufils, en vont tenir en refpect une groffe troupe.

1659.

Après avoir paffé les deux tiers de cette plage, nous paffâmes à gué la riviere de Caïfa fur le bord de la mer. C'eft l'endroit le plus commode lorfque la mer n'eft pas agitée, parce que les vagues y portent continuellement des fables, qui diminuent confiderablement fa profondeur. Elle n'a dans cet endroit qu'environ vingt pas de largeur, & fépare le Gouvernement de Safet des terres de l'Emir Turabey.

Riviere de Caïfa.

Nous arrivâmes à Caïfa une heure après avoir paffé la riviere, & nous allâmes dîner chez un Chrétien de nos amis nommé Forhhat, qui nous fit affez bonne chere, & pendant que nos che-

A v

1659.

Bourg de Caïfa.

vaux se reposoient, nous allâmes voir les masures de ce Bourg.

Les gens du Païs l'appellent Hheïfa, & les Francs Caïfa, parce qu'ils prétendent qu'il a été rebâti & augmenté par le Grand-Prêtre Caïffe. C'étoit autrefois une Ville, les ruines & les masures qui l'environnent en rendent témoignage. On peut même assurer qu'elle étoit assez considerable. Elle est située sur le bord de la mer ; mais elle n'a point de Port. Ce n'est qu'une rade, où le moüillage est assez bon, & à couvert des vents de Midi ; mais fort exposée à ceux du Nord qui y sont violens & dangereux. Le Mont-Carmel n'en est éloigné que d'un quart de lieuë, les arbres toûjours verds, dont cette fameuse montagne est couverte, rend la situation de Caïfa agréable, quoique le terrein des environs ne soit ni bon ni fertile.

Elle a été autrefois une Ville fort grande. On voit des ruines d'édifices jusques presque au pied du Carmel, ce n'est plus à present qu'un mauvais Bourg tout ouvert, habité par des Maures, des Juifs & quelques Chrétiens.

Il n'y a de remarquable que les restes du Château, & de deux Eglises qui sont presqu'à rez de terre. Il y en a une autre dont les gros murs fort épais & fort bien bâtis sont encore debout. On s'en est servi pour appuyer des magasins, des écuries & des chambres pour loger les Voyageurs. Les Peres Carmes du Mont-Carmel y en ont une où ils conservent leurs provisions, qui y sont un peu plus en sûreté, que dans les grottes qui composent leur Couvent. Il y a aussi un appartement pour le Soubachi de l'Emir Turabey, qui commande en ce lieu, & c'est ce qu'on appelle à present le Château fort improprement, puisqu'il n'y a rien qui le puisse défendre.

1659.

Les Corsaires viennent moüiller assez souvent dans la rade. Alors tous les Habitans prennent les armes, bordent le rivage, & empêchent les descentes. Lorsque les Corsaires ont fait quelque prise qu'ils ne veulent pas conduire plus loin, ils tâchent de la vendre à Caïfa. Ils exposent alors un pavillon blanc, & si le Soubachi est d'humeur de traiter avec eux, il en expose un de même couleur sur la muraille, c'est une assurance reciproque, & alors on s'approche, & sans permettre aux Corsaires de mettre à terre, & sans aller dans leurs bords, on traite à bord des Canots, & chacun reçoit sa marchandise,

A vj

& puis on ploye les pavillons, & on devient aussi ennemi qu'avant le Traité.

On ne tire de Caïfa que des grains & du cotton, ce sont les Marchands d'Acre qui font ce commerce.

En partant de Caïfa, nous trouvâmes la langue de terre qui avance dans la mer, vis-à-vis le Cap Carmel, & nous laissâmes à gauche cette montagne dont je parlerai dans un autre lieu.

Atlix, ou Château Pellegrin. Le Château Pellegrin ou Pelcoin, est à dix milles ou trois lieuës & un tiers de Caïfa, les Turcs l'appellent Atlix, c'est-à-dire, Chevalerie. Ce Château appartenoit autrefois aux Chevaliers du Temple, ou de S. Jean de Jerusalem. Il étoit très-bien fortifié pour le tems. Les Pelerins qui alloient par dévotion à la Terre-Sainte y venoient débarquer, & les Chevaliers les recevoient, les conduisoient, & les escortoient dans les visites des Saints Lieux. Il est à present entierement ruiné. Les murailles sont détruites, & de tous les édifices qui composoient cette petite Forteresse, il n'y reste que de vastes soûterrains bien voûtez, qui servoient de magasins aux Chevaliers. Nous y vîmes de magnifiques restes d'une Eglise, qui avoit été très-belle & très-grande. Ce lieu n'est à présent habité que de quelques Païsans qui cultivent la campagne des environs.

On compte trois lieuës du Château Pellegrin à Tartoura. Nous y allâmes descendre chez un Chrétien Grec appellé Abou-Moussa, & nous y passâmes la nuit dans une chambre où les puces pensèrent nous dévorer. Nous y arrivâmes de bonne heure, & aussi-tôt j'allai avec le Sieur Souribe au camp de l'Emir Turabey, pour moyenner le rétablissement des Religieux Carmes dans leur Convent du Mont-Carmel. Ils avoient été obligez de l'abandonner à cause des persecutions que les Arabes leur faisoient. Le Camp de cet Emir n'étoit qu'à un quart de lieuë de Tartoura. Nous fûmes fort bien reçûs de ce Prince qui étoit fort honnête, & qui nous accorda gracieusement ce que nous lui demandions. Nous réglâmes le tribut annuel que ces Peres avoient accoûtumé de donner, & ils retournerent dans leur Convent.

Nous revînmes ensuite à Tartoura, & nous eûmes encore assez de tems pour voir ce qu'il y a dans ce petit lieu, qui ne consiste qu'en une seule ruë assez grande qui fait face à la mer. C'est là que se tient le marché, où les Arabes apportent leurs pillages, & les Païsans des environs leur bétail & leurs fruits, qu'ils troquent pour du ris & des toiles que les Egyptiens y apportent dans de petits Bâtimens, parce que le Port, ou espece de Port qui est devant la Ville, n'a pas de fond pour recevoir de plus grands Bâtimens.

Les Habitans n'ont point de Mosquées. Ils s'assemblent dans la place publique, où ils ont fait une terrasse élevée d'environ deux pieds, & fermée par une petite muraille. Ils s'y assemblent en plein air aux heures de la priere.

Il y a tout auprès un Kahué, qui est le plus bel édifice & le plus frequenté du lieu. Son nom marque assez sa destination. Tout le monde s'y assemble pour fumer, pour prendre du caffé, & pour dire ou apprendre des nouvelles.

L'eau bonne à boire manqueroit absolument à Tartoura, sans une petite fontaine qui est à deux toises dans la mer sur un rocher, qui est couvert de lames pour peu qu'elle soit grosse. Ce n'est pas qu'il n'y ait d'autres sources répandues dans differens endroits; mais elles sont saumatres, & c'est justement de ce petit écüeil environné des eaux de la mer, dont on a si souvent besoin dans ce lieu.

1659.

Tous les environs de ce lieu sont assez steriles, découverts, sans arbres. La terre ne produit que des grains. L'Emir Turabey a un Fermier à Tartoura, qui exige les Doüannes, le Caffar ou péage pour le passage, & les autres droits qui se reçoivent à l'entrée & à la sortie de ce Bourg.

Le Sieur Souribe avoit des affaires avec Abou-Moussa, qui nous retinrent presque toute la matinée du jour suivant: de sorte que nous ne partîmes qu'après un déjeûné dînant, pour aller à Cesarée, qui n'en est éloignée que de quatre lieuës.

Cesarée de Palestine, que les Arabes appellent Caissaria, qui signifie Ville de Cesar, étoit autrefois une Ville considerable par ses richesses & par son commerce. Elle n'est plus à present qu'un monceau de ruines comme S. Jean d'Acre. Elle fut bâtie par Herodes le Grand. Elle est située sur le bord de la mer: on voit encore ses épaisses murailles presque entieres. Elle n'étoit que d'une grandeur mediocre, mais bien percée. Ses fossez étoient larges, & apparemment profonds. La chûte des Tours les a presque comblez. Ce

Cesarée de Palestine.

qui y reste de remarquable, c'est un nombre très-grand de colonnes de marbre gris, ou granits, & de ces pierres que le vulgaire croit avoir été fonduës, & les caves & les murs d'une Eglise qui a été magnifique. Les caves sont dans leur entier, leurs voûtes ont résisté à toutes les injures de l'air & des siecles ; ses gros murs & ses colonnes ne sont pas encore entierement abattuës. On voit par ce qui reste des maisons qu'elles étoient toutes de pierre de taille, & bien voûtées. On la pourroit remettre sur pied à peu de frais ; mais elle n'est habitée que par une douzaine de familles de pauvres gens, qui gagnent leur vie à pêcher du poisson, & qui s'enfüyent & se cachent dans ces soûterrains dès qu'ils voyent paroître quelqu'un.

Nous resolûmes de passer la nuit dans ce triste lieu, parce que de Céfarée à Rama on ne trouve aucun gîte, & qu'il faut faire tout ce chemin tout d'une traite.

Nous commençâmes à faire un grand feu, au milieu d'une petite place environnée de ruines, où nous trouvâmes de quoi attacher nos chevaux, & placer notre bagage & nos armes. Nous appellâmes ces Pêcheurs fugitifs, &

leur dîmes qui nous étions. Le nom de Francs les fit sortir de leurs tannieres, ils vinrent à nous, & nous apporterent tout le poisson qu'ils avoient pêché ce jour-là. Nous le leur payâmes au double de ce qu'ils l'auroient pû vendre à d'autres. Ils furent si contents de notre liberalité & de nos bonnes manieres, qu'ils nous fournirent fort honnêtement ce dont nous avions besoin pour le faire cuire, & aiderent nos Valets à faire la cuisine.

1659.

Les Pêcheurs ont un talent merveilleux pour accommoder le poisson. On fit rôtir les plus gros, & on mit le reste dans des chaudrons avec de l'eau de mer, & des herbes fines qui sont en quantité dans ces ruines, & sans autre assaisonnement nous eûmes une matelotte ferme & d'un goût excellent.

Nous soupâmes auprès de notre feu avec nos Pêcheurs, que nous mîmes de bonne humeur avec quelques coups de vin pur que nous leur fîmes boire. Ils nous conterent qu'il n'y avoit que deux jours, que les Arabes avoient donné sur la Chaloupe d'un Corsaire qui faisoit de l'eau; mais qu'ils n'en avoient enlevé que deux hommes qu'ils avoient conduits à l'Emir.

Nous étions encore à table, quand

la Sentinelle que nous avions fur un refte de Tour, nous avertit qu'il voyoit quantité de lances qui entroient dans la Ville. Nous ne doutâmes point que ce ne fuffent des Arabes. Abou-Mouffa qui étoit avec nous, nous affura que nous n'avions rien à craindre, parce qu'ils nous avoient vûs le foir précédent chez l'Emir.

Rencontre d'une troupe d'Arabes.

C'étoit le Kihia du fils de l'Emir à la tête de cent Cavaliers bien montez qui cherchoient fortune, & qui n'avoient d'autres armes que leurs lances. Abou Mouffa alla au-devant, & leur dit qui nous étions, après quoi ils paffereut devant nous, & s'allerent camper à la portée du piftolet de nous: ils planterent leurs lances à terre, & s'affirent en rond pour fumer.

Nous crûmes qu'il étoit de notre politeffe de leur envoyer de quoi fe rafraîchir. Ils reçûrent avec plaifir le pain & le poiffon rôti, que nous leur fîmes porter par Abou-Mouffa, & par nos Pêcheurs, avec quelques bouteilles de vin. Après qu'ils eurent bû un coup, ils dirent à notre Envoyé de nous demander le Caffar, ou droit de paffage. Comme ce droit eft établi dans le Païs, il ne faut pas fonger à s'en exempter. Nous le payâmes fur le champ, à raison d'un piastre un tiers pour chaque François. Notre Grec leur porta la somme ; mais ils ne s'en contenterent pas, & lui dirent qu'étant cent il leur falloit au moins un piastre à chacun.

Je me doutai, je ne sçai pourquoi, de quelque chose, & je fis brider nos chevaux qui étoient encore sellez, & dès qu'Abou-Moussa nous dit les prétentions de ces Arabes, nous montâmes à cheval, & nous mettant en ordre, nos fusils bandez sur eux, nous leur envoyâmes dire que s'ils ne partoient sur le champ, nous allions faire feu sur eux. Ils nous firent assurer qu'ils n'avoient aucun dessein de nous faire violence, & qu'ils étoient de nos amis. Il falloit bien qu'ils le fussent par force : car quoiqu'en plus grand nombre, ils n'auroient pas été les plus forts. Ils prirent le parti de recevoir l'argent qu'ils avoient refusé, & défilerent par le même chemin qu'ils étoient venus.

Nous posâmes encore une autre Sentinelle sur une autre Tour, qui les observa jusqu'à ce qu'il les eût perdus de vûë, & nous nous amusâmes à nous promener dans ces ruines avec nos armes en attendant la nuit.

Nous l'eussions passée dans ce lieu autour de notre feu, si un des Pêcheurs ne nous eût averti que les Arabes n'étoient pas gens à nous laisser aller à si bon marché, & qu'infailliblement ils viendroient nous attaquer en plus grand nombre, ou qu'ils nous attendroient le lendemain à la pointe du jour, dans un défilé dangereux, qui est entre un rocher escarpé & le bord de la mer, où ils nous obligeroient de leur donner de l'argent. Cet avis n'étoit point à négliger, nous raisonnâmes là-dessus jusqu'à minuit, après quoi nous montâmes à cheval, pour sortir des terres de l'Emir à la faveur de la nuit.

Pour faire paroître notre troupe plus grosse, & tromper les espions des Arabes s'ils en avoient pour nous observer, nous nous avisâmes de couper en morceaux les méches des mousquets de nos Valets & de nos deux Guides. Nous les allumâmes par les deux bouts, & les attachâmes aux deux extrêmitez de nos fusils & des mousquets, & les portant devant nous de travers sur nos selles, avec encore une méche allumée à chaque main, & marchant l'un après l'autre, nous faisions paroître cinquante-six Cavaliers. Nous passâmes ainsi sans obstacle le mauvais pas où les Arabes nous attendoient campez sur la hauteur.

Nous étions à plus de deux milles du défilé, lorsque le point du jour nous découvrit. Ils quitterent leur poste aussi-tôt, & vinrent à toutes jambes, en criant comme des enragez. Nous piquâmes des deux dès que nous les apperçûmes, & malgré leurs bonnes cavales, nos chevaux qui étoient bons nous mirent en sûreté dans le Village appellé Ali-ben-aalam, qui n'étoit pas de la Juris-diction de l'Emir, & où il y avoit un grand Peuple assemblé, à cause de la Fête de ce Saint, que l'on croit dans le Païs être Japheth fils de Noé.

1659.

Fête de Japheth fils de Noé.

Ce sont sur-tout des femmes qui sont ses dévotes les plus dévoüées. Les Maures, les Juives, les Grecques, les Armeniennes, les Chrétiennes, y vien-nent par troupes, lorsqu'elles sont steriles ou maltraitées de leurs maris, ou malades; elles se rendent à ce Village de tous les environs, & y continuent leurs dévotions pendant plusieurs jours, & s'imaginent ensuite obtenir, ou avoir obtenu tout ce qu'elles ont deman-dés.

J'ai cru pendant quelque tems que ce Village est l'Antipatrice des anciens, parce que cette Ville étoit constam-ment entre Cesarée & Jaffa sur le bord de la mer ; mais n'y ayant trouvé aucune marque d'antiquité, j'ai changé de fentiment, & j'ai crû que nous avions paſſé ſur les ruines de cette Ville ſans les voir, à cauſe de la nuit.

D'Ali-ben-aalam nous prîmes un chemin de traverſe, qui nous conduiſit droit à Rama.

Nous vîmes en chemin le Lac du Crocodille, appellé Mouyet-al-tamſah, depuis qu'un Crocodille d'une grandeur prodigieuſe en étoit ſorti, & avoit avalé un âne chargé de pierres qui paſſoit auprès.

Nous fîmes le reſte du chemin dans une très-belle campagne bien fertile & très-bien cultivée, parſemée de très-beaux Villages dont j'ai oublié les noms, ayant negligé de les écrire à meſure que je les appercevois.

Nous arrivâmes à Rama ſur les ſept heures du ſoir, bien fatiguez de cette longue journée, auſſi bien que nos chevaux ; mais bien aiſe de n'avoir rien eu à démêler avec les Arabes.

Nous allâmes deſcendre à l'Hoſpice de Terre-Sainte, où M. Souribe avoit ſon logement, comme Procureur de Jeruſalem. Nous allâmes loger chez M. Ravalli qui y avoit une maiſon, & après ſouper il ne nous fallut pas prier pour nous faire mettre au lit.

Nous fçûmes le lendemain matin, que le Pacha de Gaze étoit attendu à Rama inceſſamment, en revenant d'une expedition qu'il étoit allé faire ſur les Arabes par ordre du Grand Seigneur. Nous réſolûmes de l'y attendre, & de lui preſenter en cet endroit ce que le Conſul & la Nation nous avoient chargé de lui preſenter de leur part. C'eſt ce dont je parlerai après que j'aurai rapporté ce que j'ai vû & remarqué à Rama pendant le ſéjour que j'y ai fait.

1659.

CHAPITRE II.

Deſcription de la Ville de Rama.

LEs Arabes l'appellent Ramlé, qui ſignifie ſablonneuſe, à cauſe des ſables au milieu deſquels ils prétendent qu'elle étoit bâtie, avant que l'on eût découvert ſon terrein, & qu'on l'eût cultivé & rendu fertile comme il l'eſt à preſent. Je crois que Ramlé eſt un diminutif de Ramatha, & même d'A-rimathea, qui étoit la demeure, ou la patrie de Nicodéme & de Joſeph, qui enſevelirent Notre-Seigneur.

Nom de Rama.

Rama eſt ſur le grand chemin qui

va de Jaffa à Jerusalem, & sur celui où passent les Caravannes qui vont d'Egypte à Damas. Elle est bâtie dans une campagne unie & très-fertile, quoique sans ruisseaux ni rivieres. Ses avenuës sont très-agréables ; ce sont de grandes allées d'arbres que la nature y a formée, sans le secours de l'art, avec des hayes & des buissons, des rosiers & d'autres arbrisseaux utiles & de bonne odeur. Elles forment des promenades en tout tems.

Les ruines de ses anciens édifices, ses cîternes, ses réservoirs, ses grandes & belles Eglises, à présent changées en Mosquées, sont des preuves de sa magnificence. Mais il y est arrivé des changemens si considerables, qu'elle ne peut plus être regardée que comme un grand Village, assez peuplé à la verité, & que le concours des Marchands qui viennent acheter des grains, du cotton & des fruits enrichit beaucoup, aussi bien que le passage des Caravannes.

Elle n'a plus de murailles, les anciennes ne paroissent plus à leur place. Les ordures de la Ville que l'on jette hors de l'enceinte que forment les maisons, ont été des especes de remparts qui pourroient être de quelque utilité

utilité à cet amas de maisons, s'ils n'y répandoient pas en Eté une infection qui corrompt l'air, & le rendent aussi dangereux qu'à Acre & à Alexandrette.

1659.

Les maisons sont mal bâties. Les plus considerables n'ont que l'étage du rez de chaussée : mais elles sont voûtées & couvertes en terrasses sur lesquelles on peut se promener, prendre le frais, & coucher pendant les grandes chaleurs de l'Eté. Les portes des maisons n'ont tout au plus que trois pieds de hauteur : de sorte qu'il se faut courber en deux pour y entrer. Ils les font ainsi pour empêcher les Arabes d'y entrer ; car ces gens-là n'aiment pas à mettre pied à terre ni à abandonner leurs chevaux. Cette difficulté, ou plûtôt l'impossibilité d'entrer à cheval dans les maisons, fait la sûreté de ceux qui les occupent. La maison où nous étions logés avoit une porte de cette hauteur, ce qui nous incommodoit fort; mais nous supportions cette incommodité par l'honneur que nous avions d'occuper une maison qui avoit appartenu, selon la tradition du païs, à Joseph ou à Nicodéme.

Les Princes Chrétiens y avoient fait bâtir un Couvent magnifique pour les Religieux, & pour les Pelerins qui

Tome II. B

alloient visiter les Saints Lieux. Les Turcs l'ont tellement ruiné, qu'on n'en voit plus à present le moindre vestige.

Les Peres de la Terre-Sainte ont eû permission du Pacha de Gaze, de qui cette Ville dépend, de faire bâtir une maison sur les ruines de leur ancien Couvent, c'est-à-dire, sur le lieu où l'on croit qu'il étoit bâti. Elle consiste en une petite Chapelle, où deux ou trois Religieux disent la Messe pour les Catholiques, dont ils sont les Curez, & en huit ou dix petites chambres, bâties autour d'une assez grande cour, qui forment une espece de Cloître quarré, dont le milieu leur sert de jardin, à côté duquel sont les cuisines & les offices. Ce qu'on croit rester de l'ancien bâtiment n'est qu'une cour de huit toises de longueur sur quatre de largeur qui sert d'avant cour au nouveau Couvent. On a fait des magazins & quelques logemens appuyez sur la muraille de cette cour ; mais dont les entrées sont dans une autre petite cour où sont les appartemens du Procureur de la Terre-Sainte, avec une fort belle cîterne, qui se remplit des eaux qui tombent des terrasses. Les Sieurs Souribe & son frere ont demeuré long-temps dans cette maison, pendant qu'il

Couvent des Peres de la Terre Sainte à Rama.

faisoient les fonctions de Procureurs de la Terre-Sainte. Ils avoient même la charité de nourrir à leurs dépens les Religieux & les Pelerins qui passoient chez eux, en allant ou en revenant des Saints Lieux. Depuis qu'ils ont quitté cet emploi, c'est la Communauté des Religieux qui fait cette dépense, quoique ce dût être au Trucheman à la faire, sur les vingt-huit piastres que chaque Pelerin lui donne pour lesquels il se contente de leur fournir les voitures.

Il n'y a de remarquable en cette ville que deux Eglises dont on a fait des Mosquées. La premiere qui étoit la Cathedrale, étoit dédiée à Saint Jean-Baptiste, c'est aujourd'hui la principale Mosquée. Elle a quatre rangs de douze colonnes chacun, qui supportent les voutes des nefs. C'est tout ce que j'en ai pû voir avec assez de peine, parce que les Turcs en empêchent l'entrée aux Chrétiens, sous les peines les plus rigoureuses. Il faut des amis & des présens pour s'arrêter un moment à la porte, encore faut-il prendre son tems quand il n'y a personne ; car le premier qui s'en appercevroit & s'en plaindroit, mettroit le curieux en danger de la vie, ou l'exposeroit à une avanie considerable.

B ij

Il y a vis-à-vis la porte principale un grand réservoir rempli des eaux qui y tombent en hyver.

L'autre Eglise étoit dédiée à Notre-Dame des quarante Martyrs. C'est à présent un grand Cloître quarré, de cent pas à chaque côté, avec des chambres voûtées, & couvertes chacune d'un dôme fort propre.

L'Eglise qui est à présent une Mosquée est au milieu de ce Cloître. Elle est de médiocre grandeur, bien bâtie & bien entretenuë, du moins autant que je l'ai pû voir sans y entrer. La grande tour où étoient anciennement les cloches est encore toute entiere; on l'a exhaussée d'une autre plus petite, comme on voit dans toutes les Mosquées, où les Muezins montent aux heures de la priere pour y appeller le peuple.

On voit auprès de ce Cloître un puits fort profond, voisin du Marastan, c'est ainsi qu'on appelle l'Hôpital des fols; car il y en a dans ce païs comme dans les autres. Le Maître de cet Hôpital est en même tems le Medecin de ceux que l'on y renferme, & comme les autres Medecins, il les guérit quelquefois par adresse, & plus souvent par hazard. Les remedes qu'il employe sont de deux especes, la bonne nourriture, & les coups de bâton. L'expérience lui a appris que le dérangement de la cervelle vient quelquefois du défaut de nourriture, & souvent d'un vice de l'imagination, qui s'attache à quelque chose avec une obstination que le vulgaire croit invincible, ce qui cause un dérangement, quelquefois universel dans toute la cervelle, qui est ce qu'on appelle folie. Quand ce dérangement vient de défaut de nourriture, il est aisé d'y remedier, en donnant au malade de bonne nourriture, & en le forçant à la prendre, quand il s'obstine à n'en pas vouloir, & c'est par là qu'il commence pour l'ordinaire. Mais quand il connoît que le mal vient d'un vice de l'imagination blessée, & obstinément attachée à une chose ou à un objet, il s'y prend d'une autre maniere, & tâche de rendre le malade docile, afin de lui remettre peu à peu l'imagination dans la situation où elle doit être. Il en coûte au malade ; mais on en voit assez souvent qui guerissent, & qui deviennent aussi doux, aussi obéïssans & aussi traitables, qu'avant qu'ils tombassent dans ce triste état.

Lorsqu'on amene un de ces malades à l'Hôpital, le Maître lui demande

1659.

B iij

gravement s'il a des mains. Si le malade obstiné refuse de répondre, ou s'il répond mal, il le fait coucher par terre par ses gens, & lui fait donner cinquante ou soixante coups de bâton sur les fesses, ou sur la plante des pieds, après quoi il lui fait donner à manger. S'il refuse de manger, on recommence à le battre. Telle que soit la folie, elle n'empêche personne de sentir les coups. Le lendemain le Maître lui fait la question du jour précédent, & s'il s'obstine à ne pas répondre, on recommence le châtiment, & tous les jours suivans, jusqu'à ce qu'on l'ait obligé à dire qu'il a des mains. Après cela on lui demande combien il en a; & on les lui fait compter plusieurs fois de suite. On lui fait faire la même question pour ses doigts, & on le réduit enfin à une telle obéïssance, & à une si grande soûmission, qu'un enfant de quatre ans n'en a pas de plus grande. C'est ainsi qu'une bonne nourriture jointe au châtiment qu'on ne leur épargne pas, réduit à la fin les plus obstinez aux devoirs que l'on éxige d'eux. Il est vrai qu'il en meurt plus qu'il n'en guérit, comme nos Medecins en tuënt plus qu'ils n'en guérissent; mais les Maîtres de ces Hôpitaux s'en mettent aussi peu en peine que les Medecins, & difent qu'il eſt plus à propos qu'un homme ſorte de ce monde, que d'y demeurer privé de la raiſon.

1659.

Le puits dont nous avons parlé fournit de l'eau à une bonne partie de la ville. On la tire par le moyen d'une rouë qui eſt tournée par un mulet, ou par un chameau, qui fait mouvoir un eſſieu de bois, ſur lequel eſt une groſſe corde de palmier, toute garnie de pots de terre qui puiſent l'eau, & quand ils arrivent au haut de la rouë, ils la renverſent dans un réſervoir, d'où elle eſt diſtribuée dans les canaux qui la portent dans les lieux où l'on en a beſoin. C'eſt la meilleure & la plus fraîche qu'il y ait dans la Ville.

Il y a encore une cîterne à trois quarts de lieuë de la Ville, très-bien bâtie; elle eſt quarrée. Je jugeai en regardant par des ouvertures aſſez grandes, qui ſont à ſes murs, qu'elle avoit trente pas de longueur ſur chaque face.

Voilà tout ce qu'il y a de plus remarquable dans cette Ville ruinée. Après cette promenade nous retournâmes ſouper au logis & nous repoſer, & nous fûmes le lendemain matin à Lidda. C'étoit un jour de marché, où nous étions bien aiſes de nous trouver

B iiij

pour voir l'affluence des Marchands, & ce qu'on y vend.

La Ville de Lidda est appellée Lidd par les Arabes. Elle est située dans une plaine à une lieuë de Rama vers le Septentrion. Elle est si entierement ruinée, qu'elle n'est plus à present qu'un miserable village, qui n'est considérable que par le marché qu'on y tient une fois la semaine. Les Marchands y viennent vendre les cottons & les autres denrées qu'ils ont amassées pendant la semaine. Il y avoit autrefois une belle Eglise dédiée à saint Georges, qui étoit desservie par les Grecs. Ce Saint est également estimé par les Chrétiens & par les Turcs. Leurs Religions, toutes opposées qu'elles sont, ne les empêchent pas d'avoir une vénération égale pour ce saint Martyr. Tout le monde y a recours ; mais personne ne songe à faire rétablir son Eglise, qui est toute ruinée. Il n'y reste plus que le clocher, & quelques pans de muraille du chœur. Il y a un Autel tout à découvert, sur lequel les Religieux Grecs disent quelquefois la Messe. Cet Autel n'est séparé de la petite Mosquée que les Turcs ont en ce lieu, que par une muraille. Les uns & les autres croyent que c'est en cet endroit que saint Georges a souffert le Martyre, & cet endroit est marqué par une petite colonne de marbre, qu'on nous montra, & à laquelle les Chrétiens & les Turcs ont une grande dévotion.

1659.

Nous dînâmes à Lidda dans une cabanne remplie de cotton; & après avoir passé à sec un torrent que les eaux des pluyes remplissent pendant l'hyver, nous revînsmes coucher à Rama.

Le Pacha de Gaza arriva deux jours après à Rama. Tous les François s'assemblérent aussi-tôt, & résolurent de l'aller saluer le soir même; & comme on ne se présente jamais devant ces Seigneurs les mains vuides, on chargea le Trucheman de la Nation de lui porter le présent que le Consul & la Nation lui envoyoient. Il fit des difficultez tout-à-fait grandes, avant de se résoudre à l'accepter, disant qu'il se trouvoit heureux d'avoir trouvé cette occasion de témoigner aux François l'estime qu'il avoit pour eux, & l'amitié qu'il leur portoit, qu'il étoit content de l'exactitude avec laquelle ils lui avoient rendu la somme qu'il leur avoit prêtée, qu'il n'en avoit jamais prétendu d'interêt, & que c'étoit lui

B v

faire tort de lui faire un préſent dont la valeur excedoit beaucoup l'intérêt, qu'un homme moins affectionné que lui auroit pû prétendre de ſon argent. Le Drogman répondit que la Nation ne prétendoit pas par ce petit préſent entrer en compte avec lui des intérêts de la ſomme qu'il lui avoit prêtée ſi généreuſement dans le preſſant beſoin où la tyrannie de Haſſan Aga l'avoit réduite ; mais ſeulement lui donner une légére marque de ſon reſpect & de ſa reconnoiſſance, & que ce ſeroit lui faire une peine infinie de la refuſer, qu'elle attendoit cela comme une nouvelle marque de ſa bonté, & de la continuation de ſa protection. Il ajoûta d'autres raiſons qui obligerent enfin le Pacha à recevoir le preſent, en diſant, qu'il ne ſe rendoit que pour ne nous pas faire de peine, & ſe fit montrer le preſent en détail : il en loüa beaucoup la richeſſe & le choix, & dit pluſieurs fois qu'on lui ôtoit le plaiſir d'avoir obligé la Nation du monde la plus généreuſe, & qu'il aimoit & eſtimoit au-deſſus de toutes les autres. Il dit enſuite au Drogman qu'il nous donneroit audience à l'entrée de la nuit, après qu'il ſe ſeroit débaraſſé des viſites que les principaux du païs lui venoient rendre, & qu'il auroit donné les ordres néceſſaires pour partir le jour ſuivant, comme il avoit réſolu.

Nous allâmes au Sérail ſur les ſept heures du ſoir. Cette maiſon ne paroît pas grande choſe en dehors; mais les dedans ſont propres & bien diſtribuez.

Nous trouvâmes d'abord une cour aſſez grande où il y avoit des Orangers, des Citroniers & des Arbuſtes, avec quelques baſſins & des jets d'eau. Les appartemens étoient diſpoſez à peu près comme ceux du Pacha de Seïde, tant pour les meubles que pour le ſervice.

Les Officiers du Pacha nous reçûrent à la porte avec beaucoup de civilité; & après nous avoir fait paſſer par pluſieurs pieces de l'appartement, ils nous introduiſirent dans une petite chambre où nous trouvâmes le Pacha qui venoit de ſouper, & qui s'entretenoit avec ſon muet.

Il nous reçût avec un viſage riant. Le Sieur Souribe qui en étoit le plus connu, & qui parle parfaitement bien la Langue Arabe, entra le premier & lui baiſa la main; nous en fîmes de même; il nous fit donner des ſieges, & quand nous fûmes assis, le Sieur Souribe lui fit son compliment au nom de la Nation, & l'assura que nous n'oublirions jamais les bontez qu'il avoit eues pour nous, & la maniere généreuse dont il en avoit agi. Le Pacha lui répondit qu'il s'étoit fait un plaisir de nous avoir obligé; qu'il auroit souhaité que c'eût été dans une chose plus considerable, & qu'il en chercheroit si bien les occasions qu'il esperoit être assez heureux pour les trouver. Il nous remercia dans des termes très-polis du present que nous lui avions apporté, & nous assura qu'il feroit toûjours prêt de nous continuer les marques de son amitié pourvû qu'on voulût bien les recevoir sans lui faire des presens aussi considerables que celui que nous venions de lui faire.

Après ces complimens reciproques, il commanda à ses gens de se retirer, & ne garda auprès de lui que son Muet & quelques Pages, pour servir la collation qu'il nous vouloit donner.

Nous quittâmes nos sieges, & nous nous assîmes sur des carreaux autour de lui, & l'on servit une grande table basse, chargée de quantité de petits plats de porcelaine pleins de differentes confitures, de fruits, de fromages, & d'autres mets, avec d'excellent vin qu'on nous servoit dans de petites tasses de porcelaine.

La conversation devint bien-tôt générale & fort gaye ; on parla de l'expédition qu'il venoit de faire sur les Arabes, des nouvelles du païs, & d'Europe. Je lui parlai en Turc, ce qui lui fit plaisir. Il me loüa fort des progrès que j'avois fait dans cette Langue. Il voulut sçavoir si je m'étois appliqué à la Langue Arabe & au Grec litteral & vulgaire, & me dit que la connoissance des Langues qui sont en usage dans les païs où l'on voyage étoit d'une utilité infinie, & qu'on ne pouvoit s'y trop appliquer, afin d'être en état de traiter par soi-même, & sans le secours des Interpretes, avec ceux à qui l'on a affaire. Le Drogman étoit derriere nous, & expliquoit à nos deux autres Compagnons ce que le Pacha disoit quand il leur adressoit la parole.

Ce Seigneur bûvoit du vin sans scrupule, & en bûvoit largement, & nous étions obligez de faire comme lui pour lui faire nôtre cour. Nous demeurâmes à table jusqu'à minuit, aprèsquoi il nous permit de nous retirer. Le Pere George Richelius Jesuite étoit de ce repas; c'étoit un homme très sçavant dans les Mathematiques & dans les Langues Orientales. Le Pacha lui parla beaucoup pendant le repas, & prenoit plaisir à lui faire des questions sur la Geometrie, sur l'Astrologie judiciaire, & sur d'autres choses qui nous donnerent beaucoup de plaisir.

Nous étions prêts de le quitter lorsqu'il nous dit avec beaucoup d'honnêteté, que nous étions dans son Gouvernement, & que par une suite necessaire nous dépendions de lui, & qu'en qualité de notre Superieur il nous commandoit de le suivre à Gaza, où il nous vouloit retenir quelques jours, & nous régaler mieux qu'il ne faisoit à Rama, & qu'il falloit que nous fussions à cheval au second coup des trompettes, afin de l'attendre aux Quarante-Martyrs, qui est un Village sur la route de Gaza.

Il étoit une heure après minuit quand nous fûmes de retour chez nous : de sorte qu'il ne fallut pas songer à dormir. Nous préparâmes nos équipages, & dès la pointe du jour les trompettes sonnerent le boute-selle. Nous montâmes à cheval, & nous nous trouvâmes des premiers aux Quarante-Martyrs, comme le Pacha l'avoit ordonné.

Nous vîmes défiler son équipage, qui étoit du moins aussi nombreux & aussi leste que celui du Pacha de Seïde, que j'ai décrit ci-devant. Ce qu'il avoit plus que cePacha,étoit un très-beau carosse tiré par six beaux chevaux blancs. Les chemins de Rama à Gaza sont propres pour faire rouler le carosse, étant unis, & n'ayant que de petits côteaux aisez à monter & à descendre.

Le Pacha étoit monté sur une très-belle & grande cavalle isabelle Arabe, qui le faisoit paroître au milieu de ses gens plus grand qu'eux de toute la tête.

Nous nous mêlâmes parmi ses domestiques à dix pas de lui, après l'avoir salué, sans descendre de cheval. Il nous rendit le salut fort gracieusement, & nous fûmes témoins des honneurs qu'on lui faisoit dans toute la route.

Il étoit tellement aimé & respecté dans son Gouvernement, que tous les chemins depuis Rama jusqu'à Gaza étoient couverts de monde. Son train avoit peine à se faire jour à travers de la foule d'hommes, de femmes & d'enfans qui couvroient le chemin, qui étoient venus de tous les Villages à plusieurs lieuës à la ronde pour le voir, le saluer, & qui le combloient de loüanges & de souhaits pour sa prosperité. Les voix glapissantes des femmes & des enfans, & les cris des hommes étouffoient le bruit des tambours, des trompettes & des hautbois, qui n'étoient qu'à vingt pas derriere nous.

Ceux qui avoient des plaintes à lui faire s'en approchoient librement; ils lui donnoient leurs placets, qu'il remettoit à son Kiahia, avec ordre de les lui rapporter incessamment.

Nous arrivâmes ainsi sur les quatre heures après-midi à un Village qui est à moitié chemin de Rama à Gaza. Nous le traversâmes sans nous y arrêter. Les tentes du Pacha étoient dressées un peu au-delà dans le milieu d'une campagne sablonneuse, qui paroissoit une nouvelle Ville.

Dès qu'il fut descendu de cheval, chacun prit le poste qui lui fut marqué. Les Cavaliers camperent sous des oliviers, les Fantassins eurent un autre poste, & toute sa Maison avec ses Officiers trouverent des tentes toutes dressées & fort propres.

Il nous en fit donner une fort commode & bien meublée, où nous passâmes la nuit, après avoir soupé avec lui, & ne se contentant pas du repas qu'il nous avoit donné, qui avoit été

long & magnifique, il nous envoya
des viandes, des fruits & du vin pour
nous réjoüir pendant la nuit. Nous
avions si bien soupé avec lui que nous
n'avions besoin que de repos : de sorte que nous abandonnâmes à nos Domestiques les provisions qu'il nous
avoit envoyées.

1659.

Le Pacha décampa dès la pointe du
jour pour arriver de bonne heure à
Gaza. Nous le suivîmes, laissant les
tentes à ses gens qui en étoient chargez.

La marche fut continuée comme le
jour précédent, au travers d'une foule de peuple qui donnoit mille bénédictions au Pacha.

Tout ce qu'il y avoit de gens considérables à Gaza vinrent au devant
de lui. Les premiers qui arriverent
s'écartérent un peu du chemin, mirent
pied à terre, & donnerent leurs belles
cavalles à tenir à leurs valets, & vinrent baiser la main du Pacha. Il descendit pour les recevoir, & après avoir
répondu poliment à leurs complimens,
il monta en carosse.

Son fils Ibrahim, qui avoit été Pacha de Jerusalem, vint ensuite. Il descendit de carosse pour le recevoir,
l'embrassa des deux côtez, & puis remonta à cheval.

Quelque tems après on lui amena le fils d'Ibrahim : il defcendit de cheval, le baifa plufieurs fois, & puis le fit monter dans fon caroffe, où il monta auffi, & lui fit mille careffes. C'étoit un jeune enfant de fept ans parfaitement beau, & d'une très-belle phifionomie.

Après avoir marché quelque tems & être arrivez environ à une lieuë de Gaza, nous trouvâmes le Cadi, & le Naïb, ou Chef des Cherifs de la même Ville, fuivis de tous les principaux Officiers de la Ville, qui venoient faluer le Pacha. Il quitta fon caroffe pour la derniere fois, & y laiffa fon petit-fils, & monta à cheval pour entrer dans la Ville.

Outre fon équipage, il étoit précédé de tous ceux qui étoient venus au devant de lui. Il fut reçû aux acclamations d'un peuple infini, qui bordoit les ruës, & qui rempliffoit tellement la place qui eft devant le Serail qu'ils s'étouffoient les uns les autres, & que nous ne pouvions nous faire jour au travers de cette multitude.

A peine fut-il entré dans fon Serail, qu'il reçût de nouveaux complimens de tous les Officiers & gens de diftinction de la Ville & des environs.

Pour nous, on nous conduisit au logis d'un de ses Secretaires nommé Assalan, chez qui le Pacha avoit fait marquer notre logement, & ordonné tout ce qu'il falloit pour notre nourriture, celle de nos domestiques & de nos chevaux. On nous l'apportoit exactement tous les matins, & en telle abondance, que nous aurions eu dequoi faire grande chere, quand nous n'eussions pas été conviez tous les jours à la table du Pacha, chez ses Officiers, & chez les parens d'Assalan, qui s'empressoient tous à nous régaler.

1659.

Avant d'aller plus loin, il faut dire quelque chose de notre hôte, dont nous avons eu lieu de nous loüer.

Assalan étoit né à Gaza de parens Chrétiens Grecs. Son pere étoit encore vivant quand nous étions dans le païs. C'étoit un vénérable vieillard qui avoit un grand nombre d'enfans tous Chrétiens Grecs & fort honnêtes gens. Assalan devint amoureux d'une fille Turque parfaitement belle, qui l'aimoit pour le moins autant qu'elle en étoit aimée. Ils furent bien-tôt d'accord de leurs faits. Elle lui promit de vivre chrétiennement, s'il la vouloit épouser. Il accepta cette condition sans trop réfléchir, & sans en prévoir

Histoire d'Assalan Secretaire du Pacha de Gaza.

les conséquences. Il l'épousa ; mais dès qu'ils furent ensemble, bien loin de lui tenir sa parole, elle alla déclarer au Cadi, qu'elle avoit épousé un Chrétien qui lui avoit promis de se faire Turc, & qui refusoit de le faire. Le Cadi le fit arrêter, & comme il étoit déja Secretaire du Pacha, il le renvoya à son Maître, qui lui déclara qu'il ne pouvoit le sauver de la rigueur de la Loi ; de sorte qu'il fut obligé de se faire circoncire & de changer la couleur de son turban. Il avoit déja un enfant de cette femme, & c'étoit à cause de cet enfant qu'il aimoit beaucoup, qu'il ne répudia pas la mere, comme elle le méritoit. Il étoit donc Mahométan en apparence & par force; mais Chrétien dans le cœur, fort affectionné à tous les Chrétiens, qui trouvoient en lui un protecteur zélé & puissant, & toûjours prêt à leur rendre service. Aussi étoit-il aimé de tout le monde, & dans une si parfaite estime de probité & de sagesse, que le Pacha lui confioit ses affaires les plus secrettes & les plus importantes.

Le pere du Secretaire Assalan nous envoya faire compliment, & nous prier à manger chez-lui. Le Pacha que nous fîmes pressentir sur cela, y consentit.

Nous trouvâmes ce vénérable Vieillard dans une maison fort jolie & fort bien meublée. Son grand âge l'empêchoit de sortir, mais ne l'empêchoit pas d'être fort poli. Il avoit fait assembler chez-lui tous ses enfans & tous ses amis, & nous fit un festin magnifique & bien entendu, qui dura toute la journée, & dont les services étoient entremêlez de musique & de simphonie. Je m'entretins long-tems avec ce bon Vieillard. Il déploroit amerement le malheur de son fils, & n'avoit d'autre consolation que l'esperance, qu'ayant amassé du bien, il enleveroit son enfant, & se retireroit en Europe, où il feroit pénitence de sa faute, & éleveroit son fils dans la Religion Chrétienne.

Le Pacha se trouva tellement occupé pendant les trois premiers jours de notre arrivée, que nous ne le pouvions voir que le soir. Il nous envoyoit chercher, & nous donnoit à souper ou la collation, avec toutes les marques d'une amitié la plus parfaite.

Nous nous servîmes de ce tems pour voir la Ville & les environs. Assalan nous donna un Conducteur habile, qui étoit un Antiquaire des meilleurs du Païs, & nous faisoit toûjours accompagner de deux Janiſſaires & d'un Cheik Arabe, afin qu'il ne nous arrivàt rien de fâcheux dans nos promenades. Je vais rapporter tout de suite ce que j'ai vû.

CHAPITRE III.

Deſcription de la Ville de Gaza.

LA Ville de Gaza eſt à preſent la Capitale de la Paleſtine, & le lieu de la réſidence du Pacha. Elle eſt ſituée ſur une petite colline, dans un endroit fort gai & fort agréable. Elle eſt d'une grandeur mediocre. Ses bâtimens ſont la plûpart de belle pierre de taille, ou de briques, ou de toutes les deux. Ils ſont voûtez & couverts en terraſſes, comme le ſont ordinairement toutes les maiſons de ces quartiers-là. Elle n'a point de murailles, mais ſeulement des remparts de terre aſſez hauts, que l'on épaiſſit continuellement par les immondices que l'on y jette, ſans que cela nuiſe beaucoup à la pureté de l'air, à cauſe de ſa ſituation avantageuſe, & du vent qui chaſſe les mauvaiſes odeurs.

Toutes les anciennes fortifications

dont elle étoit revêtuë, font fi abfolument ruinées qu'on n'en reconnoît plus le moindre veftige, excepté un petit Château, ou groffe Tour ronde, flanquée de quatre autres Tours plus petites. Ce Fortin eft du côté du Nord, il a été bâti très-folidement. Il paroît être un ouvrage des Croifez. Il eft bien entretenu, & fermé par deux portes de fer. Les Romains avoient un autre Château tout auprès ; mais il eft entierement ruiné. Il n'en refte qu'une mafure, contre laquelle eft adoffé le Serail du Pacha. Il y a apparence qu'on s'eft fervi des démolitions de ce Château pour bâtir le Serail.

Cet édifice eft irrégulier, parce qu'il a été bâti à plufieurs reprifes. Il ne laiffe pas d'être beau, très-commode & très-logeable, & comme il eft à l'endroit le plus élevé, il joüit d'un air très-pur, & d'une vûë charmante. Il eft accompagné d'un affez grand jardin, & d'un parterre de fleurs, dont un Jardinier François avoit foin. Nous y vîmes des fleurs & des fruits de toutes les faifons. Ce qui y manquoit, c'étoit l'ordre. Nous en dîmes notre penfée au Jardinier, qui nous répondit que les arbres avoient été plantez dans le goût des Turcs, qui n'en veulent pas davantage, & effectivement on ne voit pas un plus grand ordre dans ceux du Serail du Grand Seigneur à Constantinople, qui n'est que comme une forêt dont les arbres sont venus au hazard. Ils ont leurs raisons dans cette disposition. Nous vîmes de très-belles fleurs dans le parterre & de très-rares : car le Pacha étoit curieux, & n'épargnoit pas l'argent, quand il pouvoit trouver quelque chose de beau. Ce jardin étoit arrosé par le moyen d'une rouë à godets, comme celle du Marastan de Rama dont j'ai palé.

La Maison du Pacha étoit très-richement meublée & de très-bon goût. Elle étoit remplie de choses rares & curieuses, qu'il faisoit acheter en Europe par le moyen des Peres de la Terre-Sainte & des Marchands ; nous y vîmes des horloges sonantes à contre-poids, des pandules, des montres de poche très-riches, des lustres de cristal, des chandeliers à branches, quantité d'ouvrages d'orfévrerie, des orgues portatives, des clavecins de differentes façons, des tableaux & des tapisseries de fleurs & de verdure, des vases antiques & modernes, de differentes manieres.

Ce Seigneur étoit fort charitable. Il
se

se tenoit souvent sur un balcon, au-dessus de la grande porte du Serail, d'où il jettoit de petits paquets de monnoye renfermée dans du papier, à tous les pauvres qui se presentoient, sans distinction de Religion. Il avoit des Officiers qui visitoient les maisons des pauvres honteux, & leur portoient le linge & les habits dont ils avoient besoin ; & dès qu'ils voyoient un pauvre, ils ne manquoient pas de l'assister, selon l'ordre de leur Maître.

On juge de la magnificence ancienne de cette Ville, par la quantité prodigieuse de beaux marbres de toutes les especes, que l'on voit de tous côtez dans le Palais du Pacha, dans les Mosquées, dans les bains, dans beaucoup de maisons particulieres & aux sepultures des Turcs, qui sont hors de la Ville. On voit de tous côtez des colonnes de marbre, les unes entieres, les autres rompuës & renversées par terre, dont ceux qui en ont besoin en prennent à discretion, moyennant une petite retribution qu'ils donnent au Kiahia & au Cadi.

L'Eglise dédiée autrefois à S. Jean, sert à present de Mosquée principale, elle est ornée de quatre rangs de grandes colonnes de marbre très-belles, avec des chapiteaux Corinthiens, elle est parfaitement bien entretenuë.

Outre cette Mosquée, il y en a six autres un peu moins considerables, & un grand nombre de petites Chapelles ou Oratoires, où les Turcs vont faire leurs prieres, où les colonnes de marbre & les incrustations ne sont pas épargnées. Il n'y manque qu'un goût qui nous plaise : car celui des Turcs est fort different du nôtre. D'ordinaire ils peignent les dehors de ces édifices de blanc & de rouge.

Les Armeniens ont une Eglise, & les Grecs en ont une : toutes deux marquent une grande antiquité. Cette derniere est plus grande que l'autre. L'arcade qui sépare le chœur de la nef, est soûtenuë par deux puissantes colonnes de marbre, qui ont des chapiteaux Corinthiens de bon goût. Les Grecs disent comme une chose très-certaine, que Notre-Seigneur fuyant la persecution d'Herodes & se retirant en Egypte, avoit demeuré trois jours dans une maison, qui étoit justement à l'endroit où l'on a bâti depuis cette Eglise. Le Pacha nous l'assura gravement & dans des termes respectables. Il y auroit eu de l'impolitesse à ne s'y pas rendre, malgré la raison qui nous suggeroit que de Bethléem en Egypte, Gaza n'étoit pas le chemin qu'on pouvoit prendre, à moins de croire que S. Joseph avoit voulu prendre ce chemin, pour tromper ceux qu'on auroit pû envoyer après lui. Quoiqu'il en soit, cette Eglise est un lieu de devotion, & un pelerinage où les femmes ont une grande dévotion, sur-tout celles qui en sont éloignées.

Il y a plusieurs bains publics dans la Ville. Ils sont beaux & fort commodes. Les hommes & les femmes ne s'y trouvent jamais ensemble. Si les hommes y vont le matin les jours qui sont destinez aux deux sexes, les femmes y vont l'après-midi, & pas un homme n'oseroit en approcher. Ce sont des femmes qui les servent, & tout s'y passe avec beaucoup de retenuë. Elles y portent leur collation, & s'y divertissent à merveille, & elles ont raison : car excepté ce moment de plaisir, & leur pelerinage aux sepultures où elles vont le Vendredi, il est rare qu'elles sortent de leurs maisons. Les femmes des gens de qualité qui ont chez elles des bains, ne joüissent pas de cette liberté. Elles sont aussi renfermées que nos Religieuses, & même plus, puisqu'elles

C ij

n'ont pas de parloirs, qui sont des soulagemens appréciables pour un sexe qui aime à parler, & à être vû. Mais les Turcs n'ont pas assez d'indulgence sur cet article, & après les avoir privées des joyes du Paradis, ils ont la dureté de les priver des plaisirs de ce monde.

Il y a un Baseftein, Bazar, ou Marché, qui est beau & bien frequenté. C'est le lieu où les Marchands du Païs ont leurs boutiques & leurs magasins. On y trouve de toutes sortes de marchandises & d'ouvrages : chacune a son quartier particulier : les Bazards sont à peu près ce que sont à Paris les Foires de S. Laurent & de S. Germain. Les ruës sont renfermées dans une enceinte qui se ferme à clef le soir à certaine heure, & qui ne s'ouvre que le lendemain matin ; ce qui fait le grand commerce, est le passage continuel des Caravannes, qui viennent de Syrie en Egypte, & d'Egypte en Syrie. Ce passage y produit un grand débit de marchandises, & ce débit enrichit la Ville, & fait fleurir le commerce.

On voit sur la pente de la colline où est bâti le Serail du Pacha, une grande quantité de ruines amoncelées, que la suite des siécles a couverte de terre

& de broussailles, que l'on tient par tradition avoir été le lieu où le Temple de Dagon étoit bâti. Samson en ébranla les deux principales colonnes, & renversa l'édifice, sous lequel il demeura accablé avec tous ses ennemis.

1559.

On nous fit voir à une demie lieuë de la Ville du côté de l'Orient, une petite colline sur laquelle on prétend que Samson emporta les portes de la Ville, qu'il avoit arrachées avec toutes leurs ferrures. Cette preuve de sa force extraordinaire, ne fut pas capable de rebutter les Philistins, & de leur faire oublier le dessein qu'ils avoient formé de se venger de ce grand homme.

La plaine qui est au Midi de cette Montagne, est le lieu où étoient les bleds des Philistins, que Samson brûla par le moyen des Renards, aux queuës desquels il attacha des flambeaux.

Nous allâmes visiter le Serail d'Ibrahim Pacha, il est au Midi de celui d'Hussein Pacha son pere. Ce Serail est bâti dans le même goût de celui d'Hussein, & à peu près aussi bien meublé ; mais les vûës sont extrêmement bornées, & c'est dommage : car la campagne des environs est très-belle & très-riante, excepté dans quelques endroits qui sont sablonneux, où il ne laisse pas pourtant de croître de fines herbes, qui sont excellentes pour nourir les moutons & les chévres.

Ce jeune Pacha nous envoya inviter à une Comedie qu'on representoit chez-lui, & nous y regala avec magnificence & une politesse infinie.

L'honneur que les deux Pachas nous faisoient, nous faisoit regarder de tout le monde avec distinction. Nous soûtenions cela de notre mieux : nous étions magnifiquement vêtus ; nous n'allions jamais nous promener sans être accompagnez de quelques Officiers du Pacha, de deux Janissaires & d'un Cheik ; de sorte que quand nous passions dans les ruës, ceux qui étoient dans les boutiques ou qui prenoient l'air aux portes de leurs maisons, se levoient par honneur pour nous faire la révérence. Chose extraordinaire dans le Païs à l'égard des Chrétiens.

Le quatriéme jour de notre arrivée, le Pacha ordonna à ses Officiers de nous regaler à son jardin du bord de la mer. Il est à une lieuë de la Ville. Nous trouvâmes qu'on y avoit fait tous les préparatifs necessaires pour nous bien recevoir. Nous montâmes à cheval avec quinze autres personnes, Chrétiens, Turcs & Juifs, & nous y fûmes dîner. Il y avoit d'excellent vin, des viandes & du poisson accommodez à la maniere du Païs, des fruits, des confitures, de la patisserie; en un mot, tout ce qui peut faire un grand repas. La seule chose qui auroit pû nous incommoder, c'est que nous étions assis à la Levantine, & cela étoit dans l'ordre pour deux raisons. La premiere, parce qu'il n'y avoit point de chaises dans cette maison; & la seconde, parce que le plus grand nombre des conviez étoit aussi peu accoûtumé à être assis les jambes pendantes, que nous à l'être les jambes croisées. Au milieu & à la fin du repas, qui dura près de six heures, nous fûmes regalez d'un concert d'instrumens bien executé, & tout se passa avec beaucoup de politesse, de joye & de plaisir.

Ce fut particulierement en cette occasion, que je reconnus combien il m'étoit avantageux de m'être renduës familieres les Langues Orientales. J'entendois & je parlois parfaitement bien les trois Langues que l'on y parloit, c'est à-dire, la Turque, l'Arabe & la Grecque vulgaire. Je n'étois point embarrassé, j'entendois & je répondois à tout le monde dans la Langue qu'on m'avoit parlé, & je faisois en cela un plaisir sensible à toute la compagnie.

1659. Ce jardin est clos d'assez hautes murailles. Il est grand & tout rempli d'orangers, de citroniers, de figuiers & d'autres arbres fruitiers ; mais sans ordre, & plûtôt comme un verger, que comme un jardin ; il y a un parterre de fleurs. La maison est jolie & fort commode. Elle a d'un côté la vûë de la mer, & de l'autre celle du jardin avec des balcons à la mode de Paris, mais elle n'est point meublée. On y porte des meubles quand on y va, & on les rapporte à la Ville quand on en sort, parce qu'étant éloignée de la Ville & sans défense, elle est trop exposée aux pillages des Corsaires. C'est par la même raison, que le Jardinier qui en est en même-tems le Concierge, est un François moins exposé qu'un Turc à être enlevé.

Nous sortîmes sur le soir de cette agréable maison, & revînmes à la Ville en nous divertissant au jeu de cannes, que nous nous lancions les uns aux autres. C'est un jeu fort usité chez les Turcs & chez les Maures, & c'est de ces derniers que les Espagnols l'ont appris. On pousse les chevaux à toutes jambes, on caracolle & on tâche de gagner la croupe du cheval de son adversaire, & pour lors on lui darde sa canne dans les épaules : car on ne la jette jamais dans l'estomac. Les Turcs, les Maures & les Arabes sont fort adroits à cet exercice. Sans descendre de cheval, ils ramassent leurs cannes en courant, ils tournent sous le ventre de leurs chevaux, se mettent à côté de la selle, & s'y tiennent allongez pour parer le coup qu'on leur porte, ou pour qu'il passe au-dessus d'eux. On peut dire qu'ils sont bons hommes de cheval, & très-adroits dans tous leurs exercices.

Nous allâmes descendre au Serail, où le Kiahia nous retint à souper malgré le peu de besoin que nous en avions. Il nous donna le divertissement des danseurs & des tabarins, qui nous donnerent beaucoup de plaisir, & ne nous laissa aller qu'après minuit. Il nous fit conduire chez nous.

Nous employâmes le reste de notre séjour à Gaza à faire notre cour au Pacha, chez qui nous soupions tous les jours. Nous y voyions tous les jours des Princes Arabes, qui lui venoient rendre visite : car il étoit aimé & honoré de tout le monde, & il le meritoit par ses manieres polies, obligeantes & désinteressées.

1659.

Festin de nôces.

Abdaraman Khoaga qui étoit son Intendant General pour le Commerce, maria un de ses fils dans le tems que nous étions à Gaza, il pria le Pacha & toute sa famille d'honorer la cérémonie de sa présence. Il nous en pria aussi. Toutes ces sortes de cérémonies ne se font que la nuit, & ordinairement dans un jardin quand le tems le permet. Ainsi ce fut un souper qu'il nous donna.

Nous y fûmes à la suite du Pacha, qui ne vit le marié que quand il lui vint baiser la main en entrant dans la maison, étant presenté par son pere.

Les femmes du Pacha y étoient venuës en carosse, & étoient dans un appartement séparé avec la mariée, & les femmes des Princes, & autres Dames qui avoient été invitées à la nôce, & les femmes de la maison.

La maison de cet Intendant étoit grande. C'étoit un quarré comme nos cloîtres, avec un jardin dans le milieu, entouré d'allées couvertes de jasmins & de vignes en treilles, qui faisoient un double cloître, dont les angles avoient des cabinets de verdure, accompagnez de bassins & de jets d'eau. Les tables étoient placées dans ces cabinets & sous ces treilles, & dans les appartemens. Il y avoit une table pour le Pacha, une pour son fils, une pour ses freres, une pour ses principaux Officiers, une pour ses Pages, une pour ses amis, trois pour les domestiques, une pour les haut-bois, les trompettes & tambours, deux pour les danseurs & joüeurs d'instrumens, & une pour nous qui étoit sous un des berceaux. Nous étions assis sur de magnifiques tapis, avec des carreaux de velours. Le frere du marié mangeoit à notre table, c'étoit un petit bossu plein d'esprit & de merite, qui nous entretint le plus agréablement du monde.

La même quantité de tables étoit dans l'appartement des Dames.

Toutes les tables furent servies en même-tems avec un ordre merveilleux, une abondance, une propreté & une délicatesse extraordinaire. Les services étoient des ambigus, où l'on servoit du rôti, des ragoûts, de la patisserie, des fruits cruds & confits, du laitage, des confitures, & chaque service étoit different. Il n'y manquoit que du vin ; mais en la place il y avoit du sorbet de differente sorte, où l'ambre, le musc & le sucre n'étoient pas épargnez. On nous fit excuse de ce qu'on ne nous servoit pas de vin, à cause de la cérémonie ; mais on nous enseigna un office où il y en avoit pour nous. Nous nous en paſſâmes. L'Intendant & le marié ſervoient le Pacha à ſa table, & le pere ſe déroboit de tems en tems, & venoit nous inviter à faire bonne chere.

Dès que la nuit vint, le jardin & les appartemens furent éclairez d'une infinité de bougies, qui étoient dans des luſtres & dans des globes de criſtal qui faiſoient un fort bel effet : de ſorte que nous mangions à la fraîcheur, & dans un auſſi beau jour qu'en plein Soleil. Je m'étois trouvé en bien des repas chez les Turcs, mais je n'avois jamais rien vû qui approchât de celui-ci, pour l'ordre, pour l'abondance & la délicateſſe : il fut long, nous nous mîmes à table à ſix heures, & il étoit dix heures quand nous en ſortîmes.

Nous fûmes reconduire le Pacha chez-lui, après quoi nous vuidâmes quelques bouteilles de vin avec ſon Kiahia, & nous nous retirâmes long-tems après minuit.

Le lendemain qui étoit le huitiéme jour de notre arrivée, nous allâmes prendre congé du Pacha ſur le ſoir, & le remercier de ſes bontez. Il s'informa de notre deſſein, & de la route que nous voulions prendre, nous fit excuse de ce que ses affaires ne lui avoient pas permis d'être plus souvent avec nous, nous fit des presens, & nous voulut donner des gens pour nous conduire. Nous l'en remerciâmes, parce que nous avions avec nous le Maalem Salah de Rama, qui étoit connu de tous les Arabes avec qui il n'y avoit rien à craindre. Nous lui voulûmes baiser la main ; mais il nous embrassa, & nous promit la continuation de son affection & de son amitié.

1659.

Nous fûmes dire adieu à son Kiahia & à ses Officiers. Il fallut souper avec eux & bien boire : de sorte que nous n'eûmes pas du tems de reste pour nous préparer au départ, qui fut le jour suivant, après que nous eûmes pris le caffé & déjeûné avec les Officiers du Pacha. Il est juste de faire l'Histoire de cet Officier, dont les bonnes manieres & les vertus morales meritoient un meilleur sort, que celui qui a terminé sa vie.

CHAPITRE IV.

Histoire de Huſſein Pacha de Gaza.

DEpuis que la Paleſtine avoit été érigée en Pachaliq, le Gouvernement en avoit été comme héréditaire dans certaines familles, dont celle d'Huſſein en étoit une. Les Grands Viſirs avoient été obligez de ne pas ſuivre la regle ordinaire de l'Empire où les Gouvernemens ne durent qu'un an, & de continuer pendant pluſieurs années ceux qui étoient dans ce poſte, parce que les Arabes ne ſont jamais en repos, & font une guerre continuelle à leurs voiſins. Leur mêtier ordinaire eſt de faire des courſes. Tout le monde eſt leur ennemi : ils ſe défient de tout le monde, & à moins qu'ils ne ſoient bien aſſurez de l'amitié des Gouverneurs, ils déſolent le plat Païs, & ruinent tout le commerce. Il faut du tems pour qu'ils s'apprivoiſent avec les Gouverneurs, & quand ces Gouverneurs n'étoient qu'une année en exercice, ce tems étoit trop court pour qu'ils puſſent les connoître aſſez à fond pour ſe fier à eux : au lieu que quand la Porte

les y laissoit plusieurs années, ils con-
tractoient ensemble une amitié & une
société qui devenoit utile à l'Etat.

1452.

Hussein Pacha étoit né dans le Païs,
& avoit succedé à son pere qui l'avoit
gouverné pendant plusieurs années, &
y étoit mort dans la réputation d'un
homme de bien. Il avoit eu soixante
enfans de ses femmes & de ses concubines, dont la plus grande partie étoient
morts, les autres étoient établis en differens endroits de l'Empire. Les trois
plus jeunes qui n'avoient que quinze à
dix-huit ans étoient auprès de leur
frere aîné, dont je vais faire l'Histoire.

Hussein Pacha étoit beau de visage;
il étoit de grande taille & bien proportionnée. Il étoit doux, civil, liberal, pa-
cifique, il aimoit les honnêtes gens sans
distinction de qualité, ni de Religion.
Il traitoit doucement ses sujets, plûtôt
en pere qu'en Gouverneur. Il n'avoit
jamais connu la cruauté, ni la tyrannie,
ni l'oppression, ni les avanies. Il vivoit en paix & avec beaucoup d'union
avec ses voisins, toûjours prêt à rendre
service, & en cherchoit même les occasions. Le service qu'il avoit rendu à
notre Nation en étoit une preuve.

Portrait d'Hussein Pacha.

Il étoit sçavant dans les Langues Turque, Perſanne & Arabe, qui étoit ſa naturelle. Il étoit éloquent, & écrivoit très-poliment dans ces trois Langues. Il ſçavoit à fond les loix du Païs. Il avoit une connoiſſance fort étenduë de la Medecine, de la Muſique, de l'Aſtrologie, & de preſque toutes les parties des Mathematiques. Il étoit curieux de machines, de ſecrets, d'experiences. Il aimoit la Peinture, & s'y connoiſſoit bien.

On n'avoit jamais vû de Pacha qui aimât tant les Etrangers, les curieux, les gens d'eſprit. Il les recevoit avec politeſſe, leur donnoit un accès facile auprès de lui, les défrayoit, leur faiſoit des preſens, & paſſoit avec eux tout le tems qu'il pouvoit dérober à ſes affaires, à s'entretenir de ſciences, choſe très-extraordinaire parmi les Turcs. Il étoit droit & franc, ennemi du menſonge & de la duplicité. Il tenoit ſa parole. Rien au monde ne l'auroit pû obliger d'y manquer. Nous avons vû ci-devant combien il étoit charitable envers les pauvres. Il pratiquoit l'hoſpitalité. Il eſtimoit les François, les aimoit, les favoriſoit en toutes occaſions, auſſi bien que les Chrétiens du Païs. Il ne laiſſoit pas que d'être ferme, & de ſoûtenir avec honneur la grandeur de son Maître. Il avoit toûjours de bonnes troupes, il tenoit les Arabes dans le devoir, les empêchoit de faire des courses : de sorte que pendant qu'il a vécu tout étoit tranquille dans son Gouvernement, & l'on y étoit aussi en sûreté que dans le Serail.

1659.

Le credit & les amis qu'il avoit à la Porte, firent nommer son fils Ibrahim Pacha de Jerusalem dans un âge si peu avancé, qu'à peine les autres sont Agas: ce fut en l'année 1657. Il s'acquitta avec honneur de cet Emploi, & se conduisit avec tant de sagesse, qu'il n'y eût que la jalousie des autres Pachas, qui l'empêcha d'être continué dans cet Emploi. C'étoit un grand homme noireau, plus gros & plus gras que son pere, & qui avoit les mêmes inclinations & la même valeur. Il mourut de maladie en 1662. regretté de tout le monde, ne laissant que trois enfans, dont le plus âgé n'avoit que douze ans.

Pendant qu'Ibrahim étoit Pacha de Jerusalem, M. de Bricard qui étoit Consul de Seïde ne manqua pas d'aller visiter les Saints Lieux, & tous les François qui se trouverent en état de faire le voyage l'y accompagnerent. L'occasion étoit trop favorable pour n'en pas profites. Le Pacha à la recommandation de son pere les reçût d'une maniere très-obligeante. Ils virent par ses ordres ce qu'on ne fait jamais voir aux Pelerins de quelque condition qu'ils puissent être, sans être exposez aux dépenses & aux avanies que les autres Gouverneurs ont coûtume d'exiger des Consuls, quand ils sont reconnus sous l'habit de Pelerins.

Hussein Pacha avoit tant d'amitié pour les Religieux de la Terre-Sainte, & en particulier pour le Pere Dominique de Lardezaval Biscaïen, qui étoit leur Procureur General, qu'il les combloit de biens & de faveurs. Ce Procureur étoit un homme d'esprit, de conduite, & très-habile dans les Langues & dans les sciences, que le Pacha aimoit; aussi en obtenoit-il tout ce qu'il vouloit.

Le Pacha faisoit faire des Pêches extraordinaires sur ses côtes, & fournissoit ces Religieux de poisson pendant leurs Carêmes, sans les autres provisions qu'il leur envoyoit pendant le reste de l'année. Tout ce qu'on débarquoit pour eux dans ses Ports, n'étoit ni ouvert ni visité, & les Commis des Doüannes avoient des ordres précis, de ne pas exiger le moindre droit. Quand il arrivoit quelque affaire fâcheuſe aux Religieux, il l'accommodoit auſſi-tôt par ſon autorité, & par ſes avis, quand elle ne dépendoit pas abſolument de lui. Il leur envoya dans une année de famine extraordinaire, un grand nombre de chameaux chargez de farine, de ris, de légumes, & d'autres proviſions. Il leur permettoit de bâtir des Hoſpices, & de réparer les Egliſes dans toute l'étenduë de ſon Gouvernement, ſans exiger la moindre choſe : au lieu que les autres Pachas retirent quelquefois des ſommes exhorbitantes pour ces permiſſions, comme je l'ai remarqué en parlant de la Chapelle de la maiſon Conſulaire de Seïde. Et en dernier lieu, il leur avoit permis de bâtir une maiſon à Gaza ſur les ruines du prétendu Temple abattu par Samſon.

Il aimoit particulierement le Sieur Souribe, à qui il avoit donné la Ferme privativement à tout autre, d'acheter tout le ſenné qu'il faiſoit venir de la Mecque.

Mais dans le tems qu'il ſe préparoit à paſſer en France, où il vouloit fixer ſa demeure & embraſſer notre Religion, il reçût ordre de la Porte de joindre ſes troupes à celles de l'Emir Turabey Prince des Arabes de la Banniere Blanche, pour aller combattre & réduire d'autres Arabes qui s'étoient révoltez. Il obéït aussi tôt. Il se campa auprès de l'Emir, & ils se disposoient à attaquer les rebelles, lorsqu'un Capigi lui apporta un ordre de se rendre à Constantinople.

L'Emir qui étoit son ami fit tout ce qu'il pût pour le dissuader d'entreprendre ce voyage dont il craignoit les suites, parce que connoissant le génie de la Cour, il connut qu'on y avoit plus besoin de sa tête, que des avis qu'on feignoit de lui demander. Mais le Pacha à qui la conscience ne reprochoit rien, qui avoit toûjours bien servi, qui avoit payé exactement ce qu'il devoit au tresor, qui comptoit sur ses amis, & qui ne vouloit pas avoir à se reprocher une désobéïssance à son Souverain, prit le parti de suivre les ordres qu'on lui avoit apportez. Il renvoya ses troupes à Gaza, & ne garda avec lui que ses Pages & les Officiers ordinaires de sa maison, & se mit en chemin avec le Capigi.

Il arriva à Constantinople, où il fut très-bien reçû du Grand Seigneur, du Grand Visir, & de tous les Officiers de la Porte ; mais Mehmed Cupruli Pacha qui étoit alors Grand Visir ne pensoit pas comme les autres. Il craignoit les grands hommes, dont la réputation pouvoit faire ombrage à la sienne, & supposoit que quand ils étoient arrivez à un certain point, il falloit s'en défaire, de crainte que s'il leur prenoit envie de se révolter, il ne fût peut-être impossible de les remettre dans le devoir & de les punir, comme il étoit arrivé à Hassan Pacha d'Alep.

1659.

Il écoûta avec plaisir les envieux du Pacha Hussein qui l'accuserent d'être Chrétien, d'avoir fait bâtir des Eglises, d'entretenir intelligence avec les Francs pour leur livrer la Terre-Sainte, & d'empêcher par son autorité que les Gouverneurs particuliers n'exigeassent les droits accoûtumez, ce qui leur causoit des pertes considerables. Rien n'étoit plus mal fondé que ces accusations, & il lui auroit été facile d'en faire voir la fausseté, si on lui avoit donné le tems de se défendre. Mais le Sultan prévenu par le Grand Visir, lui fit couper la tête, au grand regret de tous ceux qui connoissoient son merite. Sa tête fut exposée pendant trois jours dans la place publique, où elle attira les larmes de tous ses amis, & de ceux mêmes qui ne le connoissoient pas.

Telle fut la fin de ce grand homme en 1663. il meritoit assurément un meilleur sort, & auroit bien fait de suivre l'avis de l'Emir Turabey ; & puisqu'il avoit formé le dessein de se retirer en France, prendre cette occasion pour executer son dessein.

Le Grand Seigneur donna son Gouvernement à son frere Moussa Pacha, & lui renvoya tous les gens du défunt. Ils passerent à Seïde la même année, avec les Officiers du Grand Seigneur, qui portoient au nouveau Pacha les provisions de son Gouvernement.

Tous les Arabes penserent se soulever, quand ils apprirent cette mort tragique & si injuste. Moussa pour qui ils avoient de l'amitié à la consideration de son frere, leur sçut si bien representer le tort qu'ils lui feroient à la Porte par leur soulevement, qu'il les adoucit un peu ; mais ils ne voulurent plus ni commerce, ni communication avec les Turcs, qu'ils ont regardé depuis ce tems-là comme des gens sans foi, sans honneur, sans probité.

Pour le Pacha Moussa que l'on n'avoit pas manqué d'instruire des causes de la disgrace de son frere, il crut que pour conjurer la tempête dont il devoit craindre d'être enveloppé, il

falloit prendre des manieres d'agir opposées à celles qui avoient été si funestes à son aîné, & quoiqu'il fût naturellement doux, humain & fort honnête, il se conforma malgré lui à celles des Turcs, & les Francs ne furent
pas long-tems sans s'en appercevoir.
C'est ce qui leur fera regretter la perte
irréparable qu'ils ont faite.

CHAPITRE V.

*De la Ville d'Ascalon & de notre re-
tour à Rama.*

Nous partîmes de Gaza sur les
huit heures du matin, & comme
nous ne voulions pas revenir à Rama
par le même chemin, afin de voir plus
de Païs, nous allâmes passer devant
le jardin du Pacha. Nous marchâmes
ensuite sur le rivage jusqu'à l'ancienne
Ville d'Ascalon, qui est à six lieuës de
Gaza, nous y arrivâmes à deux heures
après midi. Nous y employâmes le
tems qu'il fallut donner à nos chevaux
pour se reposer, à visiter les ruines de
cette Ville, après que nous eûmes dîné
des provisions que nous avions apportées. C'étoit la patrie d'Herodes l'As-

1659.

Ville d'Ascalon.

calonite qui fit tuer les Innocens. Elle est située sur le bord de la mer, dans une campagne unie & extrêmement fertile. La prodigieuse épaisseur des murailles & des Tours qui sont toutes renversées, & qui ont comblé les fossez, marque qu'elle a été autrefois une des plus fortes Places de la Palestine. Elle est à present aussi ruinée que S. Jean d'Acre & Cesarée. Il n'y a que quelques pans de murailles qui subsistent encore du côté de la mer, dans lesquels on a enchassé beaucoup de colonnes de granites, ou comme le vulgaire le croit, de pierres fonduës. Cette Ville n'a point de Port, ni de maisons assez entieres pour y pouvoir habiter, de sorte qu'elle est entierement déserte. Elle étoit à peu près de la grandeur de Gaza. Nous n'y trouvâmes de remarquable qu'un vieux puits à moitié comblé, & fait dans le goût de celui de Joseph, qui est dans le Château du Caire; & vers le milieu de la Ville, sept ou huit colomnes de marbre encore debout sur leurs pieds-destaux, qui paroissent être les restes d'un Temple.

Nous quittâmes le rivage de la mer en sortant de cette Ville désolée, & nous prîmes le chemin de Rama par une

une très-belle campagne & très-bien cultivée.

1659.

Nous arrivâmes à Magdel grand Village bien peuplé, où nous trouvâmes abondamment des viandes & des fruits pour notre soupé; nous logeâmes chez un Maure ami du Sieur Souribe, qui nous abandonna sa maison à sa considération, & qui nous traita le plus honnêtement du monde.

Magdel grand Village.

Nous en partîmes le lendemain après avoir déjeûné, & traversant une autre campagne aussi belle & aussi bien cultivée que la précedente, nous arrivâmes à Rama sur les deux heures après midi. Nous employâmes le reste de la journée à visiter nos amis, & à nous réjoüir avec eux.

Le Sieur Campon qui avoit été malade à l'extrêmité quelques mois auparavant, avoit fait vœu d'aller visiter les Saints Lieux. Je crus ne devoir pas manquer l'occasion qui se presentoit de faire ce voyage avec un ami, me trouvant d'ailleurs à portée de le faire; mais il fallut le remettre à une autre année, sur une Lettre que nous trouvâmes du Pere Procureur de Jerusalem, qui nous donnoit avis que nous ne pouvions pas l'entreprendre sans une extrême imprudence.

Tome II. D

Faux avis donné au Pacha de Jerusalem.

Cette Lettre portoit qu'on avoit donné avis au Pacha & au Cadi de Jerusalem, qu'il étoit arrivé à Rama avec un train mediocre trois jeunes hommes, qui étoient les fils du Roi de France, du Roi d'Espagne & du Roi d'Angleterre, qui venoient *incognito* visiter les Saints Lieux ; qu'ils avoient presenté au Pacha de Gaza une grande quantité de vestes de drap d'or & d'argent, sans les autres presens qu'on n'avoit pas vûs ; que ce Pacha les avoit menez à Gaza, après les avoir regalez magnifiquement à Rama & par les chemins ; que dans Gaza il leur avoit fait des caresses, des honneurs & des festins qu'on ne fait jamais à des Chrétiens ; que le Pacha & le Cadi de Jerusalem se préparoient à les recevoir avec les mêmes honneurs, dans l'esperance d'en avoir des presens aussi considerables ; que c'étoit à nous à prendre nos mesures là-dessus ; que nous serions les maîtres de tout ce qui dépendoit du Convent ; mais qu'on ne pouvoit pas répondre des suites de cet avis, tout faux & tout ridicule qu'il étoit.

Cette Lettre nous fit faire des réfléxions. Nous vîmes bien que les presens que nous avions fait au Pacha de

Gaza au nom de la Nation, avoient servi de fondement à ce faux avis, & quoiqu'il nous fût infiniment glorieux de passer pour les enfans de trois grands Monarques, les suites nous en auroient été funestes, & peut-être aussi aux Religieux de la Terre-Sainte : de sorte que nous remîmes notre voyage à une autre année, & même le Sieur Campon résolut de ne le point faire du tout, & fit commuer son vœu en d'autres œuvres pieuses. Nous reprîmes le chemin de Seïde par terre, quoique nous eussions une occasion presente de le faire par mer ; mais nous considerâmes que nos chevaux pourroient être enlevez par les Arabes, si nous les envoyions sous la conduite de nos valets ; au lieu qu'ils étoient en sûreté sous la nôtre.

1659.

CHAPITRE VI.

Route de Rama à Seïde par la Samarie.

Nous trouvâmes heureusement quarante Cavaliers qui venoient de Gaza, & qui alloient à Acre pour entrer au service de Mehmed Pacha.

Nous allâmes saluer le Capitaine, & le prier de vouloir bien nous souffrir dans sa compagnie. Il nous l'accorda honnêtement, & nous dit qu'il falloit partir le lendemain matin. Nous le priâmes à souper, & nous le regalâmes de notre mieux chez un de nos amis ; nous montâmes à cheval à l'heure qu'il nous avoit marquée, & commençâmes à marcher dans la Samarie, en suivant le Drapeau qu'un Cavalier portoit déployé à la tête de la Compagnie. Tous les Cavaliers suivoient deux à deux, nous ensuite, & le Capitaine marchoit le dernier suivi de ses serviteurs, de deux chevaux de main, & de deux mulets de bagage.

Je tombai malade d'une grosse fiévre continuë dès le premier jour de notre marche ; & quoique j'eusse beaucoup de peine à me tenir à cheval, il fallut pourtant la souffrir pour ne pas demeurer seul, & comme abandonné dans un Païs où l'on n'est guére accoûtumé à voir des Francs.

Nous étions tous habillez à la Turque. Il n'y avoit que nos armes qui nous faisoient connoître pour qui nous étions, parce qu'elles n'étoient pas à la mode du Païs. On nous reconnoissoit ainsi dans tous les Villages où nous passions, qui sont en assez grand nombre, & dans un Païs abondant & fertile en toutes sortes de grains, en cotton, & dans ces herbes dont on fait les cendres pour le verre & pour le savon. Il y a aussi de grands plants d'oliviers, & de toutes sortes d'arbres fruitiers.

1659.

Nous allâmes coucher la premiere nuit dans un Village nommé Elbir, c'est-à-dire, le Puits, à cause d'un grand puits, qui y est d'un grand secours pour les Habitans & pour les Voyageurs. Ce Village est situé sur une colline, il est peu habité. Il y a eu autrefois une Eglise, que l'on croit avoir été bâtie par Sainte Helene. Ses ruines font conjecturer qu'elle étoit très-belle, mais elle est à present toute ruinée. On prétend que ce fut dans ce Village que la Sainte Vierge s'apperçût qu'elle avoit perduë l'Enfant Jesus, ce qui l'obligea de retourner à Jerusalem, où elle le trouva dans le Temple au milieu des Docteurs. La pieuse tradition des Chrétiens a fait appliquer à tous les lieux de ce Païs, la situation des Mystéres qui s'y sont operez. Peut-être qu'un Géographe un peu critique y trouveroit bien des erreurs ; mais comme les Mystéres sont réels & verita-

Elbir, ou le Puits, Village.

D iij

bles, il ne convient pas à des Pelerins dévots d'aller disputer sur les lieux où on leur dit qu'ils ont été faits.

Napoli de Samarie, ou Sichem.

Le lendemain nous arrivâmes de bonne heure à Napoli de Samarie, que l'on assure être l'ancienne Sichem. Cette Ville est située partie sur le penchant d'une montagne, & partie dans le commencement de la plaine. Elle a été ruinée & rebâtie tant de fois, que ce seroit en vain qu'on chercheroit quelque chose de ses anciens bâtimens. C'est la seule Ville qui soit dans cette Province, aussi est-elle la demeure du Gouverneur. Une chose très-remarquable dans la montagne sur laquelle elle est située, c'est que la moitié de la montagne est couverte d'arbres, d'arbrisseaux, de verdure, pendant que l'autre moitié est seche, aride & dépouïllée entierement. Il n'y auroit rien d'extraordinaire, si la partie pelée regardoit le Nord, on en voit d'autres qui font de même ; mais ces deux parties de montagnes partagent entr'elles le Nord par portions égales, & ne laissent pas d'être aussi differentes qu'on les voit. Les Chrétiens du Païs attribuent cela à une malediction du Ciel, à cause que S. Jean-Baptiste eut la tête tranchée dans cette Ville ; mais il me semble que le crime d'Herodes étoit assez grand pour attirer la malediction sur toute la montagne.

Il y a des jardins tout autour de la Ville, non pas sur la montagne, mais dans la plaine, qui sont arrosez par une petite riviere, & par quantité de ruisseaux qui rendent cette plaine d'une fertilité admirable. Les orangers, les citronniers, les figuiers, poiriers, pommiers & autres arbres fruitiers y viennent en perfection, & portent des fruits excellens.

Malgré ma fiévre & ma foiblesse, la curiosité l'emportoit sur le mal, & comme notre Capitaine étoit extrêmement obligeant, il nous donnoit tout le tems d'aller voir ce qu'il y avoit aux environs, il retardoit pour nous son départ, & aimoit mieux arriver plus tard que de nous priver du plaisir que nous trouvions à visiter les antiquitez qui se trouvoient aux environs de notre route.

Nous prîmes un homme de la Ville, qui nous conduisit à un quart de lieuë delà, & nous fit remarquer une fontaine, qui après être sortie de dessous une voûte naturelle verse son eau dans un bassin de marbre blanc tout d'une piece, long de sept pieds, large & profond de quatre, qui est tout d'une piéce, sur lequel il y a quelques bas reliefs de très-bon goût.

A cinq cens pas de la Ville en allant vers Jerusalem, il y a un puits que les uns disent être celui où Jacob puisa de l'eau pour abreuver les troupeaux de Rachel, & que les autres assurent être le puits de la Samaritaine.

Les Chrétiens du Païs l'ont en vénération, & le tiennent couvert de grandes pierres, de peur que quelques Turcs dévots outre mesure ne le comblent. Quand on a levé ces pierres, on descend dans une petite cave voûtée où l'on trouve la bouche du puits, qui est encore couverte d'une autre pierre. Il paroît d'une haute antiquité, il est bien bâti, étroit par le haut, large par le bas, & peut avoir douze à quinze toises de profondeur jusqu'à la surface de l'eau.

On prétend qu'il y avoit autrefois un Village aux environs de ce puits; mais il est si entierement ruiné, qu'il n'y reste pour tout vestige que quatre colonnes qui sont encore debout, avec un bon nombre d'oliviers autour.

La tradition du Païs assure, que le terrein des environs fut celui que Jacob donna à son fils Joseph. On voit tout auprès un sepulcre, que l'on dit être celui de ce Patriarche, ce qui est très-faux, puisque quand les Israëlites apporterent ses os d'Egypte, ils les mirent avec ceux des autres Patriarches, dans la double caverne, qui étoit leur sepulture commune.

Le Mont Garizim est à main droite en allant à ce puits. On voit encore les restes d'une Chapelle au pied de la montagne du côté opposé à Napoli. On adoroit autrefois une Idole en cet endroit, & au Nord de la Ville, on nous montra l'endroit où l'on prétend que Notre-Seigneur se reposa étant fatigué du chemin. On voit une maniere de coussin entaillé dans le rocher, avec quelques vestiges de pieds & de mains; & comme la figure d'un corps étendu, que la pieuse credulité des peuples assure être la figure de Notre-Seigneur, qu'il y imprima en s'y reposant. Comme on ne voit rien de cela ni dans l'Ecriture ni dans les anciens Historiens, on peut mettre cette Histoire au rang des choses apocriphes que l'on débite à foison dans tout ce Païs. Il y a une Mosquée à l'Occident de la Ville, qui étoit autrefois une Eglise bâtie sur la maison de Jacob, supposé qu'il en ait eu une, & qu'il n'ait pas

D v

passé toute sa vie sous des tentes & des pavillons, comme l'Ecriture nous assure. Et un peu plus loin, les ruines d'une autre Eglise dédiée à S. Job.

Le jour suivant, après avoir marché environ deux heures, nous fîmes alte pour prendre du caffé. Nous prîmes ce tems pour aller à demie lieuë delà, voir les ruines de la Ville de Sebaste.

Ville de Sebaste détruite.

Cette Ville est située sur une colline. Ses grandes murailles sont renversées, aussi bien qu'un grand nombre de colonnes qui sont par terre. Sainte Helene y avoit fait bâtir une Eglise magnifique qui n'est pas encore entierement détruite. Ce qui en reste est soûtenu par de belles colonnes de marbre. Le grand Autel tourné à l'Orient paroît avoir été fort beau. Il est couvert d'un dôme soûtenu par des colonnes de marbre avec des chapiteaux Corinthiens. On voit encore quelques peintures de Mosaïque. Ce qui subsiste de cette Eglise est partagé entre les Chrétiens & les Turcs, qui ont fait une Mosquée de leur part qui est toute pavée de marbre blanc.

Il y a une Chapelle sous terre où l'on descend par vingt-trois marchés, dans laquelle est le sepulcre de Saint

Jean-Baptiste, entre ceux des Prophetes Elisée & Abdias. Ils sont élevez de trois pieds au-dessus du rez de chaussée, & enfermez d'une muraille qui empêche qu'on les puisse voir autrement que par trois trous de demi pied en quarré, & à la faveur de la lumiere qu'on y introduit. C'est le sentiment des Chrétiens du Païs, que cette Eglise a été bâtie sur la prison où S. Jean a été décapité.

Cette Ville s'appelloit autrefois Samarie, elle fut rebâtie par Herodes qui la nomma Sebaste.

Depuis notre départ de Rama, nous avions toûjours eu la pluye, tantôt par ondées, tantôt sans intervalle, avec un vent de Nord qui nous incommoda bien fort, & qui fut cause que nous ne faisions que de petites journées. Nous campâmes toûjours en pleine campagne hors des Villages, d'où l'on nous apportoit des vivres pour dîner & pour souper, avec de grosses nattes de jonc pour nous coucher, & comme nous n'avions point de tentes, nous nous servions de nos manteaux & de nos hardes pour nous couvrir. Le Capitaine qui me voyoit malade, & sans pouvoir rien prendre, me consoloit, m'exhortoit de ne point me laisser abattre, & de me tenir plus en repos que je ne faisois. Il ordonna à ses gens d'aider mes deux serviteurs, & de leur fournir tout ce qu'ils auroient pour tâcher de me soulager. En effet, ces bonnes gens me faisoient un réduit avec les coffres du Capitaine, le couvroient avec les couvertures des mulets, où je n'étois point incommodé du froid ni de la pluye. Nous étions alors dans la fin de Decembre, qui est la saison la plus fâcheuse de l'année. Nos chevaux furent toûjours sellez, & nous ne nous déshabillâmes point.

Je souffrois extrêmement de la soif pendant une matinée, sans pouvoir trouver une goutte d'eau. Un Cavalier qui s'en apperçût poussa son cheval à toutes jambes, & m'en alla chercher chez les Arabes à une demie lieuë delà, & m'en apporta dans un petit seau de cuir, qui se fermoit comme une bourse, ce qui me soulagea beaucoup. Les autres mettoient pied à terre, & tuoient des pigeons pour moi.

Après avoir couché dans la plaine de Tartoura, nous quittâmes le chemin de Damas, & nous allâmes dîner à un Village appartenant à l'Emir Turabey, sur le penchant du Mont-Carmel. Le Capitaine m'exhorta à prendre du caffé ; je le fis par complaisance, & un moment après j'eus un vomissement si fort, que je vomis une quantité prodigieuse de bile, qui me soulagea si heureusement, que la fiévre me quitta sur le champ : l'appetit me revint, je mangeai & je me trouvai parfaitement guéri. Nous passâmes par Caïfa, & nous arrivâmes le même jour à Acre. Mon premier soin fut de remercier mon Capitaine & ses gens, je lui envoyai quelques aulnes de drap rouge, du caffé & du sucre. Je le regalai chez un de mes amis où j'étois logé, & où je demeurai quelques jours pour me remettre de ma maladie & de mes fatigues.

1659.

Je remarquai en passant dans la Samarie, que les Villages n'ont point de murailles, ni autres choses équivalentes pour se défendre, & qu'ils seroient sans cesse exposez aux courses & aux pillages des Arabes, s'ils ne s'en mettoient à couvert en creusant des fosses de differentes longueurs, les unes devant les autres, à qui ils donnent une toise de profondeur & autant de largeur, ils les couvrent legerement avec des roseaux & de la paille, & étendent dessus une petite couche de terre, sur laquelle l'herbe ne manque pas de croître : de sorte qu'à moins de connoître parfaitement les sentiers qui serpentent entre ces fosses, il est impossible d'aborder ces Villages, sur-tout la nuit, sans s'exposer à se rompre le col ou à son cheval. Cela nous obligeoit à nous en tenir à une certaine distance où nous n'avions rien à craindre de ces fosses. Nous marchions le Drapeau déployé, & quand nous voulions nous arrêter auprès d'un Village, soit pour dîner ou pour y passer la nuit, on plantoit le Drapeau en terre, & on descendoit de cheval. A ce signal le Cheik du lieu venoit vers nous, s'informoit civilement de nos besoins, & retournoit aussi-tôt pour nous les faire fournir. Il faisoit tuer le nombre de poules & de moutons dont nous avions besoin pour dîner, ou pour souper. Les femmes les faisoient cuire & apprêter en diligence, & on nous les apportoit ensuite avec de grandes jattes pleines de pilau, du fromage & des fruits autant & plus que nous en avions besoin, & nous en étions quittes pour prier Dieu en peu de paroles pour nos bienfaiteurs.

Il ne faut pas s'imaginer que ces animaux ainsi tuez & accommodez sans être mortifiez fussent durs & coriaces,

ils étoient très-tendres & très-bons, &
auroient été durs si on ne les avoit pas
mis au feu étant encore tout chauds.
J'ai éprouvé cela tant de fois, que je
suis convaincu que cette pratique est
excellente.

1659.

Après un mois de séjour à Acre, je
priai l'Emir Nasser de me souffrir en
sa compagnie. Il me l'accorda très-
gracieusement. C'étoit un jeune Prince
Arabe fort honnête & fort poli. Il
avoit soixante Cavaliers avec lui tous
armez de lances, & montez sur d'excellens chevaux ou cavales. Ces Peuples les ménagent extrêmement, ne les
font aller que le pas ; mais quand ils
leur lâchent la bride, ce ne sont plus
des chevaux, ce sont des oiseaux qui
volent d'une rapidité extraordinaire,
& qui sont d'une ressource infinie. Ils
en ont un soin extrême, les pansent,
les caressent, les baisent & les font
coucher dans leurs maisons entre eux &
leurs enfans, sans qu'il en arrive aucun accident. Ils tiennent des généalo-
gies exactes de leurs chevaux, & quand
ils en vendent, c'est à ces généalo-
gies qu'on se rapporte quand on les
veut acheter.

Nous allâmes coucher à Sour, & le
jour suivant à Seïde, ayant fait bonne

chere par le chemin tant des provisions que nous avions apportées avec nous d'Acre, que de celles que les Villages où nous nous arrêtions nous fournisſoient agréablement & ſans contrainte.

CHAPITRE VII.

Voyage de l'Auteur aux Lieux Saints.

JE demeurai à Seïde juſqu'au Carême de l'année 1660. que je me joignis à une troupe de Marchands François & Hollandois, & à des Religieux qui vouloient paſſer les Fêtes de Pâques à Jeruſalem.

Nous nous embarquâmes le 16. Mars 1660. ſur un Bateau du Païs avec un petit vent de Nord, qui nous auroit conduit le même jour à Acre, ſi une Chaloupe d'un Vaiſſeau Corſaire ne nous avoit donné chaſſe, & ne nous avoit contraint de nous retirer à Sour où nous paſſâmes la nuit, afin de voir ce que deviendroit le Vaiſſeau Corſaire. Nous envoyâmes à la Nakoure ſur les hauteurs pour en avoir des nouvelles, & pendant que nous en attendions, il arriva une troupe de Muletiers, qui nous assurerent qu'en passant sur le Cap Blanc, ils avoient vû le Vaisseau porter au large, & qu'ils l'avoient à la fin perdu de vûë. Mais il avoit reporté à terre pendant la nuit, & avoit laissé sa Chaloupe dans les écüeils de Zip, qui sont devant le premier village qu'on rencontre après avoir passé le Cap Blanc, après quoi le Vaisseau porta de nouveau au large, & on le perdit de vûë.

Le lendemain nous partîmes de Sour à trois heures après midi, avec un vent de Nord moderé. Dès que nous approchâmes les écüeils de Zip, la Chaloupe Corsaire en sortit. Nos Matelots Turcs épouventez se jetterent dans la mer, & se sauverent à terre. Il ne resta dans le Bateau que quelques Grecs qui le gouvernerent ; mais en peu de momens les Corsaires nous aborderent, & quoique ceux qui avoient des chapeaux les montrassent, & leur criassent qu'ils étoient Francs, ils ne laisserent pas de tirer leur pierrier d'avant, & de faire une décharge de leurs mousquets. Heureusement ils tirent si mal qu'ils ne tuerent personne. Ils entrerent dans le Bateau l'épée d'une main & le pistolet de l'autre, jurant & blasphémant comme des enragez, amenerent la voile, & se mirent à rompre les coffres & à piller tout ce qui leur tomboit sous la main. Après le pillage, ils mirent à la voile pour aller joindre le Vaisseau qui portoit sur nous; mais il étoit nuit close avant que nous le pussions joindre, après avoir couru risque dix fois de sombrer sous voile, parce que ces Corsaires n'entendoient rien à la manœuvre de ces sortes de Bâtimens, dont les voiles sont taillées d'une toute autre maniere que celles dont on se sert parmi les Chrétiens.

Tous les Passagers Chrétiens & Grecs demeurerent dans le Bateau, quand nous eûmes joints le Corsaire; il n'y eut que le Sieur Chambon & moi qui y entrâmes pour parler au Capitaine nommé Carlo Antonetti, qui commandoit ce miserable petit Vaisseau, appellé *Il Belvedere*. Ce Capitaine nous fit conduire dans une petite chambre tapissée de jonc d'Espagne, où il nous tint enfermez jusqu'à ce que son Lieutenant lui eût rendu compte de notre capture. Il nous fit venir ensuite, & me voyant vêtu à la Turque avec une assez longue barbe, & un turban de soye rouge, il prétendoit que j'étois Turc, & par consequent de bonne prise. J'avois beau lui dire que j'étois François, & lui nommer les parens & les amis que j'avois à Marseille, il ne vouloit pas le croire, ou en faisoit semblant. Il fallut pour le convaincre que je lui fisse voir que je n'étois pas circoncis. Pendant tous ces discours on achevoit de piller notre Bateau, & on transporta dans le Vaisseau une balle de drap, & une partie de toiles bleuës qui appartenoient à un Marchand de Rama. Il convint enfin de nous rendre notre Bateau ; mais il nous demanda notre argent. Nous l'assurâmes que nous n'en avions point, & que nous devions prendre à Acre celui qui nous étoit necessaire pour notre voyage. Il voulut alors nous faire dépoüiller, & me prendre une bague d'or que j'avois au doigt. Je lui représentai qu'étant François, il ne devoit rien prétendre, & que ses gens avoient assez pillé mon équipage pour n'en pas venir à me dépoüiller. Il eut peine à s'y resoudre ; mais à la fin il nous permit de nous rembarquer & de continuer notre voyage, après avoir demeuré près de deux heures dans son Vaisseau.

Nous mîmes à la voile & portâmes sur Acre : la nuit étoit si obscure que nous pensâmes nous perdre sur les rochers de saint André que nous ne voyions pas ; & nos Matelots étant accoûtumez à naviger terre à terre, étoient tellement déroutez parce qu'ils venoient du large, qu'ils ne sçavoient où ils en étoient.

Nous arrivâmes à la fin. Nos Matelots Turcs qui s'étoient sauvez à la nâge étoient déja arrivez à Acre ; ils ne nous attendoient plus, fort contents d'être en liberté ; ils avoient informé l'Aga de notre prise. Nous lui contâmes le reste de notre avanture. Il nous félicita d'être échapez des mains de ces Pirates, & nous donna à souper, & y joignit le divertissement des danseurs, pour nous faire oublier les chagrins que nous avions essuyez. Il avoit de bon vin, & n'étoit point scrupuleux sur cet article. Il avoit eu la politesse d'inviter les Marchands François qui nous avoient reçûs chez eux. Il nous traita magnifiquement, & nous remercia fort de ce que nous avions sauvé le bateau.

Nous eûmes soin de faire faire un Procès verbal par le Cadi & par les Marchands François de tout ce qui nous étoit arrivé. Quoique nous eussions peu d'espérance de recouvrer ce qui avoit été enlevé par les Corsaires, c'étoit une décharge pour le Patron du bateau, & pour les Commissionnaires, qui étoient chargez des marchandises & des autres effets qui avoient été enlevez.

Le vent n'étant point changé nous nous rembarquâmes le lendemain dix-huit Mars, & ayant vent arriere & la mer à souhait, nous vîmes pendant le jour Caïfa, Château-Pelerin, Tartoura, Césarée & Baler-el-haïte, c'est-à-dire, la côte de la muraille qui finit à Jaffa, où nous débarquâmes le même soir.

Nous fîmes partir aussi-tôt un exprès pour aller à Rama avertir le Maalem Saleh, ou Conducteur des Pelerins, de nous amener des chevaux. Je me sers du mot de voitures pour exprimer un peu moins honteusement celui de bouriques, dont les Turcs obligent les Pelerins de se servir dans la visite des Saints Lieux, il n'y est permis qu'aux Musulmans de se servir de chevaux. On s'exposeroit à des avanies & à de mauvais traitemens, si on vouloit aller à cheval. Il y a bien des années que les Pachas & les Cadis de Jerusalem ont mis cette pragmatique en usage. On pourroit peut-être s'imaginer que les Pelerins se servent de ces voitures par humilité, ou pour imiter le Sauveur du monde, qui ne s'est jamais servi que de ces animaux pendant sa vie mortelle; mais il ne faut tromper personne, & avoüer de bonne foi que les Pelerins ne s'en servent que par contrainte. Les dévots Musulmans d'Egypte & de la Terre-Sainte sont si exacts à leur faire observer cette Loi, qu'un de ces zelez s'étant trouvé dans un Païs où l'usage des chevaux est permis aux Chrétiens, & voyant un Franc sur un cheval, s'écria tout hors de lui-même: Oh Dieu! quel peché peut avoir commis ce pauvre animal, pour être obligé de porter un Infidele!

En attendant la venuë du Maalem Saleh, nous allâmes nous loger dans des magazins que les Religieux de la Terre-Sainte ont fait bâtir pour eux & pour les Pelerins, dont un Grec donna la clef. Ces magazins n'ont aucuns meubles; nous y campâmes comme nous pûmes; chacun se coucha sur ses hardes, & sur des nattes de jonc, que nous loüâmes en attendant le Maalem, qui ne manqua pas de venir le jour suivant avec les boutiques, dont nous avions besoin pour nous

& pour nos hardes, dont on porte le moins que l'on peut, pour ne pas exciter l'envie des Turcs, qui jugent de la qualité & des richesses des Pelerins par leurs habits & par leur équipage, & qui ne manquent jamais de leur faire une avanie quand ils les croyent en état de la pouvoir payer.

Il n'y a aucun commerce à faire à Jerusalem, ce n'est pas un lieu de commerce. On n'y trouve que des Chapelets, des Croix & des repréſentations en bois du saint Sepulcre de Jesus-Christ, & de celui de la sainte Vierge, & autres choses de dévotion, que l'on appelle des Sanctuaires. C'est là tout ce que l'on en rapporte, & que l'on achete assez cherement. Aussi tous ceux que la dévotion ou la curiosité engagent à faire ce voyage, ont tous la qualité de Pelerins, & sont reçûs des Religieux de quelque Religion qu'ils soient.

CHAPITRE VIII.

Route de Jaffa à Jerufalem.

JAffa eft le premier endroit de la Terre-Sainte que les Pelerins ont accoûtumé de vifiter en débarquant. Je ne prétens pas impofer une neceffité à mes Lecteurs de croire ce que je rapporterai fur la bonne foi des traditions du Païs ; je ne les ai pas crû moi-même , & je ne prétens obliger perfonne à les croire. On doit être libre ; il faut feulement obferver d'écouter fans chercher des raifons convainquantes & fans difputer , & croire ce qu'on en juge à propos.

On prétend que Jaffa , qu'on appelloit autrefois Joppé , fut bâtie par Japhet fils de Noé avant le Déluge, que ce Patriarche y demeura, qu'il y bâtit l'Arche , qu'il s'y embarqua avec fa famille.

Les Efpagnols ne conviendront jamais de ce dernier fait , puifqu'ils tiennent pour certain que l'Arche fut bâtie à Cadis, & que dans un befoin on montreroit encore les chantiers où elle fut fabriquée. On feroit mal reçû çû à leur contester ce fait, sur tout depuis qu'un de leurs Ecrivains Carme Déchaussé, sçavant & très-éclairé dans la plus haute antiquité, en a assuré le public dans un Livre qui a pour titre, *Grandeurs & Antiquitez de Cadis*, imprimé avec privilege, & l'approbation de l'Inquisition.

1660.

On prétend encore que ce fut à Jaffa que le Prophete Jonas s'embarqua pour ne pas aller prêcher la Pénitence aux Ninivites, & que Lazare, Marie Magdeleine, Marthe & autres premiers Chrétiens furent mis par les Juifs dans une barque qui n'avoit ni voiles ni avirons, & que la divine Providence conduisit à Marseille.

Ce fut encore à Jaffa, selon les mêmes traditions, que Salomon fit débarquer les cédres du Liban, qu'il employa à la construction du Temple. Ce fait est véritable, aussi bien que ce fut en cet endroit que saint Pierre ressuscita la bonne veuve Tabitha, & qu'étant dans la maison de Simon le Corroyeur, il eut la vision du linceul plein de toutes sortes d'animaux, qui lui signifioient que la porte de l'Evangile étoit ouverte aux Gentils comme aux Juifs.

La Ville de Jaffa étoit autrefois bâtie sur le sommet & sur le penchant d'une colline ; elle s'étendoit jusqu'au rivage de la mer. On voit encore les ruines d'un grand Château quarré, que l'on dit avoir été bâti par Saint Loüis. Il fut pris par Silach Edalin Sultan d'E-gypte , & ensuite entierement ruiné par Sultan Selim surnommé Yaoux , pere du grand Soliman, lorsqu'il s'empara de la Syrie. Les grosses murailles, les tours & les autres ouvrages qui environnoient la Ville du côté de la plaine , marquent qu'elle étoit grande & forte. Tout est ruiné à present, le sable & les broussailles couvrent les ruines. On ne voit plus que quelques petites maisons sur le bord de la mer, & des magasins où les Marchands qui trafiquent en petit nombre dans le Païs mettent leurs marchandises comme dans un entrepos. La plûpart de ces magasins sont creusez dans le roc, aussi bien que ceux des Peres de la Terre-Sainte , qui ont fait bâtir au-dessus de petites chambres pour les Pelerins. La personne la plus considerable de la Ville, c'est le Doüannier, qui reçoit les droits pour le Pacha de Gaza, de qui elle dépend. Les autres habitans sont en très-petit nombre & fort miserables.

Il y a du côté de la mer à main gauche du chemin qui conduit à Rama un reste de château, qui consiste en deux tours, l'une ronde, & l'autre quarrée jointes ensemble par une muraille en forme de parapet, sur lequel il y a quelques fauconneaux & deux petites pieces de fer, pour faire peur aux Corsaires, & les empêcher de faire des descentes.

1660.

On voit dans la mer, du côté du Midi, des vestiges d'une muraille qui alloit jusqu'à une chaîne de rochers qui avancent assez dans la mer, qui formoient le Port, & le mettoient à couvert des orages du Sud-Oüest. Ce Port ne laissoit pas d'être assez bon avant qu'il fût comblé, quoique son embouchûre fût exposée aux vents de la bande du Nord. Il est à present inutile. Il a si peu de fond, qu'il n'y peut entrer que de très-petits bâtimens.

On dit que c'étoit sur ces rochers qu'Andromede fut attachée pour être dévorée du monstre marin, dont elle fut délivrée par Persée.

Il y avoit un quay revêtu de pierres de taille, qui faisoit face au Port. On l'a ruiné sans necessité & à dessein ; ce qui en reste aux deux extrêmitez marque qu'il étoit fort beau.

Après que nous eûmes consideré à loisir ces tristes restes, car il ne faut pas chercher autre chose dans ce Païs désolé, nous payâmes quatorze piastres par tête au Maalem, moyennant quoi il s'obligea à nous conduire à Jerusalem, nous fournir de voiture, & payer les caffars ou péages qui se trouvent sur la route. On convint encore de lui donner la même somme pour nous ramener de Jerusalem à Jaffa, après que nous aurions visité tous les lieux que les Mysteres qui s'y sont operez rendent vénérables.

Ce n'est pas mon dessein d'entrer ici dans un détail ennuyeux de ce qu'on fait voir aux Pelerins, ni des cérémonies qui s'y pratiquent à leur égard. Il y a tant d'Ecrivains qui l'ont fait avant moi, & selon les apparences il y en aura encore tant d'autres qui le feront, que je ne ferois que grossir mon ouvrage en rapportant ce qu'on sçait déja, ou qui intéresse assez peu. Je me contenterai de dire ce qui a échappé aux autres, ou qui me regarde personnellement.

Nous partîmes de Jaffa pour aller coucher à Rama. Nous vîmes en passant les ruines d'une Eglise dédiée à Saint Pierre, & celles d'un château que les premiers Croisez avoient fait bâtir pour assurer le chemin contre les courses des Arabes. Il y a encore quelques maisons & des jardins qu'on arrose avec un *dalab* ou puits à roüe garnie de pots de terre.

Nous passâmes auprès d'un Village appellé Gesser, où nous vîmes une Mosquée couverte de neuf petits dômes. C'est dans la fabrique des dômes que les Architectes du païs excellent. On dit qu'elle est bâtie sur le tombeau du Patriarche Gad fils de Jacob. C'est une belle antiquité, supposé qu'elle soit vraye. Le Maalem nous instruisoit de toutes ces particularitez, & sçavoit sa leçon aussi bien que le Moine qui montre le Trésor de saint Denys.

La Ville de Geth patrie du Geant Goliath, n'en est pas éloignée : ce n'est plus qu'un mauvais Village que nous laissâmes à droite sans y entrer ; & après avoir passé devant quelques maisons creusées en terre comme des tannieres, nous arrivâmes à Rama, & fûmes coucher chez le Sieur Souribe, dont on prétend que la maison étoit celle de Nicodeme. J'en ai parlé dans le Chapitre de cette Ville.

Le Maalem nous vint éveiller, & nous fit partir de grand matin. Nous passâmes par une plaine bien cultivée qui nous conduisit jusqu'au Village du bon Larron, où nous arrivâmes au lever du Soleil. Ce chemin a été de tout tems exposé aux voleurs. Les Arabes font encore aujourd'hui ce que le bon Larron y faisoit autrefois. Il y avoit un château pour la sûreté du chemin, que le tems a détruit, aussi bien qu'une Eglise qu'on prétendoit avoir été bâtie sur la maison de ce fortuné voleur.

De là nous marchâmes encore une bonne lieuë dans une plaine, au bout de laquelle nous entrâmes dans un vallon étroit & fort raboteux, bordé d'arbrisseaux, où nous commençâmes à entrer dans cette suite de montagnes & de collines qui conduisent à Jerusalem.

Nous passâmes entre deux puits, auprès desquels on nous fit voir les ruines d'une maison, qu'on prétend avoir été celle du mauvais riche. C'est ainsi qu'on réalise une parabole, & c'est le fond qu'on peut faire sur tous les récits qu'on est accoûtumé de faire aux Pelerins.

Nous trouvâmes ensuite le Village d'Anatoth patrie du Prophete Jeremie. Il est sur la droite du chemin; on y aborde par une allée d'oliviers qui semble promettre quelque chose de grand, & qui ne conduit qu'à de mauvaises maisons ruinées la plûpart, & peu habitées. Nous nous détournâmes pour aller voir deux réservoirs fort anciens, qui reçoivent les eaux qui coulent du pied de la colline sur laquelle le Village est situé. Sa situation fait tout son merite. Sainte Helene y avoit fait bâtir un très-beau Monastere qui a été ruiné ou par les Turcs, ou par le tems, qui ont épargné l'Eglise qui est encore toute entiere, mais sans portes ni fenêtres. Elle ne sert plus qu'à retirer le bétail. Il est surprenant qu'on n'y ait pas enterré quelque Prophete.

Nous vîmes un peu plus loin sur le sommet d'une montagne les ruines de Modin patrie des Machabées. On prétend que le Sepulcre du fameux Judas Machabée & de toute sa famille, s'y voit encore à present.

Après avoir passé les Monts de Sacoth, nous descendîmes dans la vallée du Terebinthe, & nous passâmes à sec le torrent où David prit les cinq pierres avec lesquelles il alla combattre le Geant Goliath. Il n'y a de l'eau

E iiij

dans ce torrent que dans le tems des pluyes, ou à la fonte des neiges. Il y a un pont sur ce torrent, qui s'entretient par lui-même. Les Chrétiens avoient bâti une Eglise pour perpetuer la memoire de cette Victoire; peu à peu on avoit bâti une petite Ville autour de cette Eglise. Tout est ruiné à present. Il n'y reste plus que quelques mazures inhabitées.

En sortant de cette vallée nous recommençâmes à grimper, plûtôt qu'à monter une montagne par un chemin rude & pierreux, laissant à la gauche le Village appellé Columi, où il y a une Mosquée qui est tout au haut de la montagne, & après avoir marché quelques mille pas, nous découvrîmes tout à plein la sainte Cité.

C'est la coûtume des Pelerins de mettre pied à terre; les plus dévots baisent la terre, & pleurent de joye, les autres se contentent de prier Dieu, C'est ce que nous fîmes, après quoi nous remontâmes sur nos bouriques, & arrivâmes à la porte de Damas, où il fallut attendre une bonne heure avant d'être introduits dans la Ville; car quoique la porte fût ouverte, nous nous serions exposez à une grosse avanie, si nous avions osé entrer sans les ordres du Sangiac.

Abrahim premier Trucheman du Couvent, & un Officier du Sangiac, nous vinrent donner l'entrée. Ils visiterent nos hardes, & nous foüillerent assez exactement, pour être assurez que nous n'avions point d'armes à feu, & nous conduisirent au grand Couvent de saint Sauveur, qui appartient aux Religieux de saint François, qu'on appelle les Peres de la Terre-Sainte.

Nous y fûmes reçûs par le Pere Eusebe Vallez Gardien, à la tête de tous ses Religieux, avec beaucoup de politesse. On nous conduisit d'abord à l'Eglise, d'où après quelques prieres on nous mena au refectoir faire collation, & ensuite dans des chambres fort propres, qui sont destinées pour les Pelerins, où après nous être reposez quelque tems, il fallut faire une Procession dans le Cloître avec les cérémonies accoûtumées. Nous soupâmes ensuite, & après quelques momens de conversation nous allâmes nous coucher.

CHAPITRE IX.

De la Ville de Jerusalem.

LE nom de cette Ville, si fameuse pour son antiquité, ses richesses, les Mysteres qui s'y sont operez, & ensuite pour ses malheurs, signifie dans la Langue Hebraïque, *Vision de paix*. Les Arabes l'appellent *Kods-Cherif*, c'est-à-dire, Sainteté Noble.

Elle a toûjours été en grande vénération parmi les Turcs, parce qu'ils prétendent que Mahomet l'a honorée de sa présence, aussi bien que Damas, ayant visité ces deux Villes *incognito*, monté sur son Borach qui étoit un Ange, ayant le visage d'homme, & le corps d'un cheval aîlé, qui le portoit avec une vîtesse extrême lorsqu'il vouloit faire quelque voyage en terre ou au Ciel. Ils croyent encore qu'il y doit venir au jour du Jugement, qu'il sera assis sur une pierre de la muraille du côté du Temple, ayant sur les épaules une veste qui couvrira toute la vallée de Josaphat, fourrée de peaux de jeunes agneaux blancs, & qu'aprés que Dieu aura prononcé le jugement, les ames de ses Sectateurs viendront comme des puces se nicher dans sa fourure, & que connoissant par le poids qu'elles y sont toutes, il montera sur son Borach, qui le portera avec elles dans les superbes jardins de son Paradis, pour joüir plus à leur aise de la félicité de ce lieu de délices.

1660.

Les differentes révolutions que cette Ville a souffertes, ont été cause qu'elle a été rebâtie plusieurs fois, & qu'elle a changé souvent de nom. Elle a enfin repris chez les Chrétiens son premier nom; mais il s'en faut bien qu'elle soit la même qu'elle étoit quand elle fut ruinée de fond en comble par les Romains.

Elle est à present située sur le sommet d'une des plus hautes montagnes de la Judée. En effet on monte toûjours pour y aller, & on descend sans cesse quand on en sort. Toutes les terres qui l'environnent sont pelées, & ne sont que des roches seches, arides, & blanches comme de la craye, excepté du côté de Bethléem, où le terrein est plus agréable & plus fertile.

Cette Ville est beaucoup plus petite qu'elle n'étoit autrefois, c'est-à-dire, du tems de Notre Seigneur. Le Mont de Sion étoit dans la Ville, & le Mont de Calvaire étoit dehors. A

E vj

présent cette dernière montagne est enfermée dans la Ville, qui ne comprend plus les Monts Moria ni celui d'Acra, mais seulement une partie de celui de Sion. Elle est plus longue de l'Orient à l'Occident que du Midi au Septentrion. Elle est environnée d'assez bonnes murailles revêtuës de pierres de taille avec des tours quarrées; mais elles ne sont ni flanquées ni terrassées. Ce fut Soliman qui les fit construire. Elles ont environ une toise d'épaisseur, & quatre mille cinq cens pas de circuit, avec un fossé sec depuis la porte de Damas jusqu'à celle de Bethléem où est le Château. Elle a sept portes, elles sont sans pont-levis. Leurs ventaux sont assez épais & couverts de lames de fer. La porte de Sion & la porte Sterquilinaire sont au Midi. La porte dorée est dans l'enclos du Temple. Les Turcs l'ont murée sur une prédiction qu'ils ont que les Chrétiens surprendront la Ville par cette porte un Vendredi, pendant qu'ils seront à la priere. La porte de Saint Etienne est à l'Orient. Celles d'Ephraïm & de Damas sont au Nord, & celle de Rama ou de Bethléem, qui est la septiéme, est à l'Occident.

Castel Pisano, ainsi appellé, parce qu'il a été bâti par les Pifans, eft proche la porte de Bethléem. C'eft la Citadelle de la Ville; fes murailles & fes tours font bonnes & bien terraffées, avec des foffez larges & profonds à fond de cuve, qui font revêtus de pierres de taille. Il a pour artillerie trente pieces de canons & de fauconneaux, & pour garnifon une compagnie de trente Janiffaires commandez par un Aga, qui y logent avec leurs familles.

La plûpart des maifons de Jerufalem n'ont qu'un étage au-deffus de celui du rez de chauffée. Elles font voûtées de pierre de taille, qui ne font pas rares dans le Païs. Elles font toutes couvertes en terraffes, & ont des cîternes pour conferver les eaux de pluye qu'on ramaffe des terraffes, chofe abfolument neceffaire dans cette Ville, qui n'a ni puits, ni fontaines, ni ruiffeaux.

Elle eft habitée d'Arabes, de Turcs, de Juifs & de Chrétiens de differentes efpeces, c'eft-à-dire qu'on y voit des Francs, des Grecs, des Armeniens, des Maronites, des Georgiens, des Coptes, des Abyffins, des Caldéens; mais le nombre de tous ces Chrétiens differens n'égale pas celui des Ara-

CHAPITRE X.

De l'Eglise & Couvent de Saint Sauveur.

LE Couvent de S. Sauveur, où les Religieux Francs demeurent depuis qu'on les a chaffez de la Maifon qu'ils avoient au Mont de Sion, qui avoit appartenu aux Chevaliers de S. Jean, eft fitué entre les portes de Damas & de Bethléem. Il a un grand jardin qui s'étend jufqu'aux murailles de la Ville, & qui fournit aux Religieux des herbes, des légumes & des fruits autant qu'ils en peuvent avoir befoin.

Le Bâtiment eft grand & partagé en trois cours. On entre dans la premiere, qui eft la plus petite, par une porte baffe qui donne fur la ruë. Il y a une voûte affez longue fur laquelle il y a des logemens.

De cette cour on paffe dans les deux autres, dans l'une defquelles font les logemens des Religieux, & dans l'autre ceux des Peletins. Ces bârimens étoient nouvellement faits quand j'étois à Jerufalem, & avoient fait fouffrir aux Religieux des avanies considerables ; le Gouverneur les ayant accusé de faire une Forteresse, sous prétexte de faire des chambres, afin de surprendre la Ville.

1660.

Les Religieux & les Pelerins sont fort bien logez. Les chambres sont petites à la verité, mais propres, & assez bien meublées & voûtées.

Tous les bâtimens sont couverts d'une grande terrasse où l'on peut s'aller promener, & découvrir de là la plus grande partie de la Ville. Ces cours sont environnées d'arcades qui forment deux Cloîtres. On y trouve les differens offices de la Maison, la cuisine, les offices, le refectoir. Il est long de quinze pas, & large de six. Les tables sont contre les murailles, & l'on n'est assis que d'un côté. On est servi en vaisselle d'étain fort propre. La porte de la cave donne dans le refectoir ; quand elle est ouverte, on trouve une armoire pleine de linges & autres meubles. Il y a un ressort à secret qui pousse cette armoire en dedans, & donne entrée dans l'escalier de la cave. Les Religieux ont été obligez à prendre cette précaution, afin de n'être pas pillez par les Turcs, qui viennent manger chez eux quand il leur plaît, & il leur plaît de venir plus souvent qu'il ne convient aux intérêts des Religieux ; car si les Turcs sçavoient le chemin de la cave, ils n'en sortiroient point tant qu'il y auroit du vin, outre qu'on met dans la même cave ou sellier bien des provisions dont ils s'accommoderoient.

Les Religieux & les Pelerins sont fort bien nourris, & n'ont pas lieu de regretter l'argent qu'il leur en coûte. Bon potage, bon boüilli, des ragoûts, du rôti, des salades & des fruits. Le vin est blanc, il est du crû du païs ; on achete les raisins, & on fait le vin dans le Couvent. Il est agréable. Il n'y a que de l'eau de cîterne. Quoiqu'elle soit excellente, ces bons Peres Cordeliers, & les Pelerins à leur imitation en boivent peu, & aiment mieux boire du vin, afin d'épargner l'eau pour d'autres besoins plus pressans. On ne mesure point le vin ; de deux en deux on donne un grand pot de vin, & quand il commence à baisser, on frappe un petit coup sur le pot, & on le remplit aussi-tôt ; car on garde le silence au refectoir. Les Religieux y font la lecture l'un après l'autre. Il n'y a que l'arrivée de quelques Pelerins qui dispense de cette regle. Quand cela arrive, le P. Gardien fait cesser la lecture après le potage, fait un compliment aux nouveaux venus, boit à leur santé, & permet à ses Religieux de suivre son exemple, & alors on profite de la dispense ; les Religieux & les Pelerins boivent à la santé les uns des autres ; la table est plus longue, on boit à merveille, & on fait bien du bruit. Excepté dans ces occasions on garde un profond silence.

1660.

Les Truchemans sont logez pendant le jour au bas du Cloître, afin d'être toûjours en état de rendre les services qu'on attend d'eux. Ce Couvent, comme nous l'avons déja remarqué, est desservi par les Cordeliers de differentes Nations. Le Gardien est toûjours Italien, & cela pour éviter les contestations, qui ne manqueroient pas d'arriver entre les François & les Espagnols, dont l'antipathie est toûjours aussi grande dans les Saints Lieux que dans les autres endroits du monde. Le Vicaire qui a toute l'autorité du Gardien dans le spirituel en l'absence du Gardien est toûjours François, & le Procureur qui a l'Intendance de tout le temporel est toûjours Espagnol, & cela en consideration des aumônes considerables que le Royaume d'Espagne fournit pour l'entretien des

Saints Lieux. Tous les autres Religieux sont de differentes Nations. Pour entretenir la paix entre eux, il leur est défendu de parler des interêts des Princes. Cette défense est très-necessaire & très-raisonnable ; mais elle n'empêche pas que les François & les Espagnols n'ayent assez souvent des prises entre eux, que les autres ont bien de la peine à appaiser.

Le Pape a transporté à l'Eglise de Saint Sauveur les mêmes Indulgences qui étoient à celle du Mont de Sion. Elle est assez grande, bâtie & voûtée de pierres de taille, & couverte d'un fort beau dôme. Elle a trois nefs : le chœur des Religieux est dans celle du milieu. Les stales sont de bois de noyer, avec le trône du Gardien, qui fait l'Office Pontificalement comme les Evêques dont il a l'autorité & les prérogatives. Il y a des orgues, & on chante souvent en musique.

Les enfans des Chrétiens apprennent le plein chant & la musique: Il y a des Religieux destinez à les leur enseigner; d'autres leur apprennent à lire & à écrire en Latin & en Italien, & d'autres à leur faire le Catechisme.

C'est le Couvent qui entretient pres-

que toutes les Familles Catholiques
qui sont dans la Terre-Sainte. On peut 1660.
dire qu'il y a peu de Chrétiens au monde qui vivent aussi chrétiennement &
aussi régulierement que ces gens-là.
Leurs occupations ordinaires sont de
servir de Truchemans, de conduire
les Pelerins, & de faire de ces croix
& autres meubles de dévotion que l'on
porte par tout le monde. Le Couvent
achete ces ouvrages, & les vend ou
les donne aux Pelerins.

Le vestibule de l'Eglise est orné de
tableaux, entre lesquels celui du Roi
d'Espagne étoit placé à la droite, &
celui du Roi de France à la gauche.
Cette situation causoit souvent des démêlez entre les François & les Espagnols. Il y a ordinairement trente
Religieux dans ce Couvent. Le Gardien est changé tous les trois ans au
Chapitre général de l'Ordre, qui se
tient à Madrid. Il est Commissaire Apostolique du Pape dans tout l'Orient,
& a tout le pouvoir du Souverain
Pontife au spirituel & au temporel. Il
paye six mille piastres comptant pour
son entrée au Sangiac de Jerusalem.
Cet Officier n'a pas la qualité de Pacha, quoiqu'il en fasse toutes les
fonctions, & qu'il en ait toutes les

prérogatives, parce que le Grand Seigneur ne prend pour lui-même que la qualité de Gouverneur & de Protecteur de la Ste Cité. Outre les 6000. piastres, il est encore obligé à d'autres présens très-considérables, sans compter les avanies qu'on leur suscite le plus souvent que l'on peut, & qu'il leur est impossible d'appaiser qu'à force d'argent; car quelque bonne raison qu'ait un Chrétien, il a toûjours tort en ce païs-là ; de sorte que ceux que la dévotion engage à y demeurer, doivent avoir une ample provision de patience & d'argent, sans quoi je leur conseille de demeurer chez eux, & de faire leur pelerinage & leurs stations en esprit.

J'avois porté quelques lettres de recommandation pour les Officiers du Sangiac & du Cadi, qui me furent d'un grand secours, outre que parlant leur langue & portant leurs habillemens, excepté le turban qui étoit rouge, j'allois seul dans les bazards, je m'asseïois sur leurs boutiques, ils recevoient mes visites avec politesse, me faisoient prendre du caffé & fumer avec eux. Il ne m'est jamais arrivé la moindre chose fâcheuse, ni dans la Ville ni dans tous les autres lieux de la Turquie ; je ne puis que me loüer de leurs manieres honnêtes & tout-à-fait polies.

CHAPITRE XI.
De l'Eglise du Saint Sepulcre.

CEtte Eglise a été bâtie par sainte Helene après qu'elle eût trouvé la Croix de Notre Seigneur ; elle est précédée d'une assez grande place, pavée de grandes pierres de taille. Il est défendu aux Juifs d'entrer dans cette place, & il est permis aux Chrétiens de les maltraiter quand ils les y rencontrent.

La face de l'Eglise regarde le Midi, elle est magnifique. Elle est ouverte par deux grandes portes séparées par un massif orné de cinq colonnes de marbre, accompagnées de tous les ornemens d'une bonne architecture.

Une de ces portes est murée depuis long-tems ; l'autre est toûjours fermée & scellée du Sceau du Pacha ou Sangiac. On ne l'ouvre que quand il faut faire entrer les Religieux ou les Pelerins. Ces derniers payent vingt-quatre piastres lorsqu'ils y entrent la premiere fois, après quoi ils en sont quittes pour quelques médins chaque fois qu'ils y veulent entrer. Il y a trois ouvertures dans les ventaux de cette porte ; c'est par deux de ces ouvertures qu'on parle à ceux qui sont renfermez dedans. La troisiéme qui est beaucoup plus grande, sert à introduire les vivres de ces dévots prisonniers ; mais elle est traversée par un barreau de fer qui sert à empêcher qu'on ne s'en puisse servir pour y entrer.

A côté de la porte il y a une estrade de pierre où sont assis les Officiers du Pacha & du Cadi pour recevoir l'argent des Chrétiens, & les compter lorsqu'ils y entrent ou qu'ils en sortent.

Le Clocher est au coin de l'Eglise à l'Occident. C'est une tour quarrée qui a quatre rangs de fenêtres les unes sur les autres. Elles sont accolées, séparées, & cantonnées par des colonnes de marbre. Il y avoit autrefois une fléche fort haute, elle est à présent rasée au rez de la platte-forme. On dit qu'il y avoit dix-huit cloches : les Turcs les en ont ôtées, parce qu'ils n'en permettent point l'usage dans leur Empire.

La figure de cette Eglise est ovalle. Son plus grand diametre d'Orient en Occident est de quatre-vingt-dix pas Geometriques, ou soixante-quinze toises, & le plus petit de quarante ou quarante-une toises quatre pieds. L'extrêmité du grand diametre est couverte d'un dôme fort élevé, sous lequel est le grand Autel. Cette Eglise renferme dans sa circonference une partie du Mont-Calvaire, qui n'est pas fort élevé ; la vallée des Cadavres où l'on jettoit les instrumens patibulaires, & une partie du jardin où étoit la grotte où Notre-Seigneur fut enseveli. Elle est toute bâtie, voûtée & couverte en terrasse de bonnes pierres de taille. Elle est partagée en cinq nefs par de grosses colonnes jointes en quelques lieux par des murailles de clôture, pour la commodité des differens Chrétiens qui y demeurent.

1660.

C'est dans celle du milieu qu'est le grand Autel où les Grecs font l'Office; il est à l'Occident, & à l'extrêmité opposée est le S. Sepulcre. Il est enfermé d'une enceinte de vingt-six pas communs de diametre, composée de quatre gros pilliers quarrez, & de dix colonnes de marbre qui soutiennent une galerie qui regne tout autour. Cette enceinte est couverte d'un dôme en maniere de pavillon, composé de colonnes de bois de cedre, qui répond à une ouverture ronde percée dans la voûte & treillissée de fil d'archal, qui donne la lumiere necessaire à cette partie de l'Eglise. Il y a autour quelques tableaux de Mosaïque, qui representent les douze Apôtres, Sainte Helene & l'Empereur Constantin. Ils sont de Mosaïque, & seroient aussi beaux que quand ils sont sortis des mains de l'ouvrier, si la fumée grasse des lampes & des cierges ne les avoit pas gâtez, ou si on avoit un peu de soin de les décrasser.

L'Eglise étoit autrefois pavée & incrustée de marbres précieux. Les Turcs en ont enlevé la plus grande partie pour orner le Temple de Salomon, qui est leur Mosquée principale, & la plus en vénération. Il reste pourtant encore beaucoup d'incrustations, qui forment des tableaux de Mosaïque, que les Turcs n'ont pas détruits, parce qu'ils n'y ont pû atteindre.

Cette Eglise renferme un grand nombre de Chapelles & d'Autels, qui sont possedés par les Chrétiens de differens Rits, qui y font leurs Offices à leur maniere. Les Francs avoient les lieux principaux. Ils les perdirent quand ils furent

furent menez prisonniers à Damas après la bataille de Lépante. Les Grecs s'en emparerent à force d'argent qu'ils donnerent au Pacha & au Cadi. L'autorité du Roi leur a fait restituer le S. Sépulcre, sur lequel il n'y a que les seuls Latins qui puissent dire la Messe, & quelques autres Chapelles ; mais le Chœur est demeuré aux Grecs. Il n'y a rien de si magnifique que l'argenterie & les ornemens destinez à cet auguste lieu. L'or, les perles & les pierreries les plus précieuses y sont répanduës & comme prodiguées. Ce sont des présens que les Princes Chrétiens y ont envoyez, & c'est un miracle qu'ils sont échapez jusqu'à present à l'avarice des Turcs.

1660.

C'est dans la Chapelle de Notre-Dame, qui est creusée sous le Mont-Calvaire, que sont les sépultures de Godefroy de Boüillon, premier Roi de Jerusalem, & des deux Baudoüins ses successeurs. On voit derriere cette Chapelle la fente du rocher, qui se fendit à la mort du Sauveur. On dit aussi que ce fut en cet endroit qu'on trouva un crâne que l'on voulut bien se persuader être celui d'Adam, ce qui a fait donner à cette petite montagne le nom de Calvaire. Il semble qu'après une telle découverte on n'auroit pas dû employer ce lieu au supplice des malfaicteurs.

Le S. Sepulcre est au milieu d'une Rotonde. Ce n'étoit autrefois qu'un caveau que Joseph d'Arimathie avoit fait creuser dans le rocher pour lui servir de sepulture. Sainte Helene a fait couper le rocher tout autour du caveau, & en a fait une petite Chapelle. On l'a ensuite revêtu de marbres précieux dehors & dedans, pour empêcher que les Pelerins ne l'emportassent peu à peu par une dévotion indiscrete. Il est tout-à-fait isolé, & fait un pantagone dont chaque côté est décoré de deux colonnes de marbre, qui soutiennent un entablement magnifique, où l'on a répandu avec art tous les ornemens de l'Architecture la plus réguliere.

Avant d'entrer dans le S. Sepulcre on monte sur une estrade de marbre blanc, élevée de quatre pouces au-dessus du pavé de l'Eglise. Elle a six pieds de large & vingt-deux pieds de longueur, comme un relais de marbre en forme de banc où s'assoïent les Religieux quand on fait l'Office Pontificalement devant le S. Sepulcre, dans lequel il n'y a que les Latins qui ayent droit de dire la Messe, sur la pierre où le corps de Notre-Seigneur a reposé pendant les trois jours qu'il a demeuré dans cette grotte. On trouve ensuite une petite Chapelle qui a été jointe au S. Sepulcre, pour lui servir de vestibule. Elle n'a que dix pieds de longueur, cinq de largeur, & neuf de hauteur. Il y a un petit Autel & trois petites fenêtres, qui servent plûtôt à laisser évaporer la fumée des lampes, qu'à donner du jour à ce saint Lieu. On l'appelle la Chapelle de l'Ange, & l'on montre une pierre quarrée, relevée d'environ un pied, qui servoit d'appui à celle qui fermoit l'entrée du S. Sepulcre, sur laquelle étoit assis l'Ange qui annonça aux saintes Femmes la Resurrection du Sauveur.

De cette Chapelle on entre dans le S. Sepulcre par une porte qui n'a que trois pieds de hauteur & deux de largeur. Cette grotte est si petite, qu'elle ne peut contenir que trois hommes à genoux, parce que la moitié de sa largeur à main droite en entrant est occupée par la pierre où le corps du Sauveur fut étendu. C'est un relais de la même pierre du rocher qu'on avoit pratiqué en creusant la grotte. C'est une table de pierre qui sert à présent d'Au-

F ij

tel, & c'étoit ainsi qu'on mettoit les corps morts. On en voit des exemples sans nombre dans les Sepultures des Rois de Juda, & même en Italie, dans les anciens sepulcres qu'on découvre de tems en tems.

Je serois assez porté à faire ici un procès aux Peintres qui nous dépeignent le S. Sepulcre comme un grand coffre de pierre, couvert d'une tombe ou table de pierre; mais il est permis aux Peintres & aux Poëtes de dire & de peindre tout ce que leur imagination leur suggere; mais je suis obligé d'avertir le public qu'il a été trompé, & qu'il doit en conscience revenir de l'erreur où ces Peintres l'ont jetté, & que le S. Sepulcre n'est autre chose qu'une grotte dans laquelle on a ménagé un relais de la même pierre, long de sept pieds & demi, large de trois, & élevé ou épais de deux & demi. L'entrée de la grotte étoit fermée d'une grosse pierre, que les saintes Femmes n'auroient pas pû remuer de sa place, & entrer dans la grotte pour y embaumer de nouveau le corps du Sauveur, qui l'avoit déja été par le bon Nicodéme & Joseph d'Arimathie. C'est à côté de cette pierre remuée de sa place qu'étoit assis l'Ange qui leur parla. Il y a au-dessus de la pierre un vieux tableau qui represente la Résurrection de Notre-Seigneur. La grotte a dans œuvre neuf pieds de hauteur, six de largeur, & huit de longueur. On dit qu'un Prince Italien avoit formé le dessein d'enlever cette masse de pierre où le corps du Sauveur avoit été posé, & qu'il avoit pris des mesures si justes pour l'execution de ce dessein, qu'elles n'avoient manqué que par la mort précipitée du Pacha, avec lequel il avoit traité.

1665.

Toute l'Eglise, & en particulier cette sainte Grotte & ses environs, sont garnies de tant de lampes & de tant de cierges, qu'on sent en y entrant une fumée de graisse qui n'est point du tout agréable, quelques efforts que fassent toutes les Nations pour la corriger par la quantité d'encens & d'aromates qu'ils y font brûler.

Quoique je me sois fait une loi de ne point faire un détail ennuyeux de toutes les Chapelles qui sont dans cette Eglise, on me pardonnera si je dis deux particularitez de la Chapelle des Abyssins. La premiere, qu'un Negre s'y enferma & y chanta les loüanges de Dieu jour & nuit sans discontinuation, jusqu'à ce que ce pénible exercice joint à une abstinence extraordinaire l'eussent fait

F iij

tomber en une défaillance si prodigieuse, qu'elle le priva de la vie. La seconde, qu'elle renferme un tableau où Notre-Seigneur crucifié, la Sainte Vierge, & S. Jean sont representez tous trois comme de veritables Negres, & que le Diable qui est representé enchaîné au pied de la Croix, est representé comme un grand homme blanc, qui n'a de noir que les yeux & les dents.

Tous les Abyssins en usent de la même maniere dans les peintures qui sont en leur Païs, & les Peuples des Royaumes d'Angolle & de Congo, qui ont reçû la Foi, sont dans le même usage, & comme ils regardent la couleur noire comme la plus belle, ils n'ont garde de la refuser à leur Sauveur, ni de donner au Diable autre couleur que la blanche, qu'ils croyent être la plus vilaine, & par consequent celle qui lui convient plus raisonnablement.

Entre la Chapelle du S. Sepulcre & le chœur occupé par les Grecs, il y a une lampe d'argent de plus de deux brasses, c'est-à-dire, dix pieds de circonference, si pesante, qu'on ne la peut remonter ou descendre que par le secours d'un moulinet. Les armes d'Espagne y sont gravées, avec ces mots :

Philippus tertius Hispaniarum Rex me donavit.

1660.

Le chœur de cette Eglise est directement opposé à la Chapelle du S. Sepulcre. Il est environné de gros piliers joints ensemble par une muraille, comme nous voyons qu'il se pratique dans les Monasteres. Il a trois portes. La plus grande regarde le S. Sepulcre. Les deux autres sont aux côtez de l'Autel. Il est partagé en deux parties inégales, à la maniere des Grecs, par une cloison de menuiserie, peinte & dorée, qui est ouverte par trois portes ; une dans le milieu, & deux autres aux côtez, que le Diacre ouvre en certains endroits du Sacrifice. Il y a vingt-cinq pas communs depuis la porte du chœur jusqu'à cette cloison, & dix de largeur ; & de la cloison jusqu'au fond du chœur, qui est terminé en rond, il n'y en a qu'onze, & autant de large.

Le grand Autel est dans cette derniere partie, avec un autre petit Autel à côté, sur lequel le Prêtre qui doit célébrer, & son Diacre préparent ce qui est necessaire pour le Sacrifice.

Le derriere de l'Autel est occupé par une grande piece de bois, soûtenuë par deux traverses de fer. C'est sur cette piece de bois, qui leur tient lieu de

F iiij

cloche, que les Grecs sonnent leurs Offices, en battant dessus avec des masses de bois, que deux ou trois Sonneurs tiennent à chaque main, avec lesquelles ils frappent en cadence de toutes leurs forces. Rien n'est plus importun que ce carillon éclatant & désagréable, & comme dans toutes les occasions ils affectent de nous donner des marques de leur mauvaise volonté, ils ne manquent jamais de faire ce bruit étourdissant, quand nos Religieux font leur Office, afin de les interrompre.

Il y a trois trônes de Patriarches au-dedans de la cloison. On monte à l'un par six marches, & aux deux autres par quatre; & deux autres qui sont hors de la cloison. Ces trônes sont destinez pour les Patriarches de Constantinople, d'Antioche, d'Alexandrie & de Jerusalem; & nos Religieux Francs disent que celui qui a six marches est pour le Pape, & c'est ce dont les Grecs n'ont garde de convenir, quoiqu'ils soient bien embarrassez quand on les presse de dire pour qui il est destiné; puisqu'il est certain qu'aucun de ces quatre Patriarches ne l'occupe jamais.

Le grand dôme est directement sur le chœur, il n'a point de fenêtres, il est tout bâti de pierres de taille, & couvert de ciment en-dehors.

Ce chœur est tout rempli de lampes, au milieu desquelles est un candelabre de cuivre, en maniere de couronne Imperiale, qui a pour le moins huit brasses de circonference, sur lequel on peut mettre soixante & dix lampes & autant de cierges. Il est suspendu à la voûte par une grosse chaîne de fer. C'est un present que le Grand Duc de Moscovie envoya pour être placé dans le S. Sepulcre ; mais comme il se trouva trop petit pour contenir une si prodigieuse machine, on le donna aux Grecs qui l'ont placé dans leur chœur.

Toute l'Eglise du S. Sepulcre appartenoit autrefois aux Latins. Ce n'est que depuis leur emprisonnement à Damas, que les autres Chrétiens y ont acheté des Turcs les places qu'ils y occupent.

La grande quantité de lampes qui brûlent dans cette Eglise, fait un effet agréable à cause des differentes couleurs de l'eau qu'ils y mettent ; mais on en reçoit aussi une très-grande incommodité par la chaleur que ces lumieres produisent, & par la mauvaise odeur & la fumée dont elles remplissent l'Eglise.

E v

Il est ordinaire de voir jusqu'à quatre mille personnes dans ce Saint Lieu aux grandes Fêtes, sur-tout à celle de Pâques, qui ne payent qu'un Medin par tête, quand ils ont une fois payé leur premiere entrée. Leurs dévotions sont accompagnées d'un bruit excessif. Les uns se couchent sur les Saints Lieux; d'autres y font toucher des pieces de toile, sur lesquelles ils répandent de l'huile des lampes, & les font brûler en même-tems en quelques endroits. Ils emportent ces toiles chez-eux, & s'en servent à leurs dévotions bien ou mal reglées.

Il est impossible dans ces tems-là de vacquer aux dévotions ordinaires que l'on pratique dans ce Lieu Saint.

Quand nos Religieux veulent faire l'Office & les Processions accoûtumées, ils sont obligez d'avoir des Janissaires & des Officiers du Pacha & du Cadi, qui font écarter le monde à grands coups de bâtons. Sans leur secours, il nous seroit impossible de rien faire.

C'est dans la Chapelle de l'Apparition, qu'est la porte qui conduit au logement des Religieux & des Pelerins; il est séparé de l'Eglise par une petite cour. Il consiste en un Refectoir pour les Religieux & un pour les Pelerins, une cuisine, un office, une citerne, & un dortoir où sont les cellules des Religieux, & un autre pour les Pelerins. Tous ces lieux ne sont que de cloisons de planches, fort petits & assez mal meublés, pour que chacun ait besoin de ses hardes pour se coucher & se couvrir.

Les autres Chrétiens ont pratiqué leurs logemens au tour de leurs Chapelles. Jour & nuit on y chante les loüanges de Dieu, chacun dans sa Langue.

CHAPITRE XII.

Des cérémonies qui se font dans l'Eglise du S. Sepulcre.

APrès avoir donné en abregé la description de l'Eglise du S. Sepulcre, je crois devoir au public une Relation succinte des cérémonies que j'y ai vû faire depuis le Samedi 21. Mars veille du Dimanche des Rameaux que j'y entrai, jusqu'à midi du jour de Pâques, que j'en sortis pour aller dîner au Couvent de S. Sauveur, avec tous les Religieux & tous les Seculiers qui avoient été du Pelerinage.

1660.

Le Dimanche des Rameaux 22. Mars, le Pere Eusebe de Vallès Gardien, fit Pontificalement la bénédiction des Palmes, & après qu'il les eût distribuées aux Religieux & aux Pelerins, on fit la Procession autour de l'Eglise, après quoi il célébra la Messe devant la porte du S. Sepulcre. On y avoit dressé un Autel richement paré, devant lequel étoit un pulpitre, des orgues portatifs, & des bancs où les Religieux chanterent la Messe, partie en plein chant, & partie en musique, avec autant de majesté, de dévotion & de cérémonie qu'on auroit pû faire dans nos Cathedrales. Tous les Religieux qui n'avoient pas dit la Messe, & tous les Pelerins y communierent de la main du Pere Gardien, & le Service achevé, nous retournâmes dîner à S. Sauveur.

Autrefois le Gardien alloit à Bethphagé, où il montoit sur une ânesse, & venoit faire son entrée à Jerusalem, comme Nôtre-Seigneur la fit. Les Religieux & les Pelerins representoient les Apôtres, & le Peuple les suivoit en chantant, *Hosanna Filio David:* Mais ils perdirent ce privilege après la bataille de Lépante, quand ils furent conduits prisonniers à Damas. Je voulus rester dans le S. Sepulcre pour faire mes dévotions plus en repos, & avoir plus de loiſir pour conſiderer tout ce qui eſt enfermé dans ce Sanctuaire, & comme je ſçavois bien m'expliquer en Turc, en Arabe & en Grec, je ne perdois point d'occaſion de m'entretenir avec les differentes Nations Chrétiennes qui y font le Service: j'eus tout le loiſir que je pouvois ſouhaiter pour m'inſtruire de leur croyance & de leurs uſages. Il eſt certain qu'excepté l'obéïſſance au Pape, qu'ils ne veulent pas reconnoître pour Chef de l'Egliſe Univerſelle, en quoi ils ſont Schiſmatiques, ils croyent comme nous la preſence réelle, le Purgatoire, l'invocation des Saints, & tous les autres articles principaux de notre Religion. Ainſi ceux qui nous les diſputent ont grand tort de ne pas ſe rendre à la Foi de ces anciens Chrétiens. Il eſt vrai qu'il y a parmi eux beaucoup de ſuperſtitions; mais elles ne touchent en aucune façon à l'eſſentiel de la Religion dont les Proteſtans ſe ſont ſéparez.

1660.

Le Mercredi Saint 25. Mars, après qu'on eût dîné à S. Sauveur, le Pere Gardien accompagné de ſes Religieux & des Pelerins, revint au S. Sepulcre, & après qu'on eût fait les Stations ordinaires, on mit un pulpitre devant la porte du S. Sepulcre, & on chanta solemnellement l'Office des Tenebres. Après qu'il fut achevé, les Pelerins allerent chacun à leurs dévotions particulieres, pendant que j'entrai avec le Pere Gardien & le Pere Vicaire dans le S. Sepulcre, où je reçûs l'Ordre de Chevalier du S. Sepulcre, en consideration des services que j'avois déja rendu à la Terre-Sainte, & de ceux que j'y devois rendre comme Procureur de ces Saints Lieux. J'avois presenté mes preuves, elles avoient été examinées & approuvées ; je parlerai de cet Ordre dans un autre endroit.

La matinée du Jeudi-Saint fut employée aux cérémonies ordinaires. Les Religieux & les Pelerins communierent de la main du Pere Gardien, après quoi on porta le S. Sacrement en Procession autour de l'Eglise, & on le reposa dans la Chapelle de l'Apparition. On l'y garda toute la nuit en chantant des Hymnes & des Pseaumes, les Religieux & les Pelerins se relayant les uns les autres.

Le Vendredi-Saint 27. Mars, on chanta la Passion devant le S. Sepulcre. Les paremens de l'Autel & les ornemens des Ministres étoient de ve'ours d'or, chargez d'une broderie de soye, d'or, d'argent & de perles. Ces pieces magnifiques avoient servi à la pompe funebre d'un Roi d'Espagne. Son successeur les envoya au S. Sepulcre. Ce sont les plus beaux ornemens qui soient au monde. Le reste de l'Office se fit comme en France. A midi, on nous conduisit sur la grande galerie. On y avoit étendu une longue natte de jonc, & par dessus une nappe sur laquelle il y avoit du pain, du fenoüil, du sel & de l'eau. Nous y dînâmes en Pénitens. Après quoi on fit une Procession, dont je crois devoir le détail, sans sortir des bornes de l'abregé que je me suis imposé.

Un Religieux marchoit à la tête portant un Crucifix de bois d'environ trois pieds de hauteur. Il étoit suivi des Pelerins marchans deux à deux avec des cierges allumez. Les Religieux les suivoient dans le même ordre. Deux de ces Peres venoient ensuite, un portoit un vase rempli d'aromates, & un autre une bouteille d'huile de senteur. Le Pere Gardien venoit ensuite & portoit une petite Croix à la main.

On visita en cet ordre toutes les Chapelles où il y a des Stations. On y chanta les prieres qui sont marquées, & on prêcha à chaque Station en differentes Langues. Sçavoir, à la Chapelle de la Flagellation, en Italien ; à la Colonne de l'impropere, en François ; au Calvaire, encore en François ; à la Chapelle du Crucifiement, en Allemand ; & à celle du trou de la Croix, en Latin. Pendant cette Prédication on avoit détaché le Crucifix de la Croix, & on l'avoit posé à l'endroit où Notre-Seigneur fut crucifié ; ensuite on le recloüa à la Croix, & on planta la Croix dans le trou où avoit été celle du Sauveur. Elle y demeura pendant qu'on chanta les prieres ordonnées pour cette Station. On détacha ensuite le Crucifix de la Croix, & on le mit dans un drap. Deux Religieux le porterent sur la pierre de l'Onction, où les deux Religieux qui portoient l'huile & les aromates l'en oignirent, pendant qu'un autre Religieux prêcha en Italien.

Après la Prédication on porta le Crucifix dans le S. Sepulcre, & on le posa sur la pierre consacrée par l'attouchement du Sacré Corps du Sauveur, & on l'y laissa dans le drap dont on l'avoit enveloppé. Un Religieux monta sur une pierre devant la porte, & fit une très belle Prédication en Espagnol sur la Sepulture de Notre-Seigneur. Cette fonction achevée, les Religieux allerent au Calvaire. On éteignit toutes les lampes, & dans cette obscurité, ils se dépoüillerent & se foüetterent avec leurs disciplines, pendant qu'on chanta par trois fois le Pseaume *Miserere*. On fournit aux Pelerins qui les voulurent imiter les instrumens de fer, ou de cordes dont ils avoient besoin, & après une méditation d'une demie heure, on alla au Refectoir, où l'on servit du potage, du poisson & du vin. Ce repas étoit necessaire à des gens qui avoient été en exercice une journée entiere.

1660.

Le lendemain 28. Mars, qui étoit le Samedi-Saint, le Pere Gardien en habits Pontificaux, fit la bénédiction de l'eau & du cierge, & il célébra la Messe devant le S. Sepulcre, avec des ornemens blancs fleurdelisez & couverts d'une broderie des plus riches & des plus magnifiques. Ces ornemens & toute l'argenterie qui les accompagnoit viennent de la liberalité du Roi Loüis XIII. La Messe & les Vêpres furent chantées en musique, & rien n'interrompit notre dévotion, par le soin que le Pere Gardien avoit eu de faire venir des Officiers du Pacha & du Cadi, avec un bon nombre de Janissaires, qui à grands coups de bâton imposer rent silence aux Grecs, qui entroient ce jour-là dans leur Samedi veille des Rameaux. Cette précaution étoit necessaire, sans elle il nous auroit été impossible de faire notre Office & les Stations accoûtumées ; mais les bâtons des Janissaires faisoient merveille, écattoient la foule, la tenoient dans le respect & dans le silence.

Le Dimanche jour de Pâques 29. Mars, la Messe fut célébrée Pontificalement & chantée en musique, au même lieu & avec les mêmes ornemens, & la même argenterie du jour précédent ; & sur les onze heures nous nous rendîmes au Couvent de S. Sauveur, où un dîner magnifique nous attendoit. Je fus mis à la premiere place du côté des Pelerins, comme Chevalier & Officier de la Terre-Sainte. Le Pere Gardien auprès duquel j'étois, après un compliment qui ressembloit à un Sermon, souhaita la bonne Fête à la Compagnie & but à sa santé. On s'empressa de lui faire raison, on fut dispensé du silence, on bût à la santé les uns des autres, la conversation fut gaye, le repas dura long-tems, & après les graces chantées dans le Refectoir, chacun alla voir ses amis, & se prépara au voyage du Jourdain.

Le Pere Procureur avoit pris des gens du Pacha, & des Arabes pour nous escorter; & comme les Grecs & les autres Chrétiens Orientaux étoient dans leur Semaine Sainte, nous fîmes notre voyage & nos dévotions plus à notre aise, que quand toutes les Nations Chrétiennes se trouvent ensemble.

CHAPITRE XIII.

Cérémonie du prétendu feu saint des Grecs.

Les Grecs, les Armeniens, & beaucoup d'autres Chrétiens Orientaux ne viennent à Jerusalem que pour voir le saint Feu, que leurs Prélats & leurs Prêtres les assûrent descendre du Ciel le Samedi Saint.

Ce feu prétendu saint, parce qu'ils s'imaginent qu'il vient du Ciel ce jour-là, ne manque pas de paroître quand les Grecs & les Armeniens sont amis, sans cette condition il ne descend point; & il arrive souvent qu'ils sont broüillez, parce qu'ils tâchent de se déposseder les uns les autres à force d'argent des Lieux Saints qu'ils occupent dans la Palestine. Il est presque incroyable combien les Turcs tirent d'argent de ces Peuples.

Il est assez ordinaire que les Pachas & les Cadis de Jerusalem envoyent chercher les Patriarches de ces Chrétiens Schismatiques, & leur font des avanies sur bien des choses, & sur l'abus qu'ils font de leur prétendu saint feu, avec lequel ils trompent les Peuples. Leur réponse ordinaire est qu'il est constant que ce feu est réellement une fois descendu du Ciel, & qu'ils sont obligez de feindre qu'il descend tous les ans, non-seulement pour entretenir la dévotion du Peuple pour les Saints Lieux & nourrir leur Foi ; mais encore pour pouvoir recüeillir de leurs aumônes de quoi payer les taxes & les contributions qu'ils doivent au Grand Seigneur & à ses Officiers. Cette raison est sans contredit celle qui frappe davantage les Turcs ; & quand elle est soûtenuë de quelques milliers de piastres, ils la jugent excellente, & leur permettent d'abuser les Peuples tant qu'ils veulent, ou tant qu'ils sont en état de la soûtenir par le même moyen.

Il faut encore ajoûter que la Ville de Jerusalem, & les environs y trouvent leurs avantages particuliers, par la consommation extraordinaire qui se fait alors de toutes sortes de denrées: car il se trouve ordinairement plus de six mille personnes qui accourent à cette cérémonie. Tous ces gens-là ne vivent pas sans manger. Le Pacha y trouve son compte, par les sommes qu'il tire de ceux qui entrent dans l'Eglise du S. Sepulcre. Les Evêques y trouvent aussi le leur, parce que ces dévots Pelerins leur font des presens, qui sont la partie la plus sûre & la meilleure de leurs revenus; de sorte que tout le monde profite de cette supercherie, & les Turcs à qui les Patriarches ont avoüé plus d'une fois, que leur secret de faire descendre du feu du Ciel, étoit d'entrer dans le S. Sepulcre avec de bons fusils de poches, & d'en tirer du feu dont ils allument les lampes, & les paquets de bougie qu'ils ont dans les mains, qui servent à communiquer ce prétendu feu miraculeux à tous ces Peuples si avides d'être trompez.

Nous n'eûmes garde de manquer de voir cette solemnité après notre retour du Jourdain. Ils célébroient leur Fête de Pâques sept jours après nous. On nous plaça dans les galeries qui sont

1660.

derriere le S. Sepulcre, où nous vîmes à notre aise tout ce qui se passoit dans l'Eglise.

Sur les huit heures du matin, toutes les lampes de l'Eglise furent éteintes, & aussi-tôt tous les Chrétiens Orientaux dont elle étoit remplie, se mirent à courir autour du S. Sepulcre comme des insensez, heurlant comme des loups sans respect pour le Lieu Saint où ils étoient, & criant quand ils passoient devant le S. Sepulcre *Eleïson* de toutes leurs forces. Hommes, femmes & enfans mêloient leurs voix dans cette musique étourdissante. Ils se donnoient des coups de pied ou de coudes. Ils se mettoient quatre ou cinq ensemble, enlevoient un homme, le portoient sur leurs épaules, sautoient & gambadoient de leur mieux, & puis l'alloient jetter devant la porte du S. Sepulcre, en criant comme des désesperez *Eleïson*. Celui-là se relevoit, donnoit des coups de pied & de poing à ceux de ses porteurs qui l'avoient jetté à terre, ses amis, s'il en avoit, prenoient son parti, la querelle s'échauffoit, & les bâtons des Janissaires appaisoient le désordre.

Ces désordres & ces charivaris durerent jusqu'à trois heures après midi, que deux Archevêques & deux Evêques Grecs tenant la place de leur Patriarche, qui depuis quelques années n'étoit pas à Jerusalem, sortirent de leur chœur revêtus Pontificalement, & suivis de tout leur Clergé vinrent faire la Procession autour du S. Sepulcre. Ils étoient précédez d'une troupe de Janissaires, qui à grands coups de bâton fendoient la presse, leur faisoient faire place, & empêchoient autant qu'ils pouvoient le tumulte & le bruit.

1660.

Les Evêques Armeniens mîtrez à la Romaine précédoient leur Clergé, & suivoient les Grecs.

Un Evêque Cophte venoit ensuite avec son Clergé. Après que cette longue Procession eût fait trois fois le tour du S. Sepulcre, un Evêque Grec, un Armenien & un Cophte entrerent dans le S. Sepulcre, pour y attirer le feu du Ciel par le moyen des fusils de poche dont ils étoient fournis.

La porte de la Chapelle de l'Ange étoit gardée par les Janissaires, & le Clergé environnoit le S. Sepulcre.

Après que ces trois Prélats eurent demeuré un tems raisonnable dans ce Lieu Saint, l'Archevêque Grec en sortit le premier la tête baissée, comme honteux de la fourberie qu'il venoit de faire, & les mains remplies de paquets de bougies allumées. A peine parut-il que le peuple se jetta sur lui avec un empressement, qui tenoit plus de la fureur que de la dévotion, afin d'allumer leurs bougies à celles de leur Pasteur, dont ils estiment le feu bien meilleur que celui des deux autres Evêques, parce qu'ils se persuadent qu'il est descendu du Ciel sur leur Evêque, & que les deux autres Prélats n'ont eu le leur que par la communication du premier. Ces dévots outrez l'auroient foulé aux pieds & écrasé, si les Janissaires à force de coups de bâton ne lui eussent donné le moyen de se sauver jusqu'à la porte du chœur, où il monta sur un Autel de pierre qui lui auroit été d'un foible secours, si quatre puissans Janissaires ne se fussent tenus au coin de l'Autel, & n'eussent empêché ces dévots frenetiques qui l'assiegeoient de tous côtez, d'escalader l'Autel, & d'allumer leurs bougies à celles qu'il tenoit dans ses mains. La foule écartée, il communiquoit son Feu Saint, à ceux qui pouvoient l'approcher d'assez près. Ceux qui avoient eu assez de bonheur & de force pour allumer leurs bougies aux siennes, s'en alloient

alloient glorieux & contents de leur avantage ; mais pour sortir delà, & se retirer, il falloit des combats, & c'étoit là où les coups de poings tomboient comme la grêle, & où les bastonnades n'étoient pas épargnées; dans un moment on vit l'Eglise toute en feu par plus de quatre mille paquets de bougies allumées. Les Janissaires faisoient voler en l'air les bonnets ; on ne voyoit que des barbes brûlées, têtes cassées, habits déchirez, yeux pochez, visages égratignez, bras rompus, meurtris ou disloquez. On n'entendoit que des cris confus poussez d'une maniere affreuse. Ce qui s'étoit passé avant la cérémonie n'étoit rien en comparaison de ce que nous vîmes après. Jamais je n'avois tant vû de folies, d'extravagances, d'irrévérences. Je vis un homme qui avoit un gros tambour sur les épaules ; il couroit autour du S. Sepulcre autant que ses forces & l'affluence du Peuple le lui pouvoient permettre ; il étoit suivi d'un autre homme qui battoit sur cette caisse de toute sa force avec deux gros bâtons en forme de baguettes. Cet instrument nous auroit étourdi, si les clameurs du Peuple, les cris des blessez, le glapissement des femmes & des enfans ne l'avoient un peu diminué.

Je remarquai quantité de gens qui avoient des pieces de toile de cotton, qu'ils faisoient brûler à tous les plis, y faisant des croix avec leurs bougies allumées; ils emportent ces toiles chez eux, les regardent comme des Reliques, & s'en servent pour leur servir de suaire après leur mort.

L'Evêque Armenien & l'Evêque Cophte sortirent du S. Sepulcre quelques momens après l'Evêque Grec; mais comme ils ont moins de gens à contenter, & que leur feu n'est pas si estimé que le premier, ils furent moins en danger d'être étouffez. Ils eurent pourtant besoin du secours des Janissaires pour gagner leurs Chapelles, où leurs Peuples un peu moins Fanatiques allumerent avec plus de paix leurs bougies, pendant que les Janissaires qui gardoient la porte du S. Sepulcre recevoient des médins à pleines mains, pour y laisser entrer ceux qui avoient la dévotion d'aller baiser le monument sacré.

Le tumulte s'appaisa assez sur les six heures, pour donner un moyen aux Grecs & aux autres Nations, de faire leur Service d'une maniere qui n'étoit pas moins étourdissante, parce que comme ils chantoient tous à la fois chacun dans sa Langue, & selon leurs chants particuliers, on ne pouvoit rien entendre de plus discordant, & qui choquât davantage les oreilles même les moins délicates. Ce que je remarquai de particulier, c'est qu'ils abregerent beaucoup contre leur ordinaire, & ils eurent raison : car ils étoient à jeun, leur étant étroitement défendu de boire & manger avant que le feu soit descendu.

J'eus la patience de demeurer dans la galerie jusqu'à la fin de toute cette cérémonie, quoiqu'elle m'eût étrangement scandalisé. Quand elle fut terminée, l'Eglise devint tout d'un coup un cabaret. Une grande partie de ces Pelerins insensés, se jetta à corps perdu sur les viandes qu'on leur avoit préparées, ou qu'ils avoient apportées avec eux, & se mirent à manger ou à dévorer comme des loups affamez ; ils avoient fait assez d'exercice pour avoir soif, ils bûrent à merveille. On dit que la plûpart coucherent pêle mêle dans le Lieu Saint, & c'est ce qu'on ne devroit pas souffrir, pour une infinité de raisons qu'il est aisé d'entrevoir.

1660.

G ij

Après ce que je viens de rapporter, je ne m'étonne pas si les Turcs & les Juifs nous regardent comme des fols. Ce qui me fâche, c'est qu'ils confondent les Francs avec les autres Chrétiens Orientaux, soit par l'antipathie qu'ils ont contre tous les Chrétiens en general, soit parce qu'ils ne sont pas assez instruits de nos manieres. Je dois pourtant rendre cette justice aux Turcs que j'ai frequentés, & qui me recevoient chez eux avec politesse, à cause des Lettres de recommandation que je leur avois apportées, & que je parlois leur Langue, qu'ils me disoient que les Francs étoient plus raisonnables, & servoient Dieu avec plus de décence & de Religion que tous les autres Chrétiens.

Quant à la décence & à la magnificence avec laquelle on fait le Service dans cette auguste Eglise, on n'en sçauroit douter. Il n'y a point d'Eglises Cathedrales en Europe où il y ait plus d'argenterie & de plus riche, & des ornemens en plus grand nombre, de plus riches & de plus magnifiques. Il y a dans l'appartement des Religieux des lieux soûterrains, ou pratiquez dans l'paisseur des murs, si secrets, qu'il n'y a qu'un seul

Religieux, ou tout au plus deux qui les sçachent, & qui en ayent la clef. Ces deux Religieux s'enferment toute leur vie dans le S. Sepulcre, & font un serment solemnel de ne jamais déclarer les tréfors dont on les établit les gardiens.

C'est dans ces lieux secrets qu'on conserve une quantité de vases d'or & d'argent, de croix, de crosses, de mître & d'ornemens de toutes les façons, couverts de broderie d'or, d'argent, & enrichis de perles & de pierres précieuses, qui se gâtent par l'humidité des lieux où l'on les cache, & parce qu'on ne leur laisse pas voir le jour : car pour ceux dont on se sert ordinairement dans les grandes solemnitez, quoiqu'ils soient dans des lieux sûrs, les Turcs les connoissent & en sçavent le nombre, & s'il leur prenoit envie de s'en emparer, les Religieux seroient forcez de les leur livrer, pour éviter de plus grands malheurs.

Ces tréfors leur sont inutiles, parce qu'ils se sont fait une loi de ne s'en jamais défaire, quelque pressant besoin qu'ils en pussent avoir, parce qu'ils viennent de la pieté des Fidéles, & de la magnificence des Rois & des Princes Chrétiens, qui les ont donnez au S. Sepulcre.

Les Religieux qui quêtent en France, se sont mis en tête d'employer les sommes qu'ils recüeillent en ornemens & en vaisselle d'argent. Ils ne manquent jamais de les décorer des armes du Roi, & de les charger de fleurs de lys: cela les fait respecter davantage. Ce qu'ils devroient observer, est de ne mettre jamais ces armes augustes, que sur des choses qui conviennent à la grandeur de notre grand Monarque.

Peut-être feroient-ils mieux d'envoyer en especes les sommes qu'ils retirent de la pieté des Fidéles: car on ne sçauroit croire combien la Terre-Sainte a besoin de ce secours, soit pour entretenir les Religieux qui sont en grand nombre, & absolument necessaires dans toute la Terre-Sainte, soit pour accommoder les mauvaises affaires, que l'avarice des Turcs & leur méchanceté leur suscitent très-souvent, soit pour les contributions ordinaires, soit pour se racheter des avanies qu'on leur fait presque tous les jours, soit pour l'entretien du nombre considerable de familles Chrétiennes qu'ils font subsister, dont ils élevent les enfans à Jerusalem, à Bethléem, & dans plusieurs autres endroits.

On ne tire presque point d'aumônes de l'Italie, & très-peu de l'Allemagne.

Les plus confiderables viennent d'Espagne, d'où les Commiffaires de la Terre-Sainte apportent tous les ans dixhuit à vingt mille piaftres en efpeces, & quantité d'autres chofes qui font neceffaires aux Religieux, pour leur entretien & pour celui des Saints Lieux. C'eft pour cela que les Efpagnols y ont prefque toute l'autorité.

Les Religieux ne font jamais plus aifes, que quand ils voyent des Pelerins de leur Païs. Ils leur font tous les honneurs & toutes les careffes imaginables ; auffi faut-il avoüer que les Efpagnols, les Italiens & les Allemans fe comportent avec plus de fageffe, de retenuë & de dévotion, que les François, qui femblent avoir oublié ce qu'ils étoient en leur Païs, & avoir perdu en paffant la mer leur politeffe & leurs autres bonnes qualitez. Je fuis fâché de dir des chofes fi difgracieufes de mes Compatriotes ; mais la verité m'y oblige : heureux fi par un changement que je defire de tout mon cœur, ils m'obligent à publier leurs vertus & leurs bonnes manieres. Afin qu'on ne puiffe pas douter de la verité de ce que j'avance ici, voici une Hiftoire qui arriva au

G iiij

Pere Eusebe Vallez Gardien de la Terre-Sainte à Pâques de l'année 1661.

Monsieur D. P. B. d'une des plus considerables familles, qui étoit revêtu d'une Charge dans la Robe, ayant beaucoup alteré son bien par une infinité de dépenses qui ne lui convenoient point, sa famille s'assembla pour y mettre ordre, & résolut de lui conseiller de voyager pendant quelque tems, afin de lui faire perdre les habitudes qui le ruinoient. Il y consentit. Il vit l'Italie, & s'embarqua pour le Levant. Après avoir vû ce que les Voyageurs voyent en Egypte, il vint à Jerusalem pour la Fête de Pâques de l'année 1661. avec M. D. fils d'un Fermier General.

Le Pere Gardien ayant appris leur qualité les reçût avec une distinction particuliere. Ils visiterent tous les environs de Jerusalem, & tout ce qu'on peut voir dans la Ville & dans le Couvent de S. Sauveur, en attendant la Semaine Sainte pour entrer dans le S. Sepulcre.

Entendant un jour la Messe d'un Pere Espagnol dans l'Eglise de S. Sauveur, ce Pere trouvant dans le Missel deux N. N. dans l'endroit du Canon, & dans l'Oraison particuliere que l'on dit à toutes les Messes pour les Rois de

France & d'Espagne, nomma le Roi Philippe avant le Roi Loüis. Cette préférence que le Pere Espagnol donnoit à son Prince, choqua terriblement M. D. P. B. Quoique son zele fût très-loüable, il le poussa si loin, qu'il alla jusqu'à l'emportement. Le Pere Gardien fit ce qu'il pût pour l'appaiser, en lui representant que le zele d'un Espagnol pour son Prince n'étoit pas une décision, que cette préférence ne tiroit point du tout à conséquence, & qu'on conservoit précieusement le souvenir des graces continuelles que l'on recevoit de sa puissante protection à la Porte, sans laquelle les Saints Lieux seroient entre les mains des Grecs. Rien ne le pût appaiser; il continua à menacer qu'il en auroit raison, qu'il en écriroit en Cour, & que si on ne réparoit d'une maniere publique & autentique l'affront qui avoit été fait à notre Auguste Monarque, la Terre-Sainte ressentiroit tout le poids de son indignation.

Cependant le jour d'entrer au S. Sepulcre étant arrivé, il y entra avec les autres Pelerins, & demanda d'être reçû Chevalier. On le lui accorda de la maniere du monde la plus gracieuse. Il entra dans le sacré Mausolée avec le

Pere Gardien, & un autre Religieux, pour la cérémonie que je décrirai dans le Chapitre suivant. On lui mit les éperons, le collier & l'épée de Godefroi de Boüillon ; mais après qu'il eût tiré cette épée du foureau pour la rendre au Pere Gardien, au lieu de la lui presenter par la garde, il lui mit la pointe sur la poitrine, protestant que s'il ne réparoit sur le champ l'affront qui avoit été fait au Roi son Maître, il la lui enfonceroit dans le cœur. Ce vénérable Vieillard, qui étoit encore convalescent d'une grande maladie, pensa s'évanoüir ; mais comme l'Eglise étoit pleine de Grecs qu'il ne falloit pas scandaliser, ni donner lieu à quelque avanie, si les Turcs avoient sçû qu'on avoit une épée dans ce Saint Lieu : car on l'y tient cachée d'une maniere à n'être pas découverte ; le Pere Gardien, dis-je, prit sagement le parti de se soumettre à tout ce qu'il voudroit exiger. M. D. P. B. lui dit : Je veux que vous chantiez tout à l'heure, l'*Exaudiat* tout entier. Il le chanta. Quand il fut au *Domine salvum fac Regem* : Je veux, ajoûta ce zélé outré, que vous ajoûtiez *Ludovicum Regem nostrum*, & le lui fit repeter trois fois, en lui disant, bien haut, bien haut, Frere Eusebe. Il fallut encore repeter trois fois l'Oraison, après quoi tout fut de ce bel exploit, il sortit du S. Sepulcre, sans attendre qu'on achevât sur lui le reste des cérémonies ordinaires. Le Pere Gardien & son Compagnon, après avoir un peu repris leurs esprits, sortirent ensuite, & il fut aisé de soupçonner qu'il leur étoit arrivé quelque chose d'extraordinaire ; car ils étoient plus morts que vifs ; cependant ils n'en dirent rien, & acheverent les cérémonies de la Semaine Sainte. Mais quand on fût revenu à S. Sauveur, le Pere Gardien fit assembler son conseil, qu'on appelle le Discretoire, & exposa ce qui lui étoit arrivé. Cette action parut extraordinaire, & scandalisa tout le monde. Les Religieux François même ne pûrent l'excuser. Elle causa un grand bruit, qui passa bien-tôt des Prêtres aux Freres Laïcs, qui moins raisonnables & moins sages s'armerent de gros bâtons, surtout deux Freres Espagnols, jeunes, vigoureux & rodomons au possible ; ils vinrent assieger la chambre où M. D. P. B. étoit avec son compagnon, criant *Sale Cornudo*, & ils auroient enfoncé la porte, & lui auroient fait un mauvais parti, si les autres Pelerins François & les Peres de la même Nation n'eussent prié le Pere Gardien de faire cesser le tumulte, & de renvoyer cet extravagant le plûtôt qu'il seroit possible. Il vint à Seïde avec les autres Pelerins, où après avoir demeuré quelque tems, il traversa la Syrie, fut dévalisé par les Arabes, & arriva enfin à Constantinople, d'où il revint en France, où ses parens ayant reconnu que son voyage ne l'avoit pas changé, ils eurent assez de credit pour le faire enfermer à la Bastille, comme un mauvais ménager & un dissipateur.

Quant au Pere Eusebe de Vallez, la peur qu'il eut dans le S. Sepulcre, le fit tomber dans une rechûte, dont il mourut quelques mois après.

CHAPITRE XIV.

De l'Ordre du S. Sepulcre, & des cérémonies qui s'observent à la reception des Chevaliers.

ON prétend que cet Ordre fut institué par Sainte Helene, après qu'elle eût trouvé la Croix du Sauveur ; mais il est difficile de le prouver. On sçait bien plus certainement qu'il étoit établi du tems de Godefroi de Boüillon, soit qu'il l'eût institué ou renouvellé. On l'appelloit dès ce tems-là l'Ordre Royal de Godefroi de Boüillon. Ses successeurs en ont été les Grands-Maîtres pendant qu'ils ont regné dans la Palestine. Dépuis la déroute des Rois de Jerusalem, les Rois de France en ont été les Grands Maîtres, comme on le verra dans mes Lettres de Chevalerie, qui seront à la fin de ce volume, avec les privileges de cét Ordre.

Il fut institué en l'honneur des cinq playes de Notre-Seigneur, qui sont marquées par une Croix potencée de gueule, cantonnée de quatre petites croix de même en champ d'argent.

Les Chevaliers étoient destinez à la garde du S. Sepulcre & de la personne du Roi. A la fin cet Ordre est demeuré sans Chef temporel, & le Grand Maître de Malte s'en est attribué la qualité.

C'est maintenant le Pape qui confere cet Ordre de Chevalerie, & le Pere Gardien de la Terre-Sainte, qui est son Commissaire General, avec plein pouvoir pour le spirituel & le temporel, le confere comme son Vicaire General.

Il y a beaucoup de Chevaliers de cet Ordre en Espagne, en Allemagne, en

Pologne, où les plus grands Seigneurs se font un honneur d'en porter la croix. Il n'y a qu'en France où l'on n'en fait pas le cas qu'il merite. Il est vrai que cet Ordre n'est pas riche comme tous les autres. Il n'a ni Commanderies, ni Benefices, ni pensions. Ceux qui y sont reçûs n'ont que des biens spirituels à attendre, Indulgences, Honneurs & Prérogatives, qui ne rapportent rien, & qui ne laissent pas d'exposer à des dépenses considerables, comme on le verra dans la suite de ce Chapitre. Personne ne pouvoit y être reçû qu'il ne fût Gentilhomme, ou que vivant noblement, il n'eût rendu des services importans à la Religion Chrétienne & à la Terre-Sainte. A la fin les besoins de la Terre-Sainte, engagerent les Gardiens d'y recevoir sans beaucoup d'examen ceux qui étoient en état de faire les grandes aumônes dont on avoit besoin pour la conservation des Saints Lieux, & pour remplir l'avarice insatiable des Turcs.

Les Commerçans François, & surtout ceux de Marseille, s'y introduisirent par ce moyen, & c'est pour cela qu'on en voit un grand nombre à la Procession solemnelle du S. Sacrement, quoique dans la verité ces Chevaliers ayent plus l'air de ne compofer qu'une fimple Confrérie, qu'un Ordre de Chevalerie, puifqu'ils y affiftent fans épée, & feulement avec un flambeau à la main, où eft attaché un écuffon aux armes de Jerufalem, fans que jufqu'à prefent ils fe foient donné aucun mouvement pour joüir des privileges honorables, que la Reine Regente mere de notre invincible Monarque Loüis XIV. leur avoit accordez.

1660.

Cette multiplicité de Chevaliers fit du bruit à Rome en 1659. & quand le Pere Eufebe Vallez y paffa pour venir en Paleftine prendre poffeffion de fon Office, le Pape lui défendit de recevoir à cet Ordre aucune perfonne qui ne fût noble d'extraction, à moins que vivant noblement, ils n'euffent rendu des fervices importans à la Terre-Sainte.

Je fus le premier qui paffa par la rigueur de cet examen. Je produifis les titres originaux que j'avois avec moi, & des atteftations autentiques de ceux qui étoient en France. Ils furent examinez dans le Difcretoire, & trouvez fuffifans pour que je fuffe reçu à l'Ordre.

Le Mecredi-Saint après les Offices, le Reverend Pere Gardien, le Pere

1660.

Ignace Murgues son Vicaire, & moi entrâmes dans le S. Sepulcre, avec un Frere Laïc, qui avoit apporté dans la Chapelle de l'Ange tout ce qu'il falloit pour la cérémonie, & qui y demeura pour garder la porte. Je me mis à genoux devant la pierre sacrée où a reposé le Corps du Sauveur du monde. On dit l'Hymne *Veni Creator*, & ensuite le Pere Gardien me dit : que demandez vous ? Je répondis : je demande d'être reçû Chevalier de l'Ordre du S. Sepulcre de Notre-Seigneur Jesus-Christ ; il m'interrogea ensuite sur ma naissance, & me demanda si j'avois des biens suffisans pour soûtenir la dignité de Chevalier ; je répondis selon la verité. Il me demanda ensuite si j'étois prêt de promettre de cœur & de bouche d'observer & de garder les Statuts de l'Ordre, dont on alloit me faire la lecture, & je répondis qu'oüi. Alors il me lût en Latin les articles, dont je donne ici la traduction.

Obligations des Chevaliers de l'Ordre du S. Sepulcre de N. S. J. C. à Jerusalem.

I. Le Chevalier du S. Sepulcre est obligé d'entendre tous les jours la Messe, autant qu'il lui sera possible, & de communier au moins quatre fois chaque année.

II. Il doit exposer ses biens & sa vie, quand le besoin le requiert, au cas d'une guerre universelle contre les Infideles, & sur-tout pour le recouvrement de la Terre-Sainte ; & s'il n'y peut aller lui-même, y envoyer un homme aussi capable que lui, & à ses dépens.

1660.

III. Il ne doit pas seulement dans une occasion importante employer ses biens pour la gloire de Dieu, & pour l'exaltation de la Sainte Eglise ; mais il est obligé d'exposer sa personne & sa vie pour l'augmentation de la Foi Catholique.

IV. Il est encore obligé de défendre la Sainte Eglise Catholique, Apostolique & Romaine, ses Prélats & ses Ministres contre les persecutions des Infideles, des Heretiques, des Schismatiques & des autres persecuteurs, autant qu'il lui sera possible.

V. Il est obligé d'éviter & de fuir toute guerre injuste, tous les salaires déshonnêtes, gains illicites, duels, combats & autres actes, à moins que ce ne soit quelque exercice militaire.

VI. Il est obligé de procurer autant qu'il est en son pouvoir la paix entre les Princes & les Peuples Chrétiens, conserver le bien public, défendre les veuves & les orphelins, éviter comme la peste les faux sermens, les juremens, les blasphêmes, les rapines, les usures, les sacrileges, les homicides, les yvrogneries, les lieux suspects, les personnes déshonnêtes, les vices de la chair, & faire tous ses efforts pour se rendre agréable à Dieu, & irréprehensible devant Dieu & devant les hommes.

Et enfin il doit par ses paroles & par ses actions se montrer digne de l'honneur qu'il a reçû en frequentant les Eglises, en servant Dieu, l'aimant de tout son cœur, & son prochain comme lui-même.

Après cette lecture, il me demanda si j'étois résolu de garder ces Statuts, & je répondis: Oüi, & il me fit dire ce qui suit.

Je promets à Dieu, à Notre-Seigneur J. C. & à la Bienheureuse Vierge Marie, d'observer toutes ces choses tout autant qu'il me sera possible, comme bon & fidéle Soldat de Jesus-Christ.

Ensuite le Pere Gardien prit l'épée benîte qu'on croit être celle de Godefroi de Boüillon, & mit sa main sur ma tête, en me disant: Et toi, Laurent, sois fidéle, hardi, bon & fidéle Chevalier de Notre-Seigneur Jesus-Christ & de son S. Sepulcre, afin qu'il te veüille recevoir dans sa gloire avec ses Elûs. Amen.

Après il me donna les éperons dorez de Godefroi de Boüillon, que je mis à mes pieds, & tirant l'épée du foureau, il me la donna, en disant: Laurent, prens ce glaive, au nom du Pere, du Fils & du S. Esprit, uses d'icelui à ta défense & à celle de la Sainte Eglise de Dieu, à la confusion des ennemis de la Croix de Jesus Christ & de la Foi Chrétienne. N'en offenses personne tant que la fragilité humaine te le pourra permettre. Ce que te veüille octroyer celui qui vit & regne avec le Pere & le S. Esprit dans tous les siecles des siecles.

Je remis l'épée dans le foureau, & le Pere Gardien me dit: Laurent, ceints fortement cette épée sur ta cuisse au nom de Notre-Seigneur Jesus-Christ; & sçaches que les Saints ont gagné les Royaumes par la Foi, & non pas par l'épée.

Je me levai debout ayant l'épée au côté, & après l'avoir tirée du foureau, je la baisai & la presentai au Pere Gardien, & m'étant mis à genoux, & ayant incliné ma tête sur le S. Sepulcre, il m'en donna trois coups sur le col, en disant à chaque coup: Laurent, je te crée & te fais Chevalier du S. Sepulcre de Notre-Seigneur Jesus-Christ, au nom du Pere, du Fils & du S. Esprit.

Après cela, il me mit le collier de Godefroi de Boüillon, qui est une grosse chaîne d'or, où pend une grande croix d'or cantonnée de quatre petites garnies de rubis, & après que j'eus baisé le S. Sepulcre, le Pere Gardien me baisa au front, & le Pere Vicaire, qui me servoit de parain, en fit autant. Je déposai ensuite toutes mes marques de Chevalerie, & le Pere Gardien benit sur le S. Sepulcre la croix que je devois porter sur moi, & je suivis le Pere Gardien & le Pere Vicaire, qui me conduisirent à la Chapelle de l'Apparition, où l'on acheva la cérémonie par le *Te Deum*, que les Religieux chanterent, & par les complimens que chacun me vint faire à son tour, après qu'on eût dit les prieres marquées pour cela, qui furent suivies d'une Oraison Latine, que le Pere Gardien fit sur moi, dont voici la traduction.

Seigneur, Dieu tout-puissant, répans ta grace & tes benedictions sur ton serviteur, qui vient de consacrer sa vie & ses biens à la défense de tes étendarts, & qui ne pourra rien faire sans ton assistance. Faits donc, Seigneur, que par la vertu de ta droite toute puissante, il soit armé & fortifié contre tous les assauts de la guerre & contre ceux de ses ennemis, afin qu'il puisse continuellement t'en rendre ses actions de graces, au nom de ton Fils Jesus-Christ qui a été crucifié, qui est ressuscité, & qui avec toi & le S. Esprit vit & regne ès siecles des siecles. *Amen.*

Après cette Oraison, le Pere Gardien me fit une petite exhortation en Italien, dont voici à peu près les termes.

Monsieur, vous venez de recevoir le même honneur que les Rois de cette sainte Cité faisoient autrefois, aux gens de vertu & de merite, en les rendant leurs compagnons, par l'honneur qu'ils leur faisoient de leur donner le même Ordre de Chevalerie dont ils étoient ornez, comme une suite & une marque de leur souveraineté. Les cinq croix qui sont à present vos Enseignes, vous representent sans cesse les cinq playes de Notre-Seigneur Jesus-Christ, & le Sang qu'il a répandu pour votre salut. Elles doivent vous faire souvenir que vous avez promis de répandre le vôtre pour sa gloire, lorsqu'il y aura occasion de le faire, aussi-bien que pour la défense de son Eglise, & pour l'augmentation de la Foi & de la Religion

Chrétienne. Tous les Ordres de Chevalerie ont été instituez pour le même sujet. La plûpart ont des biens considerables, qui servent souvent de motif à ceux qui cherchent d'y être admis. Je vous le repete, il n'y a point de biens temporels attachez à celui que vous venez de recevoir, & nous ne pouvons vous promettre autre chose pour les services que vous lui rendrez, & que nous attendons de vous, que la gloire d'avoir servi votre Maître, l'Eglise son Epouse, & ses enfans, de votre personne & de vos biens. Cela vous est d'autant plus glorieux, que c'est sans interêt que vous rendez à Dieu ce qu'il vous a donné. Observez bien les Statuts que vous avez juré de garder, vous joüirez des privileges dont on vous donnera le memoire, & soyez sûr que vivant dans la Foi & mourant pour elle, si l'occasion s'en presente, vous joüirez de la gloire de votre Maître & de la vie éternelle, dans le séjour des Bienheureux que je vous souhaite, au nom du Pere, du Fils & du S. Esprit. *Amen.*

Après de nouveaux complimens des Religieux & des Pelerins, ils vinrent les uns après les autres me baiser au front à la maniere du Levant, & m'em-

brasserent avec les marques de toute
l'affection & la joye imaginable.

1660.

C'étoit au Pere Paul de Neglionico Secretaire & Chancelier de l'Ordre, à me délivrer mes Lettres Patentes; mais comme nous le trouvâmes malade quand nous retournâmes au Couvent de S. Sauveur, il ne put me les donner alors. Il me les envoya à Seïde, elles étoient en parchemin & scellées du sceau du S. Sepulcre. Il y en avoit deux, une fort grande & fort ample, que je devois garder chez-moi, & une autre plus petite & plus abregée en maniere d'attestation de ma reception à l'Ordre, que je devois porter avec moi dans mes voyages, afin que si j'étois pris par les Chrétiens, & sur-tout par les Espagnols, quand nous nous trouverions en guerre, ils ne pûssent pas me retenir prisonnier ni piller mes biens, parce que le Roi d'Espagne qui se prétend Grand-Maître de cet Ordre, & qui en fait mettre les armes sur ses monnoyes, ne permet jamais à ses sujets de toucher aux Chevaliers du S. Sepulcre.

On trouvera mes Lettres de Chevalerie, & les privileges de l'Ordre à la fin de ce Volume.

CHAPITRE XV.

Remarques particulieres sur la Ville de Jerusalem & ses environs.

LE Mont de Sion étoit autrefois enfermé dans l'enceinte de la Ville, & en faisoit une partie considerable; il est à present hors de ses nouvelles murailles. C'étoit sur cette colline qu'étoit le Palais de David. On en voit encore quelques restes. On avoit bâti sur son sommet une Eglise magnifique, & un Couvent dont les Turcs se sont emparez il y a environ cent ans. Ils ont changé l'Eglise en Mosquée, dont l'accès est impossible aux Chrétiens ; ils n'osent même s'en aprocher à quelque distance, sans s'exposer à de mauvais traitemens & à des avanies.

Je fis connoissance avec le Superieur des Derviches, par le moyen de la Langue du Païs que je parle ; & moyennant dix piastres que je lui donnai, il m'y introduisit un Vendredi pendant que le Peuple étoit à la priere, & me fit voir en courant, car il craignoit d'être surpris, seulement la disposition de de cette Eglise, dont les Turcs ont entierement changé le dedans, pour l'accommoder à leurs usages. Il me montra deux Chapelles, qui paroissent plus modernes que le corps de l'Eglise, & dans lesquelles je ne pus rien remarquer, qui me donnât lieu de soupçonner pourquoi elles avoient été bâties.

1660.

Je vis dans une salle basse voûtée trois sepulcres, qu'il m'assura être ceux de David, de Salomon & de Josaphat; mais je n'en crus rien, ayant de fortes raisons pour être persuadé du contraire.

Il me montra à quelques pas delà une Mosquée avec un beau dôme couvert de plomb. Les Chrétiens y avoient bâti une Eglise comme une Rotonde, dans la pensée que c'étoit le lieu où le S. Esprit étoit descendu sur les Apôtres. Le Païs est plein de ces sortes de traditions; elles sont si incertaines, & la plûpart si peu vrai-semblables, que c'est vouloir se tromper de gayeté de cœur que de s'y arrêter; cependant la politesse veut qu'on ne dise jamais ouvertement ce qu'on pense, de peur d'entrer dans des discussions, qui attireroient sur vous une nuée de Chrétiens de toutes les sortes. Voilà ce que je vis pour mes dix piastres.

Tome II. H

Le cimetiere des Catholiques est entre le Mont de Sion & la Ville; quoique les Catholiques en ayent payé le fond, on n'y peut enterrer personne, sans payer une certaine somme au Cadi, qu'il regle selon la qualité du mort, comme on paye les repas dans les cabarets d'Allemagne.

On prétend que l'Eglise que les Armeniens desservent aujourd'hui, a été bâtie par Sainte Helene sur les ruines de la maison de Caïphe. Elle est dédiée à S. Sauveur : ce qu'il y a de plus considerable est l'autel, qu'ils disent être fait de la pierre qui fermoit l'entrée du S. Sepulcre. Je trouvai que cet autel avoit plus de cinq pieds de longueur; & comme l'entrée du S. Sepulcre n'a que trois pieds de hauteur, je jugeai qu'on avoit enchassée cette pierre, & qu'on en avoit fait le milieu de l'autel, il me fut impossible d'en découvrir davantage, parce que tout l'autel est revêtu de marbre, qui empêche qu'on ne puisse examiner les pierres dont il est composé.

Nous allâmes voir la Vallée de Josaphat. Elle contient entre autres choses le champ du Potier, appellé *Hhacq-eldama*, c'est-à-dire, le prix du Sang. Les Armeniens l'ont acheté pour enterrer leurs morts, & l'ont fait clôre & couvrir. C'est une grande salle quarrée voûtée de quarante pas de tour. Il y a des ouvertures à la voûte, par lesquelles on descend les cadavres avec des cordes. On les y laisse étendus sur le plancher sans les couvrir, & on dit qu'ils s'y consument en peu de tems de telle maniere, qu'il n'en reste que les os, & c'est tout ce que nous y vîmes.

Il y a quantité de Grottes taillées dans le roc ou tuf de la colline qui borde la Vallée. On ne sçait pas trop bien à quoi elles étoient d'abord destinées. Pour le present elles servent de sepulture aux Juifs, qui ont le moyen d'acheter le droit de s'y faire mettre après leur mort.

En parcourant la Vallée de Josaphat on nous montra un puits qui paroît ancien. Il est revêtu de pierres assez larges. Il est mediocrement profond, & l'on prétend que le Prophe e Nehemie y cacha le feu sacré, quand on transféra les Juifs à Babylone, & qu'au bout de soixante & dix ans le Peuple étant revenu, on trouva dans ce puits une eau bourbeuse, dont le bois qui devoit consumer la victime étant sperfé, le feu y prit aussi-tôt. Le fait est

H ij

vrai ; il faudroit n'être pas Chrétien pour en douter, puisque l'Écriture Sainte nous l'apprend. Il ne s'agit que de sçavoir si c'est dans ce puits que le feu sacré fut caché, & c'est de quoi on peut douter sans être Heretique ; & d'ailleurs il faut supposer que ce puits étoit sans eau : car autrement on pourroit dire que le Prophete avoit plûtôt en vûë d'éteindre ce feu, que de le conserver en le jettant dans l'eau. Il est à present environné de quantité de vignes, de jardins & de maisons de Païsans, avec un petit édifice en pavillon qui leur sert de Mosquée. C'est un lieu de promenade & de divertissement pour les Turcs & pour les gens du Païs, parce que sa situation est fort agréable.

A deux pas de ce puits en revenant à la Ville, on trouve un gros arbre, environné d'un monceau de pierres en quarré avec des restes d'une Église. On prétend que c'est en cet endroit que le Prophete Isaïe fut scié avec une scie de bois, & qu'il y fut enterré. Ce monceau de pierres a été formé par des Juifs dévots, qui faute d'autres choses les ont jettées sur le sepulcre de ce Saint Martyr. Je ne comprens pas de quelle espece étoit la dévotion de ces gens :

car pour l'ordinaire on ne jettoit des pierres que sur les lieux que l'on avoit en abomination, comme on a remarqué qu'on le pratiqua sur la sepulture d'Absalom, qui étoit mort les armes à la main contre son pere. Ce qui pourroit les excuser, c'est qu'on voit de ces amas de pierres en France sur les endroits où il s'est commis quelque meurtre; mais c'est en détestation du meurtre, & point du tout pour honorer la memoire de ceux qui y ont été massacrez, ou pour engager les passans à prier Dieu pour eux.

Au reste les Turcs ont une grande vénération pour ce lieu, qu'ils regardent comme saint. Ils montent sur le sommet dont ils ont mis les pierres assez de niveau pour en faire une plate-forme, ils y font leurs prieres après s'être purifiez à la Fontaine de Siloë qui en est voisine.

La dévotion, ou la curiosité me porta à y monter. Un Derviche s'apperçût que j'avois des souliers à la Chrétienne sous une veste Turque. Son zele s'enflâma aussi-tôt de la belle maniere, il me dit cent injures, m'appella infidéle, qui avoit la témerité de profaner ce lieu Saint, avec des souliers qui étoient faits de peau de co-

H iij.

chon. Je vis qu'il portoit la main à son cangiar, & quoique je lui puſſe dire, ſon zele s'échauffoit toûjours. Je pris le parti de deſcendre au plus vîte de crainte de quelque inſulte.

Le réſervoir, lavoir ou natatoire de Siloë eſt à vingt pas de cet arbre : c'eſt un réſervoir revêtu de pierres de taille d'environ quinze pas de long, huit de large & neuf pieds de profondeur. Il eſt accompagné d'un autre qui eſt creuſé dans le rocher, d'où ſort une ſource d'eau vive qui entre dans le grand réſervoir.

On en trouve un autre à 50. pas plus loin vers le Septentrion. C'eſt une voûte naturelle, ou peut-être creuſée dans le rocher. On y deſcend par trente marches, & on trouve une ſource d'une eau claire & très-fraîche, que les gens du Païs appellent *Mairé Mariam*, ou ſource de la Vierge Marie. Les Turcs y vont boire par dévotion, & s'en lavent : car ils reconnoiſſent Marie pour la Mere du Meſſie.

Vis-à-vis de cette Fontaine eſt le Mont de l'Offenſion, ou du peché, parce qu'on prétend que Salomon y ſacrifia aux Idoles étant vieux & ſéduit par ſes concubines. On dit qu'il y avoit fait bâtir un Palais, dont il ne reſte à présent aucun vestige. Il y a seulement un pauvre petit Village habité par des Juifs, on l'appelle *Gehennam*, c'est-à-dire, Enfer. Les maisons y sont presque toutes creusées dans le roc, qui est tendre comme un tuf. La dévotion de ces Juifs est de se faire enterrer en Enfer, selon les apparences afin d'avoir moins de chemin a faire pour s'y rendre.

Le Mont Olivet ou des Olives n'en est pas loin. Il est à l'Orient de la Ville de Jerusalem. Les Mysteres qui s'y sont operez le rendent vénérable aux Chrétiens & aux Juifs. Sainte Helene y avoit fait bâtir une Eglise ; car cette Sainte Imperatrice aimoit fort à bâtir, supposé que tous les édifices qu'on lui attribuë soient veritablement d'elle. On pourroit, ce me semble, en douter, comme on doute d'une bonne partie de ceux que les Egyptiens donnent liberalement à Joseph. Quoiqu'il en soit, il ne reste de cette Eglise qu'une Chapelle octogone de douze pieds de diametre dans œuvre, dont les angles sont ornez d'une colonne de marbre, qui avec les murailles soûtiennent un dôme couvert de plomb. La porte est à l'Occident avec une fenêtre ronde au-dessus, qui éclaire ce petit édifice. On prétend que c'eſt l'endroit d'où Notre-Seigneur monta au Ciel, & qu'il y laiſſa l'empreinte de ſes pieds. Les Turcs ont emporté celle du pied droit qu'ils diſent être de Mahomet, & ont laiſſé celle du gauche, que les dévots Pelerins ont furieuſement défiguré à force de la grater, & les Turcs à force d'y frotter leurs barbes.

Le Mont Olivet ou des Oliviers porte ce nom, parce qu'il étoit autrefois preſque tout couvert de ces arbres. Il n'y en a preſque plus à preſent. On y trouve, & dans bien d'autres endroits, des petites pierres en forme d'olive, toutes rayées d'une pointe à l'autre. Les Pelerins dévots les eſtiment, & prétendent que ce ſont les fruits des oliviers qui y étoient au tems de la Mort de Notre-Seigneur, qui tomberent à terre, & qui ſe pétrifierent, & que ces arbres étant devenus inutiles aux proprietaires, ils les arracherent & les brûlerent, c'eſt une fable dévote. Il y a encore des oliviers qui portent des fruits, & ceux qui tombent à terre ne ſe pétrifient point. Les Pelerins curieux en apportent pour d'autres raiſons. On les broye ſur le porphire, & on les réduit en poudre impalpable, qui eſt propre pour arrêter les cours de ventre, pour exciter l'urine, & même pour brifer la pierre dans les reins & dans la veffie. Si cela eft, on doit les eftimer. Mehmed Pacha de Jerufalem avoit fait bâtir tout auprès un beau Monaftere pour les Derviches, où il avoit deffein de fe retirer, s'il n'eût point été prévenu par une mort violente.

1660.

Il y a joignant ce Monaftere un cimetiere fameux, où l'on n'enterre que les Mufulmans qui meurent en odeur de fainteté. Quoique la chofe ne foit pas difficile parmi eux, nous remarquâmes cependant qu'ils y étoient fort au large.

Tous les environs font remarquables par les Myftéres qui s'y font operez. Je crois qu'on les a tous raffemblez en ce lieu, pour épargner à la pieté des Pelerins de faire de plus longs voyages pour les vifiter, & à leurs conducteurs auffi. Quoique ce fût une fraude pieufe, il y a eu de la prudence à l'inventer.

Les Grottes qu'on appelle à vrai ou à faux les fepulcres des Prophetes m'ont paru plus dignes d'attention.

On y entre par un trou, qui conduit dans une galerie haute & longue, creufée dans le rocher tendre ou tuf, d'où l'on entre dans une autre galerie femblable à

H v

la premiere. L'une & l'autre font percées de trous à rez de chauffée, qui font comme des fours étroits & longs, où l'on faifoit entrer les corps la tête la premiere.

On voit dans cette efpece de carriere des jambages ménagez de la même pierre, qui font des arcades, & qui foûtiennent ces galeries, & l'on trouve à la fin un cabinet ou fallon quarré, où il y a quelques fepulcres qui paroiffent plus confiderables que les autres: peut-être ont-ils fervi à des Prophetes, & les autres à des perfonnes moins confiderables.

On nous montra neuf gros oliviers qu'on nous affura être du tems de Notre-Seigneur, il n'y a rien d'extraordinaire en cela, s'il eft vrai que les cedres que l'on voit au Mont-Liban foient du tems de Salomon.

Nous fûmes enfuite à une autre Grotte, on defcend quatre degrez avant de trouver la porte. Elle eft ovale, & a environ cinquante pas de circonference, & huit à dix pieds dans fa plus grande hauteur. Elle eft obfcure, & ne reçoit du jour que par une ouverture qui eft dans fa voûte naturelle. Il y a un Autel où les Peres de la Terre-Sainte difent la Meffe de tems en tems. Ceux qui n'entrent point dans le S. Sepulcre pendant la Semaine Sainte, s'y enferment le Mercredi, & se foüettent tout à leur aise en memoire du Sang que Notre Seigneur y a répandu la nuit qu'il fut pris. On voit sur les murs quelques restes de peintures que Sainte Helene y fit faire.

Le sepulcre de la Sainte Vierge n'est pas éloigné de cette Grotte. Il est taillé dans le roc d'environ six pieds en quarré, & haut de huit à neuf. On y voit la table où le corps de la Sainte Vierge fut étendu après sa mort. Messieurs les Peintres apprendront à n'en pas faire une auge ou coffre, comme ils le font aux dépens de la verité. C'est un lieu d'une singuliere dévotion pour tout le monde. Sainte Helene y avoit fait bâtir une Eglise qui subsiste encore ; mais qui est presque toute enterrée dans les sables, que les pluyes y ont entraînez du Mont des Olives, au pied duquel elle se trouve.

On trouve tout auprès la sepulture d'un Turc, qui est enfermée de murailles, & ombragée de quelques arbres. On nous montra un trou qu'on suppose être l'entrée d'un conduit soûterrein, qui passe sous le torrent de Cedron, & qui aboutit aux caves du Temple de

Salomon. L'Eglise dont nous venons de parler a sa porte principale du côté du Midi. Elle est ornée de petites colonnes de marbre. Elle est toute enterrée, on y descend par un escalier de cinquante marches de pierres blanches. On trouve vers le milieu de cet escalier deux Chapelles, où sont les sepultures de S. Joachim & de Sainte Anne, & celles de S. Joseph & de S. Simeon. Ces quatre sepultures sont incrustées de marbre, & servent d'Autels. Les Grecs, les Armeniens, les Cophtes, & les Abyssins ont des Chapelles dans cette Eglise, & les Turcs ont fait creuser une espece de niche dans la muraille, qui leur sert de Mosquée, où ils vont faire leurs prieres.

Cette Eglise est en forme de croix Patriarcale, elle a quarante pas de longueur & douze de large, elle est bien bâtie de pierres de taille; mais sans lumiere, & d'une si grande humidité, que l'eau y dégoûte en plusieurs endroits.

C'est Josaphat Roi de Juda qui a donné son nom à cette Vallée, parce qu'il y avoit fait préparer son tombeau. Elle est assez étroite. Les Monts Moria & Olivet la bornent à l'Est & à l'Oüest. Sa longueur est du Nord au Sud, & le torrent de Cedron la traverse: il n'a de l'eau que celle qui s'écoule des montagnes voisines; on n'a pas laissé d'y faire un pont de pierres d'une seule arche, qui ne sert qu'en hyver. Ce qui mérite quelque attention dans cette Vallée, sont les sepulcres suivans.

Le premier est celui de Josaphat; il est taillé dans le roc, comme une petite Chapelle.

Le second est celui d'Absalom. C'est une petite chambre quarrée d'environ six pas hors d'œuvre. Elle a été taillée à la pointe du ciseau, & tout à fait isolée. Sa couverture est toute d'une pièce, surmontée d'une pyramide d'environ cinq toises de hauteur, le tout taillé dans le même roc. Les dehors sont ornez de colonnes engagées de leur demi-diametre dans le mur. Elle est presque toute remplie de cailloux, que les passans de quelque Nation qu'ils soient y jettent en détestation du crime de ce fils ingrat & perfide.

Le troisiéme est celui de Manassés. C'est une Grotte aussi taillée dans le rocher escarpé, qui a dix pas de longueur, cinq de large, & six pieds de hauteur. L'entrée en est difficile.

Et le quatriéme est celui de Zacharie fils de Barachie, qui fut tué entre le Temple & l'Autel par le commandement du Roi Josias. Il ressemble à celui d'Absalom, excepté qu'il n'a point de pyramide, & qu'il n'est pas rempli de cailloux.

La Grotte de Jeremie est au bout de la Vallée du côté du Nord. C'est une carriere fort claire creusée dans le rocher, soûtenuë vers son milieu par un gros pilier qu'on y a laissé en la creusant. Ce lieu a vûë sur le grand chemin. On prétend que le Prophete y étoit quand il écrivoit ses Lamentations, & que voyant les passans, c'étoit à eux qu'il s'adressoit quand il disoit: *O vos omnes qui transitis per viam.*

Les sepulcres des Rois de Juda, sont ce qu'il y a de plus curieux dans le Païs. Ils sont à un quart de lieuë de cette Grotte, & autant de la Ville. On trouve d'abord une grande cour quarrée taillée dans le roc. Il y a à main gauche en entrant une galerie creusée dans le rocher, soûtenuë par quelques pilastres, dont les faces sont ornées de bas reliefs. Elle a dix pas de long sur quatre de large, & dix à douze de haut. Comme elle a été creusée dans le rocher, son plat-fond est tout d'une piece & fort uni. Au bout de la galerie on trouve un trou rond à fleur de terre, d'environ deux pieds & demi de diametre. On le ferme avec une pierre de la même figure, qu'on roule facilement dans un canal relevé d'environ quatre pouces où elle est enchassée. Il faut mettre le ventre à terre pour passer par ce trou, & laisser quelques personnes dans la galerie pour faire la garde, & empêcher qu'on ne vienne enfermer ceux qui sont entrez dans ces soûterreins.

1660.

Ce passage difficile étant franchi, on se trouve dans une grande salle quarrée, d'où l'on entre dans plusieurs petites cellules quarrées, & d'autres qui sont simplement comme des fours, ayant des relais taillez de même pierre, sur lesquels on étendoit les cadavres, où ils pourrissoient ou séchoient tout à loisir.

Nous y vîmes aussi quelques vieux cercüeils de pierre ou de marbre: car il ne fut pas possible d'en bien connoître la matiere. Le lieu où l'on devoit mettre la tête étoit un peu élevé, & le reste étoit creux, & se couvroit avec une tombe. Tous ces sepulcres sont ouverts & vuides, selon les apparences depuis long-tems: car comme on n'enterroit jamais les Rois sans mettre auprès d'eux quelque portion de leurs trésors, soit en vases, soit en argent, ou or monnoyé, ceux qui ont envahi ce Païs ont eu soin d'enlever ces trésors qui étoient inutiles aux morts, & pouvoient servir aux vivans. Nous n'y trouvâmes aucuns ossemens, tout étoit consumé, & cela n'est pas extraordinaire, vû le nombre de siecles qui se sont écoulez depuis qu'on y a mis les cadavres. Ce qu'il y a de remarquable dans ce Palais de morts, c'est la propreté & la délicatesse avec laquelle ces lourdes masses de pierres ont été travaillées : les moulures, les corniches, & les autres membres de l'Architecture de ces-tems-là, y sont travaillez aussi proprement que si elles étoient faites d'un bois bien plein & bien doux. Les ventaux des portes étoient de la même pierre. On prétend qu'ils étoient taillez dans la pierre même, aussi bien que les gonds & leurs emboîtures ; & je le crois, parce qu'il seroit impossible qu'on eût soulevé les seüils & les linteaux, pour y faire entrer les gonds. Il y a encore de ces lourdes portes sur pied, qui se ferment & s'ouvrent fort aisément.

CHAPITRE XVI.

Du Jourdain, du Mont de la Quarantaine, & de la mer Morte.

Nous partîmes de Jerusalem le quatriéme d'Avril 1660. Le Pere Gardien avoit fait un Traité avec le Pacha & une troupe d'Arabes, qui moyennant quinze piastres pour chaque Pelerin, s'engagerent de nous conduire & escorter dans ce voyage, sans souffrir qu'aucun autre Chrétien que les Francs fût de notre compagnie. Nous partîmes sur les six heures du matin. Les Arabes bien montez marchoient à la tête, les Religieux & les Pelerins les suivoient sur leurs bouriques, quelques chameaux chargez de provisions & de tentes venoient ensuite, & les Turcs sur de bons chevaux faisoient l'arriere-garde.

Il nous en auroit moins coûté, si nous avions voulu faire le voyage avec les Grecs & les autres Chrétiens Orientaux ; mais comme ces gens ne vont au Jourdain que pour s'y baigner quelque froid qu'il fasse, dès qu'ils ont achevé leur cérémonie, ils pressent les Turcs, de partir, & ne donnent pas le tems aux Francs de faire leurs dévotions.

Nous descendîmes d'abord dans une vallée où il y a une fontaine, qu'on appelle la fontaine des Apôtres, sans qu'on nous pût dire par quelle raison. L'eau se recueille dans une grande auge, où l'on vient abreuver le bétail des environs. Delà montant & descendant sans cesse des montagnes & des vallons secs & brûlez par l'ardeur du Soleil, nous arrivâmes à un lieu appellé *Adomim*, c'est à dire, sang, & aujourd'hui le Champ Rouge, parce que la terre est à peu près de cette couleur. Il y a un grand bâtiment quarré comme un cloître, il est à present ruiné. C'étoit un Monastere fortifié pour garder ce passage, qui a été de tout tems fort dangereux. Le chemin est étroit, coupé dans le penchant de la montagne. Les Voleurs ou Arabes voyoient venir de loin les Voyageurs, les attaquoient dans ce défilé, & ceux là étoient heureux qui n'y perdoient que leurs biens sans y laisser la vie. Nous nous en tirâmes sans accident graces à Dieu & à notre escorte.

Nous passâmes par des sentiers pierreux, rudes & difficiles, & nous vîmes sur le sommet d'une colline quelques restes d'un Fort qu'on y avoit bâti pour la sûreté du passage. Enfin ayant monté & descendu bien des montagnes, nous découvrîmes le Jourdain qui serpente dans la plaine de Jerico, & ensuite une plus grande plaine bornée à l'Orient par les montagnes de l'Arabie, qui sont fort hautes & fort pelez, & au Midi par la mer Morte.

1660.

Après avoir marché un quart de lieuë dans la plaine, nous allâmes camper proche les jardins de Jerico, auprès d'un petit ruisseau, & l'on dressa les tentes que le Pere Procureur avoit eu soin de faire apporter, & pendant qu'on préparoit notre souper, nous allâmes nous promener dans les jardins & dans les ruines de Jerico.

Tout le monde sçait que Jerico en Hebreu signifie Lune, & que c'est une Ville très-ancienne. Elle est ruinée à present, & ne consiste plus qu'en une cinquantaine de pauvres maisons à demi ruinées, où se retirent quelques Païsans qui cultivent les jardins qui sont aux environs. La plaine des environs est très fertile, le terrein est mediocrement gras; mais il est arrosé de plusieurs petits ruisseaux qui vont se perdre dans le Jourdain. Malgré ces avantages, on n'en cultive que ce qui est autour de la Ville & qui est employé en jardinages.

Nous y vîmes quantité de ces arbres qu'on appelle *Zacoum* en Arabe, ils sont garnis d'épines comme nos Acacias, & ressemblent assez à des buissons. Ils portent des fruits comme de grosses prunes, dont le noyau est comme un petit melon à côtes relevées. On le concasse, & on tire de son amande une huile, qui est une espece de baume parfaitement bon pour les playes & pour les humeurs froides, contractions de nerfs & rhumatismes. Plusieurs se sont imaginez que ces arbustes étoient des Sicomores, & qu'on les a nommez *Zacoum*, parce que Zachée qui étoit un fort petit homme étoit monté dessus, pour pouvoir voir plus aisément le Sauveur du monde. Ils se sont trompez. Les Sicomores de Syrie sont des especes de Figuiers à qui les fruits naissent attachez au tronc de l'arbre, & ne sortent pas des aisselles des feüilles.

Nos Pelerins dévots amasserent de ces noyaux pour faire des chapelets, & couperent des bâtons pour marque de leur dévotion à la foi de Zachée, ce bon Doüannier que ses successeurs n'ont garde d'imiter, pas même à l'article de la mort.

On s'étoit persuadé que les roses qu'on connoît en France sous le nom de roses de Jerico, se trouvoient en quantité dans ces jardins ou aux environs. On en chercha, & on n'en trouva point. En effet, ce n'est pas le lieu qui les produit, & il est assez difficile de deviner pourquoi on leur a donné le nom de Roses de Jerico, & pourquoi on les a appellées des roses, puisqu'elles ne sont autre chose que de petits arbrisseaux, de trois, quatre, ou cinq pouces de hauteur, ligneux, rameux, de couleur cendrée, dont les feüilles & les fleurs sont extrêmement petites, qui étant dessechez se replient en-dedans, & font comme un globe, ils croissent dans l'Arabie déserte dans des lieux sablonneux & arides, & au rivage de la mer Rouge. Les bonnes gens croyent que ces roses s'épanoüissent la nuit de Noël. Cela arrive en effet dans ce tems-là, & dans tout autre quand le tems est humide. Mais sans attendre ce jour-là, on peut leur faire produire cet effet, en les faisant tremper dans l'eau, qui s'insinuant peu à peu & d'une maniere imperceptible dans les pores des rameaux, les gonfle & les fait écarter les uns des autres; mais ils reprennent leur situation ordinaire à mesure qu'ils sechent. Ce sont des higrometres naturels.

Nous retournâmes à nos tentes, soupâmes legerement, & nous couchâmes tous vêtus sur des nattes de jonc, afin d'être en état de partir de grand matin, & d'arriver au Jourdain au point du jour, & avoir plus de tems à le considerer & y faire nos dévotions.

Le Jourdain vient de deux sources qui sont au pied du Mont Liban, près de la Ville de Céfarée de Philippe ; l'une s'appelle Jor & l'autre Dan. Etant unies elles font la riviere dont il est question, & les noms assemblez font celui de Jordan, dont on a fait Jourdain. Il passe par le lac de Genefareth ou mer Tiberiade, qu'il traverse, à ce qu'on prétend, sans mêler ses eaux avec celles du lac, & delà il se perd dans la mer Morte. Il est aussi large en plusieurs endroits que la moitié, ou les trois quarts de la Seine devant le Louvre à Paris, il est bordé d'arbres qui en rendent le cours fort agréable, il est assez rapide ; mais ses eaux sont bourbeuses, parce que son lit est de terre grasse. Elles ne laissent pas d'être bonnes, & l'on prétend qu'elles sont incorruptibles, ou du moins qu'elles se conservent beaucoup d'années. Plus sieurs de nos Pelerins ne manquerent pas après en avoir bû copieusement & s'y être baignez, d'en remplir plusieurs bouteilles pour emporter en leur Païs, & faire par eux-mêmes l'experience que je viens de rapporter. Ceux de nos Pelerins qui étoient des Païs-Bas & d'Allemagne, ne se chargerent point de cete marchandise, disant qu'ils avoient assez d'eau dans la Meuse & dans le Danube sans en apporter chez-eux ; mais que si c'étoit du vin ils s'en chargeroient avec plaisir.

Les eaux de la Charante ont à peu près la même qualité. On en porte dans des voyages de long cours, de quatre & cinq années. Il est vrai qu'elle se corrompt & devient puante ; mais elle se remet d'elle même dans son premier état, & est excellente au bout de ce tems.

Le Jourdain est extrêmement poissonneux ; & comment ne le seroit-il pas ? Personne ne se donne la peine d'y pêcher. Ce que les poissons ont à observer aussi bien que les arbres qui sont sur les bords, c'est de ne se pas laisser entraîner dans la mer Morte, parce que les premiers y meurent aussi-tôt, & les autres y deviennent legers comme du liege.

Dès que nous fûmes arrivez au Jourdain, nos Religieux se pressèrent de dresser un Autel double qu'ils avoient apporté, y dirent la Messe deux à la fois, & nous fîmes tous ou presque tous nos dévotions, pendant que quelques Chrétiens du Païs que nous avions menez avec nous pour nous servir, se jetterent dans l'eau, s'y baignerent & y nageoient par dévotion comme des poissons. D'autres à l'imitation de Notre-Seigneur s'y baptisoient, en se jettant de l'eau sur la tête, & d'autres faisoient provision de bâtons pour eux & pour leurs amis.

Après que les dévotions furent achevées, nous dînâmes, & puis ayant repris nos montures, nous allâmes voir la mer Morte, qui n'étoit qu'à une lieuë de l'endroit où nous avions dîné.

De la mer Morte. La mer Morte ou le lac Asphatil, a environ trente-six lieuës de longueur, & dix de large dans son milieu. Elle a la figure d'un ovale bordé de hautes montagnes, excepté vers le Nord qu'elle a une plaine. Ses eaux sont claires; mais si salées & si mordicantes, qu'à peine les peut-on souffrir sur les lévres, sans y sentir de la douleur, & avoir ensuite des enlevûres. Elles piquent

quent plus que le salpêtre, & ont un peu d'amertume. Ces eaux étoient fort retirées quand nous y arrivâmes. Je ne prétens pas inferer delà, que cette mer ait flux & reflux, comme l'Ocean & la Mediterranée; mais je n'ai pas demeuré assez long-tems sur les lieux pour arriver à la connoissance de ce phénomene.

Je priai nos Arabes d'entrer dans l'eau avec leurs chevaux, & d'en sonder la profondeur avec leurs lances. Ils le firent avec plaisir, & marcherent devant nous, pour nous conduire à un grand monceau de ruines qui paroissoit élevé de trois pieds au-dessus de la surface de l'eau du Lac. Nous les suivîmes; nos bouriques avoient de l'eau jusqu'aux sangles. Nous y arrivâmes, nous y mîmes pied à terre, & pendant que nos Arabes gardoient nos montures; nous fîmes le tour de cette place, qui avoit plus de deux cens pas de circonference. Toutes les pierres qui la composoient étoient brûlées comme des pierres de ponce, legeres & friables. Je remarquai comme une disposition de colonnes qui étoient enfoncées perpendiculairement, & qui paroissoient avoir soutenu la coupole d'un temple, qui étoit enfoncé avec les chapiteaux & les autres membres, supposé qu'il y en eût eu. J'enfonçai aisément mon couteau dans une de ces colonnes, & j'en ôtai un morceau que je pris. Il étoit blanc au dehors ; mais le dedans étoit noir, & plus mol que du charbon. J'amassai aussi des pierres & des cailloux vifs, noirs & luisans, qui rendoient une odeur infecte quand on les frottoit l'un contre l'autre. Voilà où se terminerent nos observations. Nous jugeâmes que ces tristes restes pouvoient être de quelqu'une des cinq Villes infâmes que le feu du Ciel consuma ; mais nous ne vîmes ni en cet endroit, ni aux environs de la place que nous parcourûmes aucun de ces fruits dont quelques Voyageurs ont parlé, qui sont beaux en apparence, & qui ne sont que cendre au dedans.

Les gens du païs appellent ce Lac la Mer de Loth. Un Arabe avec qui je m'entretenois offrit de me conduire à deux lieuës de là, & de me faire voir sur le bord de la mer un pillier de sel miraculeux, que le bétail diminuë beaucoup pendant le jour à force de le lécher, & qui croît de nouveau pendant la nuit, ensorte qu'on le trouve le lendemain matin au même état.

Les Arabes qui nous écoutoient, & qui étoient du païs, m'assurerent que c'étoit une verité constante, & ajoûterent qu'ils sçavoient par tradition de pere en fils que c'étoit un homme que Dieu avoit changé en pillier de sel à cause de son infidelité, afin qu'il fût dévoré des bêtes peu à peu; & qu'il le remettoit toûjours au même état, afin qu'il servît d'exemple à la posterité. Cela s'accorde assez bien à ce que l'Ecriture dit de la femme de Loth, qui fut changée en une statuë de sel : *Figmentum salis*.

J'étois fort porté à aller voir cette merveille, mais il y avoit trop loin, & nous n'avions pas assez de tems pour faire le voyage. D'ailleurs comment aurois-je pû me séparer de ma compagnie & de notre escorte, dans des lieux si dangereux. Les Turcs qui devoient répondre de nous au Pacha ne l'auroient pas permis. Il fallut en demeurer-là, & m'en rapporter aux Arabes, & à ceux qui disoient l'avoir vû.

Ces Arabes me montrerent un petit bâtiment quarré, avec un dôme sur le sommet d'une montagne, à deux lieuës au-delà du Jourdain, qu'ils me dirent être le sepulcre de Moïse. Je ne jugeai pas à propos de les croire; parce que l'Ecriture nous apprend que le lieu où ce grand Prophete fut mis après sa mort a été caché à tout le monde.

La longueur du Lac est du Nord au Sud. Lorsque ses eaux sont agitées par de grands vents, elles jettent sur le rivage du bitume, que les Arabes amassent, qu'ils vont vendre à Jerusalem, aussi bien que le sel blanc & luisant comme du cristal, qu'ils recüeillent sur les rochers.

Ce bitume est une matiere solide, noire & cassante, qui ressemble à la poix noire. Il est plein de souffre, s'enflamme aisément, & rend une odeur puante & fort désagréable. On croit qu'il est produit par la terre qui est au fond du Lac, d'où il se détache comme une poix liquide, qui s'éleve à la surface de l'eau, s'y soûtient & se condense par la chaleur du Soleil, & par les sels qui s'y incorporent, après quoi les vents le jetent sur le rivage. Les Arabes s'en servent pour gaudronner leurs vaisseaux & leurs bateaux. On dit qu'il s'en consumoit beaucoup pour embaumer les cadavres; mais il y a long tems que la mode en est passée. Il est certain qu'il résiste à la pourriture & aux vers. On s'en sert aussi en Medecine.

Tous les ruisseaux qui viennent des montagnes voisines, aussi bien que le Jourdain, se rendent dans ce Lac, sans que cela le fasse déborder. Il est toûjours à peu près dans le même état, & comme il ne porte point ses eaux jusqu'à la mer, il y a bien de l'apparence qu'il a des gouffres ou des conduits souterreins où ses eaux se perdent, comme elles se perdoient avant que cette vallée délicieuse qu'il traversoit eût été changée en ce Lac qui abîma les cinq Villes abominables.

Après nous être arrêtez autant que nous le jugeâmes à propos à considerer cette mer morte, nous reprîmes le chemin de nos tentes ; mais nous suivîmes une autre route que celle par laquelle nous étions venus. Nous fîmes environ trois lieuës sur une terre brûlée & crevassée en beaucoup d'endroits, brune, & même noire comme du charbon pilé, & nous nous trouvâmes à la fin dans une campagne pleine d'une herbe appellée Keli ou Kali, que les Arabes brûlent, & en font la cendre dont on fait le savon & le verre. Nous trouvâmes tant de broussailles & de chardons, que nos montures avoient bien de la peine à s'en tirer.

Nous laiſſâmes ſur les bords du Jourdain les reſtes d'un Monaſtere que ſainte Helene avoit fait bâtir à l'endroit où l'on croit pieuſement que Notre-Seigneur fut baptiſé par ſaint Jean. Les Arabes l'ont ruiné de fond en comble ; & nous arrivâmes à deux heures après midi au pied de la montagne, à qui on a donné le nom de Mont de la Quarantaine ; parce que l'on croit que ce fut ſur cette montagne, qui eſt un deſert affreux, que Notre-Seigneur ſe retira & jeûna pendant quarante jours avant de commencer ſa prédication. Nous dînâmes légérement, & nous employâmes le reſte du jour à nous promener en attendant l'heure du ſouper & du repos, dont nous avions beſoin pour nous préparer à la fatigue du jour ſuivant.

Du Mont de la Quarantaine. Cette montagne eſt la plus affreuſe que j'aye jamais vûë, particulierement du côté qu'on nous la fit monter. Elle eſt eſcarpée, & preſque auſſi droite qu'une muraille, depuis ſon pied, qui eſt au fond d'un vallon qui la ſépare des autres montagnes, juſqu'à ſon ſommet. C'eſt une roche ſeche, brûlée, & ſi ſterile qu'elle ne produit pas le moindre brin d'herbe dans ses fentes, depuis son pied jusqu'aux trois quarts de sa hauteur.

Il faut une heure entiere pour monter par un petit sentier étroit & plein de caillouxroulans, avant d'arriver à un escalier de trente marche, de quatre pieds de longueur, taillé dans le roc & encore assez entier. Après cela il faut escalader un rocher, qui par bonheur n'a que sept pieds de hauteur, droit comme une muraille, en mettant ses pieds dans des trous, & se tenant ferme avec les mains à des pointes du même rocher ; c'est une dangereuse échelle. Cette difficulté surmontée, on trouve un petit sentier taillé dans le roc, & ensuite un autre rocher comme 'e premier, où les mains sont plus necessaires que les pieds, & où il y a incomparablement plus de danger ; parce que le premier est d'une pierre ferme & dure, au lieu que ce second n'est que de terre glaise, entremêlée de pierres tendres qui s'écaillent, & se détachent aisément. Après cela on trouve un second sentier creusé dans le roc de la hauteur d'un homme, & si étroit qu'il n'y a que pour placer le corps & les pieds, ayant d'un côté le vif de la montagne, & de l'autre un précipice affreux. Il faut que ceux qui sont montez les premiers aident ceux qui les suivent, & s'il prenoit quelque vertige à un d'eux, il tomberoit sans espérance de salut, & entraîneroit avec lui tous ceux qu'il trouveroit sur sa route.

On trouve enfin un sentier qui serpente sur la face du rocher, dans lequel il est taillé. Il faut se tenir collé contre la montagne, & ne regarder que ses pieds, sans curiosité pour considerer le vallon, à cause que la profondeur du précipice pourroit faire tourner la tête.

Au bout de ce sentier on trouve une grotte ou caverne de dix à douze pas de profondeur, au bout de laquelle il y en a une autre plus petite, qui n'a de jour que ce qu'elle en reçoit par la premiere.

Après nous être reposez nous continuâmes de monter par un chemin taillé dans la pente du rocher, si étroit que si deux hommes s'y trouvoient qui fissent une route opposée, ils seroient en danger de tomber dans l'affreux précipice qui est à leur côté, à moins que l'un d'eux ne se couchât par terre, & que l'autre ne passât sur lui. J'avouë que je ne pus excufer la curiosité qui m'avoit engagé à un voyage si dangereux.

Nous trouvâmes au bout de ce sentier, & d'une petite allée d'environ dix pas de long, & fort étroite, une grotte naturelle & presque quarrée, d'environ cinq pas de diametre. On a pratiqué une niche dans un de ses côtez, comme pour y placer une statuë, & un Autel taillé dans le roc, avec quelques peintures d'Anges & de Saints plus de demi-effacez. C'est encore un ouvrage de sainte Helene. Il me semble qu'après avoir tant travaillé pour orner les saints Lieux, elle auroit dû rendre le chemin de celui-ci plus aisé & moins dangereux. Elle a fait faire un gros mur qui ferme cette grotte du côté du précipice, & qui aide à former une Chapelle dans laquelle, selon la tradition, Notre Seigneur a jeûné quarante jours & quarante nuits. Cette petite Chapelle rustique a une fenêtre par laquelle on ne peut regarder en bas sans frayeur. Il y a une cîterne un peu à côté de la grotte, qui reçoit les eaux qui tombent de la montagne; & une porte qui conduit à d'autres grottes, par de petits sentiers également dangereux, par lesquels on arrive enfin au sommet de la montagne.

Nous vîmes les restes d'un bâtiment encore de sainte Helene, pour marquer le lieu où le Diable porta Notre-Seigneur. Plusieurs de nos Pelerins se contenterent d'avoir vû la grotte de Notre-Seigneur, & s'en retournerent. Je jugeai que j'étois trop avancé pour les imiter ; j'achevai le voyage avec les autres. Nous arrivâmes donc à ce sommet fameux, nous nous reposâmes & bûmes un coup de vin que nous avions fait porter, & après avoir joüi d'une vûë très-étenduë, quoiqu'assés peu agréable, nous songeâmes à descendre. La difficulté nous parut encore plus grande qu'en montant, & le précipice que nous avions à côté de nous plus affreux. Nous nous aidions les uns les autres. Le Pere Gardien qui étoit vieux & infirme, se repentit cent fois de s'être engagé à cette escalade, aidé par deux de ses Religieux jeunes & vigoureux ; l'un par derriere avec une corde, & l'autre par devant. Il disoit en soupirant qu'on peut faire cette folie une fois en sa vie ; mais qu'on meriteroit d'être enfermé si on y retournoit deux fois. Nous arrivâmes enfin à nos tentes, & nous y reposâmes. Les Turcs & les Arabes se mocquoient de nous, &

nous demandoient si nous avions trouvé des tréfors ; car ils s'imaginent que c'est le but des Chrétiens dans ces fortes de voyages. La parole nous revint quand nous nous fûmes reposez, & que nous eûmes bû deux coups. Chacun raconta ses proüesses, & on commença à raisonner sur les moyens dont s'étoit servie sainte Helene pour faire la Chapelle qui étoit au sommet. Il est vrai que la pierre s'y trouve en quantité ; mais il falloit y porter la chaux, le bois & autres choses necessaires ; cela nous paroissoit très difficile, à moins que d'espace en espace il n'y eût eu des gruës ou des engins pour les tirer avec des cordes, ou qu'il n'y eût eu quelqu'autre chemin plus commode que le tems avoit détruit.

Pendant qu'on préparoit notre souper nous fûmes nous promener dans les jardins de Jerico, d'où nous n'étions pas éloignez. Nous vîmes la fontaine du Prophete Elisée ; elle fournit depuis bien des siecles de l'eau pour arroser tous ces jardins ; mais elle étoit si amere que les habitans n'en pouvoient pas boire. Ils eurent recours à ce Prophete qui y jetta du sel dedans, & elle devint aussi-tôt douce comme elle l'est à present : ce fait est sûr, puisque la sainte Ecriture le rapporte. La source de cette eau est renfermée dans un bassin triangulaire, dont chaque côté a environ trois toises. Il est revêtu de pierres de taille, & même pavé en quelques endroits. Il y a deux niches dans un de ses côtez, qui est plus élevé que les deux autres, & un trou par lequel l'eau sort en assez grande quantité pour faire tourner un moulin. On dit qu'il y a plusieurs sources dans ce même bassin, mais on ne les peut sonder à cause de sa profondeur.

Nous vîmes dans ce bassin des poissons de mediocre grosseur, & des écrevisses, qui sont si privés qu'ils viennent sur le bord dès qu'ils s'apperçoivent qu'on s'y asseoit & qu'on y mange. Ce sont les gens du païs qui les ont accoûtumez à cette familiarité ; parce qu'ils leur donnent toûjours à manger. Il est très-étroitement défendu aux Chrétiens d'en pêcher, & même de les épouvanter. Les Grecs excommunient sans rémission les Chrétiens qui tombent dans cette faute. Il y a joignant ce bassin un figuier des plus grands & des plus remplis de branches que l'on en puisse voir. Il fait un ombrage sans lequel l'eau de la fontaine feroit si chaude, qu'on n'en pourroit pas boire. Les Païsans qui travaillent aux environs y viennent prendre leurs repas dans le tems des chaleurs, qui sont extraordinaires dans ce païs.

En revenant au camp nous passâmes devant les ruines d'un bâtiment qui est sur le penchant de la colline, il y a encore une cîterne & quelques bâtimens entiers, mais inhabitez & pleins de broussailles, avec un canal qui conduit les eaux d'une source qui sort du Mont de la Quarantaine jusqu'au Jourdain. Nous vîmes un Monastere, qui est encore assez entier, & qui est inhabité.

Le lendemain à la pointe du jour on chargea le bagage; nous partîmes aussi-tôt, & repassant par le même chemin, nous arrivâmes à Jerusalem sur le midi. Notre escorte nous laissa à la porte de Bethléem, nous allâmes dîner au Couvent de saint Sauveur, & nous reposer le reste du jour des fatigues que nous avions essuyées dans ce pénible voyage, qui nous avoit coûté beaucoup d'argent : il faut en avoir, & y joindre bien de la santé & bien de la patience.

CHAPITRE XVII.

Remarques sur la Ville de Jerusalem.

TOut le monde convient que cette Ville a été renversée de fond en comble par les Romains, lorsqu'ils la prirent sous l'Empire de Vespasien & de Titus, qui n'en firent presque qu'un monceau de ruines. Elle le fut ensuite par les Sarrasins & par les Turcs. Nous avons déja remarqué qu'elle avoit changé de place, & que les murailles qui sont à present sur pied, ne sont point dans l'endroit où elles étoient autrefois. Il paroît impossible, sans une providence particuliere de Dieu, que les lieux où Notre-Seigneur a souffert ayent été conservez dans la désolation générale de tout le reste.

On montre cependant aux Pelerins les maisons de Caïphe, d'Anne, d'Herodes, de Pilate, du mauvais Riche, de saint Thomas, des Zebedées, & des autres qui ont eû part aux mysteres & à la mort du Sauveur, comme si on étoit bien assuré qu'elles eussent appartenu à ceux à qui on en fait présent aujourd'hui.

J'ai fait cette visite avec les autres Pelerins, & sans trop y ajoûter foi, j'ai fait les reflexions convenables sur les choses qui s'y sont passées ; mais tant de gens se sont donnez la peine d'en faire le détail, que je crois m'en pouvoir dispenser, & je renvoye les Lecteurs pieux à ce que les autres en ont écrit.

Le Temple de Salomon, qu'on voit aujourd'hui, n'est plus de la grandeur, de la figure, & de la magnificence qu'il étoit quand il fut ruiné par les Romains. Les Turcs en ont fait leur principale Mosquée, l'ont orné autant qu'ils en sont capables, & l'ont en une si singuliere vénération, qu'ils ne permettent ni aux Chrétiens, ni aux Juifs d'y entrer, pas même d'en approcher.

Le motif de cette vénération est que Dieu y a voulu être adoré & prié, & que Mahomet l'a honoré de sa présence, & qu'il doit y revenir au jour du Jugement universel. Le peu que j'en vais dire est ce que j'en ai remarqué du Mont Olivet, avec des lunettes d'approche, & par une fenêtre de la maison du Cadi qui donne sur le

Parvis, & sur le rapport que m'en ont fait trois Religieux Francs, qu'on y fit entrer pour accommoder des vîtres qu'un coup de vent furieux avoit endommagées. Après quoi on pourra consulter la Relation de la Terre-Sainte du Pere Eugene Roger.

Ce Temple a été rebâti à peu près, selon la tradition du Païs, à l'endroit où étoit le *Sancta Sanctorum* de l'ancien Temple de Salomon, ou de Zorobabel. S'il n'occupoit que cet endroit précisément, il seroit fort petit; car le Temple étoit divisé en trois parties. La premiere ou exterieure, où étoit l'Autel des Sacrifices, étoit découverte, & ne renfermoit que cet Autel, la Mer d'airain; c'est ainsi qu'on appelloit ce grand Vase où les Prêtres lavoient leurs pieds & leurs mains, & cette partie étoit très-grande. La seconde partie qu'on appelloit le Tabernacle, ou le *Sanctum*, étoit couverte, environnée de murailles, & étoit partagée en deux par un voile. La premiere renfermoit le Chandelier à sept branches, la Table des pains, & l'Autel des Parfums; c'étoit le *Sanctum*. La seconde renfermoit l'Arche d'alliance dans le premier Temple, mais dans celui de Zorobabel elle étoit vuide, c'étoit le *Sancta Sanctorum*, parce que depuis qu'elle fut cachée dans la montagne de Nebo par le Prophete Jeremie, elle n'a point été retrouvée, & ne paroîtra que quand Dieu réünira toutes les Tribus d'Ifraël ; ce qui n'arrivera, felon les apparences, qu'au Jugement dernier : or ces deux parties n'avoient que quarante coudée de longueur, & dix de largeur. Le Temple d'aujourd'hui est bien plus grand. Sa figure est octogone, & a trente-deux pas à chaque face, qui font deux cens cinquante-six pas de circonférence, & environ vingt toifes de hauteur. Il est revêtu par dehors de tables de marbre blanc, mêlées de quarreaux peints & dorez, qui font un fort bel effet quand le Soleil donne deffus. Le grand dôme, & le petit qui est au-deffus, font couverts de plomb. Les fenêtres font garnies de vîtres de toutes fortes de couleurs, taillées en rond, de cinq à fix pouces de diametre.

On entre dans cet édifice par quatre portes qui regardent les quatre parties du monde. Elles ont chacune un portail orné de fix colonnes de marbre & de porphire, ornées de leurs piedestaux, bafes & chapiteaux. Tout le dedans est incrufté de marbre blanc,

1660.

1660.

Son pavé est de grandes tables de marbres de diverses couleurs qui ont été enlevées des Eglises de Bethléem, de Nazareth, du S. Sepulcre & des autres que les Turcs ont démolies.

Le dedans du Temple est orné de trente-deux colonnes de marbre gris avec leurs bases & chapiteaux, dont les seize plus grandes soûtiennent la grande voûte, & les seize autres le dôme. Ces colonnes sont environnées de certains ouvrages en forme de chandeliers de fer & de cuivre, placez les uns sur les autres, & autour des nefs, où l'on met sept à huit mille lampes, que l'on allume toutes les semaines, depuis le Jeudi au Soleil couchant, jusqu'au Vendredi après la priere du midi, & pendant tout le Ramadan.

Le centre du Temple est occupé par une estrade, où l'on monte par dix-huit degez; c'est-là où est la Chaire où l'Iman prêche, & explique au peuple quelque chapitre de l'Alcoran.

Outre les trente-deux colonnes dont nous venons de parler, il y en a deux proche la porte d'Occident qui sont fort près l'une de l'autre. Les Turcs s'en servent pour connoître s'ils sont bâtards ou légitimes. Ils passent entre ces deux colonnes, & s'ils sont légitimes, ils y paſſent aiſément & ſans peine, & s'ils ne le ſont pas, ils croyent qu'ils ne peuvent y paſſer, ou qu'ils n'y paſſent pas ſans difficulté. Cette épreuve me paroît un peu équivoque & fort ſujette à caution ; car les bâtards & les légitimes peuvent être de même groſſeur, & ſi leur diametre eſt plus gros que l'eſpace d'entre les colonnes, cela peut donner lieu à des jugemens téméraires.

1660.

A deux ou trois pas de ces colonnes, on voit dans le pavé un morceau de marbre noir de deux pieds & demi en quarré, un peu plus élevé que le pavé, dans lequel il y a vingt-trois trous, où il paroît qu'il y a eu des cloux. Il n'y en reſte que deux. C'eſt un myſtere que perſonne n'a pû expliquer juſqu'à preſent. Il y a pourtant des Imans, qui aſſurent que c'étoit le lieu où les Prophetes mettoient leurs pieds, quand ils deſcendoient de cheval, ou de leurs autres montures, avant d'entrer dans le Temple. Ils diſent que Mahomet les a imité, & que le monde finira quand les deux cloux qui reſtent ſeront ſortis. Si cela eſt la fin du monde eſt proche, puiſqu'elle ne tient qu'à deux cloux.

On trouve près de ces cloux un

petit escalier pratiqué dans l'épaisseur du mur, par lequel on monte sur le dôme, pour en raccommoder le plomb quand il est necessaire.

Des Juifs très-vieux, & qui demeurent dans la Ville depuis bien des années, m'ont assuré qu'il y a sous le Temple, & sous le Parvis des caves très-hautes & très-spacieuses, qui ont été faites par Salomon, & qui n'ont point été ruinées, qui sont comme des cîternes, dans lesquelles les Prêtres qui avoient besoin d'une grande purification alloient se baigner & se purifier, & que l'eau s'écouloit par un canal souterrein dans le torrent de Cedron. On voit effectivement une porte comme l'entrée d'un Aqueduc, que les gens du païs assurent conduire sous le Temple.

Un de ces Juifs m'assura que de son temps quelques Juifs fort riches obtinrent à force d'argent du Sangiac, la permission d'aller faire leurs dévotions dans le Temple, étant déguisez en Turcs. Cela fut découvert quelques années après, & le Sangiac qui étoit alors en place, voulut rejetter la faute sur tous les Juifs qui étoient alors dans la Ville, & leur fit une si grande avanie, c'est-à-dire, qu'il les condamna à une si grosse amande, qu'ils ne se trouverent pas en état de la payer, & furent obligez d'abandonner le païs & de se sauver, ce qui a empêché ceux qui leur ont succedé à pousser si loin leur dévotion.

1660.

Le Temple est dans l'endroit le p'us bas de la Ville, sur l'angle qui regarde le fond de la vallée de Josaphat, entre l'Orient & le Midi. Dans cet espace, il est borné par les murailles de la Ville dont les premieres assises du côté du Midi paroissent très-anciennes, jusqu'à sept ou huit pieds de hauteur, & ce qu'on a élevé au-dessus. Le Parvis est une place d'environ cinq cens pas de longueur du Nord au Sud, & de quatre cens de l'Est à l'Oüest. On y entroit autrefois par douze portes. La plûpart sont à present fermées ou murées. Celles qui sont ouvertes sont accompagnées de grandes voûtes, sous lesquelles il y a toûjours des lampes allumées. Les Turcs y vont faire leurs prieres aux heures que le Temple n'est pas ouvert.

On a conservé le nom de belle Porte, ou *Porta Speciosa*, à celle qui est à l'Occident, qui en effet est la plus belle de toutes. On y arrive par une grande ruë couverte en voûte comme une grande galerie, des deux côtez de laquelle il y a des boutiques de Marchands, & au bout de laquelle on trouve un escalier auſſi large que la ruë, qui ſe termine à cette porte. Il n'eſt permis qu'aux ſeuls Mahometans de paſſer cette porte, & d'entrer dans le Parvis. Tout autre qu'eux ſeroit brûlé vif, ou obligé de ſe faire Turc s'il l'avoit entrepris.

La Porte dorée eſt à l'Orient; elle eſt percée dans le mur de la Ville. Elle étoit double, c'eſt-à-dire, compoſée de deux portes accollées, qui ſont à preſent murées, à cauſe d'une prétenduë prophetie qui les avertit que ce ſera par cette porte que les Chrétiens reprendront Jeruſalem un Vendredi, pendant que les Turcs ſeront à la priere de midi. Il eſt plus vraiſemblable qu'on a murée cette porte, parce qu'elle eſt inutile, ne donnant point entrée dans la Ville, mais ſeulement dans le parvis, qu'il faudroit traverſer pour y entrer, & que le paſſage des hommes & des bêtes cauſeroit de la diſtraction aux dévots qui ſe préparent dans cet endroit à entrer dans le Temple, outre que les ordures des animaux profaneroient continuellement ce lieu ſi ſaint ; ce que la prudence oblige d'éviter sur toutes choses.

Le Parvis est accompagné de galeries couvertes dans trois de ses côtez, où l'on se peut promener à couvert, & le milieu est occupé par une plateforme élevée de cinq pieds au dessus du rez de chaussée. Elle est longue de deux cens pas, & large de cent cinquante, toute pavée de marbre blanc, avec quatre escaliers de même matiere pour monter au Temple, avec un grand bassin d'eau courante où les Turcs vont faire leurs ablutions. Il y a sous les galeries de petits Oratoires fort propres, soûtenus de colonnes de marbre où l'on va faire ses prieres.

A cent pas du Temple, du côté du Midi, est un grand bâtiment, qu'on appelle le Temple des Vierges. Il est composé de trois nefs, soutenuës par des colonnes de marbre gris, ou comme le croit le vulgaire, de pierres fonduës, Sa porte qui regarde le Parvis est au Septentrion, ce grand vestibule étoit, à ce que l'on croit, le logement des veuves & des filles qui étoient destinées au service du Temple. Il paroît si ancien, qu'on ne feint pas de dire qu'il étoit du tems de Salomon, ou du moins de celui d'Herodes. Il est en grande vénération chez les Turcs. C'est là où les femmes Turques, qui n'ont rien de bon à espérer en l'autre monde, vont faire leurs prieres pour obtenir ce qui leur manque en celui-ci.

La Piscine probatique, autre bâtiment qu'on croit du même tems, est joignant le mur Septentrional du Parvis. C'est une fosse d'environ cent trente pas de longueur de l'Est à l'Oüest, large de trente-cinq, & profonde de cinq à six toises. Elle est toute revêtuë de pierres de taille bien cimentées, avec un parapet de trois pieds de hauteur qui regne tout autour. Il y avoit cinq portes, avec autant de vestibules, & des escaliers pour descendre à l'eau. Les trois qui sont au Nord sont à present comblées des balayeures & des immondices qu'on y jette. Les deux qui sont à l'Oüest sont moins gâtées. C'étoit un réservoir où se rendoient les eaux du Temple qui avoient servi à laver les Prêtres & les victimes. Elle est à present à sec, parce que le Temple d'aujourd'hui a d'autres conduits pour faire écouler les eaux; de sorte qu'elle se remplit tous les jours d'immondices. Elle est pleine de ciguë, d'orties & d'autres mauvaises herbes,

avec

avec quantité de serpens & d'autres insectes.

La Tour Antonia, qui étoit autrefois une des Forteresses de la Ville, a été ruinée par Titus, il n'en reste plus que le pied d'environ quatre toises de hauteur. C'est toûjours un bâtiment quarré, bâti solidement de grandes pierres de taille. Ce qui en reste marque son antiquité. Les Turcs y ont fait faire un comble comme à leurs Mosquées, & y entretiennent quelques lampes allumées. C'est une de leurs dévotions, dont ils seroient bien empêchez de dire la raison.

Voilà tout ce que je puis dire de la Ville de Jerusalem, & du Temple de Salomon.

CHAPITRE XVIII.

Voyages à Bethléem, à Hebron, au désert de S. Saba & à celui de S. Jean.

MA dévotion étoit aussi amplement satisfaite dans ce pieux voyage, que ma curiosité l'étoit peu. J'avois des doutes sur tout ce qu'on m'avoit fait voir, & mes doutes me paroissoient bien fondez, & je ne trouvois personne pour les éclaircir. Les Turcs & les Juifs ont interêt de parler comme les Chrétiens, afin de picquer leur curiosité & les engager à venir admirer leur Païs, & y apporter de l'argent; car de penser à y faire quelque négoce qui pût récompenser une partie des frais du voyage, c'est à quoi il ne faut pas songer. S'il y avoit eu quelque profit à faire, il y a long-tems que les Marchands Européens s'y seroient établis, & comme il n'y en a aucun, c'est une marque assurée qu'il n'y a rien à esperer.

Je me serois sans doute épargné la peine de faire les voyages que je viens d'indiquer, si j'avois pû quitter ma compagnie honnêtement. Il fallut donc la suivre, je vais dire fort succinctement ce que j'ai vû & oüi dire, sans obliger personne à le croire plus fermement que je ne l'ai crû.

Nous sortîmes de Jerusalem par la porte du Château, & après avoir traversé une petite vallée, nous laissâmes à gauche la piscine de Bersabée, qui est une grande & profonde fosse fermée de murailles, & taillée dans le roc. Nous vîmes les ruines de sa maison, qui n'est pas éloignée de quelques autres plus considerables, qu'on suppose être du Palais de David, qui étoit sur le Mont Sion.

A trois cens pas delà, nous entrâmes dans une campagne qui me parut très-agréable, quoique mal cultivée, où nous trouvâmes quelques pauvres maisons répanduës çà & là dans des terres & des vignes fort negligées, & après avoir marché quelques milles pas, & vû en passant les restes d'une maison de plaisance de Caïphe, nous découvrîmes celles d'une vaste & grande Tour, où nous remarquâmes encore des vestiges de salles, de chambres & autres lieux. On prétend que c'étoit la maison de Simon le Juste, & nous entrâmes dans la vallée des Geans, où David défit deux fois l'armée des Philistins. L'air est si doux dans cette vallée & le terrein si bon, que si elle étoit cultivée, on en feroit quelque chose d'aussi bon & d'aussi agréable que le terroir de Marseille.

Nous vîmes au milieu du chemin de Jerusalem à Bethléem, un endroit environné d'une petite muraille seche, qu'on y a élevée pour conserver la memoire de ce terebinthe fameux, sous lequel la Sainte Vierge se reposoit quand elle faisoit le voyage avec l'Enfant Jesus, & on dit que cet arbre étendoit alors ses branches du coté qu'étoit le Soleil, pour leur donner de l'ombrage. Cet arbre fut brûlé en 1646. par un Berger à qui l'arbre & les terres des environs appartenoient, soit par accident, soit par dépit de voir que tous les Pelerins qui passoient par là gâtoient ses terres, & coupoient des branches pour faire des croix & des chapelets, & cela étoit vrai ; mais les gens du Païs assurent que ce Berger incendiaire mourut trois jours après avec toute sa famille & son bétail, en punition de ce crime.

Dès que les Religieux sçûrent que le terebinthe étoit brûlé, ils y accoururent pour acheter ce que le feu avoit épargné, & ils en firent des croix, & des chapelets qu'ils envoyerent aux grands Seigneurs en Europe. Il en reste encore quelques-unes entre les mains des Truchemans de Jerusalem & de Bethléem, qui travaillent à ces sortes d'ouvrages, & qu'ils vendent cherement aux Pelerins qui veulent s'en charger.

A un quart de lieuë plus loin, nous vîmes la citerne des Rois ou de l'Étoile. On prétend que ce fut en cet endroit que l'étoile qui s'étoit cachée, quand ils entrerent dans Jerusalem, parut de nouveau, & les conduisit à l'étable de Bethléem. C'est une tradition qu'on peut croire, si on veut, ou revoquer en doute sans crainte d'être damné pour cela. Les Chrétiens y avoient bâti une Eglise qui est tout à fait ruinée; il ne reste que la cîterne, qui sert à abreuver les bestiaux.

1660.

Les Grecs ont un Monastere sur le bord du grand chemin, qu'ils disent avoir été bâti sur la maison où le Prophete Elie a pris naissance, il est enfermé d'une haute & forte muraille. Vis-à-vis la porte de ce Monastere, il y a une roche à fleur de terre de cinq à six pieds de longueur & de trois de largeur, dans laquelle est empreinte & comme gravée la figure d'un corps humain. On y remarque effectivement très-distinctement la place de la tête, des épaules, des bras, & les plis des vêtemens, enfoncez d'environ quatre pouces dans la roche qui est très-dure. La tradition assure que le S. Prophete Elie y coucha une nuit, lorsqu'il passoit de Samarie en Judée, en fuyant la persecution de Jezabel, & que la pierre devint molle comme de la cire, afin que le Prophete y fût plus à son aise, & qu'ensuite elle reprit sa premiere dureté, en conservant les vestiges du corps qui y avoit reposé.

Il est surprenant que les Carmes qui se disent enfans de ce grand Prophete, ne revendiquent pas la maison de leur pere, on ne pourroit pas la leur refuser ; & s'ils joignoient quelques bourses à leurs bonnes raisons, il est certain que le Pacha & le Cadi en auroient bien-tôt chassé les Grecs, qui n'en sont que les usurpateurs. Cette possession fermeroit la bouche à ceux qui doutent de leur origine, & quand on les verroit possesseurs des biens de leur pere, on ne pourroit plus douter qu'ils ne fussent ses enfans.

La même tradition assure, que la maison du Prophete Abacuc est voisine de celle d'Elie. On y avoit bâti une Eglise, que la vieillesse a réduite en ruines. Mais la tradition varie un peu sur cet article, & quelques-uns croyent que c'est seulement l'endroit où étoit ce Prophete, quand un Ange le prit par un cheveu, & le porta à Babylone sur la fosse aux Lions, où le Prophete Daniel étoit enfermé. Ces deux traditions ne sont pas si éloignées qu'on ne les puisse réünir, en disant qu'il étoit proche de sa maison, d'où il portoit le dîner à ses moissonneurs, lorsque l'Ange l'enleva.

A mille pas ou environ plus loin, on

nous montra un champ d'environ deux arpens, que l'on appelle le Champ des Pois. La tradition du Païs est qu'il étoit tout semé de pois, un jour que la Sainte Vierge y passa. Elle demanda au Proprietaire ce qu'il y avoit dans son champ; cet avare craignant qu'elle ne lui en demandât une poignée, répondit que c'étoit des pierres. Soit, dit la Sainte Vierge, & passa outre, & aussi-tôt tous les pois furent changez en pierres, & depuis ce tems-là ce champ a été une source intarrissable de petites pierres, qui en couleur & grosseur ressemblent parfaitement à des pois. Je dis une source intarrissable ; car tous les Pelerins qui passent par cet endroit, ne manquent pas de faire provision de ces pois petrifiez, & il y en a toûjours de reste. Les esprits forts ne manqueront pas de révoquer ce fait en doute; mais pour peu qu'ils soient curieux, je leur conseille de faire le voyage de la Terre-Sainte, pour se convaincre de cette verité, & je les assûre qu'ils auront beau creuser, ils ne trouveront que des pois de pierres, quoique les environs en produisent de très-bons.

Vis-à-vis ce champ de pois, de l'autre côté du chemin, on voit les débris d'une Tour très-ancienne, qu'on appelle la Tour de Jacob. On prétend que ce Patriarche l'avoit fait bâtir pour avoir la vûë sur ses troupeaux qui paissoient aux environs. Cela s'accorde peu avec ce que l'Ecriture dit de ce Patriarche, qu'il n'eût jamais de demeure fixe, & qu'il changeoit de place à mesure que ses grands troupeaux avoient consommé l'herbe du lieu où ils étoient. Or il n'est pas naturel qu'il eût fait bâtir des Tours à chacune des stations qu'il faisoit, ou bien on en verroit un grand nombre; il auroit plûtôt fait bâtir une échauguette de bois, qu'il auroit transportée aisément d'un lieu à un autre en la démontant. Comment croire qu'un homme qui a passé toute sa vie sous des tentes, ait fait bâtir une Tour de pierres, seulement pour le plaisir de voir ses troupeaux?

On prétend que ce fût en ce même endroit que mourut la belle Rachel étant en couche de Benjamin. Cela est assez probable, puisqu'on assure que son sepulcre est à six ou sept pas dans le champ d'Ephrata, à quarante pas du grand chemin.

Un Sangiac de Jerusalem nommé Mahomed fort dévot à cette illustre femme fit réparer son tombeau. C'est un grand cercüeil couvert en rond comme nos anciens bahus, de huit pieds de long sur six de large, il est de maçonnerie bien enduite de bon ciment. Il est tout barboüillé des noms que les Juifs y ont écrit avec du charbon. Il est couvert d'un dôme bien cimenté, soûtenu de quatre piliers de pierres, qui font quatre arcades toutes ouvertes, environnées à dix pieds de distance d'une muraille de quatre pieds de hauteur. On voit dans cet enclos deux sépulcres de Turcs morts en opinion de sainteté, ils sont de même forme & matiere que celui de Rachel, mais plus petits.

Le sepulcre de Rachel est également vénérable aux Turcs, aux Chrétiens & aux Juifs. Les premiers ont fait creuser une niche dans la muraille, qui leur tient lieu de Mosquée, & ils ne manquent pas d'y aller faire leurs prieres, quand ils passent par là.

En continuant notre route, nous vimes sur une colline à main droite une vieille Tour, qui tombe en ruine, avec quelques vestiges de maisons aux environs. On nous dit que c'étoit les restés de la petite Ville de Rama, dont Jeremie parle dans ses Lamentations; où Herodes fit tuer les Innocens & aux environs. Il y a tout auprés un Village où les gens du Païs qui sont tous Chrétiens, disent que les Turcs ne peuvent demeurer sans mourir dans la huitaine. Je suis surpris que la malédiction qu'Herodes a attiré sur ces lieux, s'étende plûtôt sur les Turcs que sur les Juifs, qui sans comparaison semblent la meriter plus que les autres.

Enfin après avoir vû la fameuse cîterne de Bethléem, & avoir bû de son eau que nous trouvâmes excellente, nous arrivâmes à Bethléem, & fûmes mettre pied à terre au Couvent des Peres de S. François, qui nous reçûrent avec tous les témoignages d'estime, de bienveillance, & de cordialité que nous pouvions desirer.

De Bethléem.

Cette Ville est au Midi de Jerusalem. Elle étoit bien plus grande autrefois qu'elle ne l'est aujourd'hui, c'étoit la patrie de David. Elle ne consiste presque plus que dans l'Eglise & le Couvent des Cordeliers, & en quelques maisons demi ruinées, la plûpart occupées par les Truchemans du Couvent, qui subsistent des aumônes qu'on leur fait, & de la vente de leurs croix, chapelets & autres ouvrages de bois dont le Pere Procureur regle le prix. Il y a aussi quelques Maures & quelques Grecs, qui cultivent la campagne des environs.

La Ville est située sur le haut d'une petite montagne, qui s'étend de l'Orient à l'Occident, environnée de tous côtez de collines qui forment des vallées agréables. Toutes les collines sont plantées d'oliviers, de figuiers & de vignes qui donnent d'excellent vin, & les vallons rapportent quantité de froment & d'autres grains, & des légumes très-bonnes.

Je trouvai sa situation plus agréable, son air plus doux & plus sain, & son terroir plus fertile & plus abondant que pas un de ceux où j'avois passé depuis que j'étois dans la Terre-Sainte. Malgré cela, il est comme abandonné, & les Habitans presque toûjours cachez ou en fuite, parce qu'ils ne peuvent rassasier l'avarice des Sargiacs de Jerusalem, qui les chargent de contributions & d'avanies qu'ils ne peuvent payer ; de sorte qu'on ne voit de tous côtez qu'une désolation affreuse, & ces pauvres Peuples n'ayant aucune sûreté ni pour leurs personnes, ni pour leurs biens, se contentent de cultiver seulement autant de terre qu'ils jugent en avoir besoin pour leur subsistance, & dès que la récolte est faite, ils cachent dans des Grottes ce qu'ils ont recüeilli, & se trouvent heureux quand ce qu'ils ont caché n'est pas découvert, & enlevé aussi-tôt par les executeurs du Sangiac.

La porte principale de la Ville est à l'Orient ; quoiqu'elle fût composée de très-grosses & longues pierres, elle n'a pû résister aux mains des Turcs & aux injures des tems, elle est toute par terre, les Turcs & les Arabes sont de grands chercheurs de trésors, & ils s'imaginent que tous les grands édifices en renferment. Il est vrai qu'ils en ont trouvé en quelques endroits, & cela a piqué leur avarice, & leur a fait démolir quantité de beaux édifices où ils n'ont rien trouvé, & où ils ont perdu leurs peines.

Cette porte donne entrée dans une place assez grande, où l'on trouve quelques cîternes en maniere de puits, & conduit à une grande porte murée, où l'on n'a laissé qu'un guichet bas & fort étroit, fermé d'une grosse porte de bois bien épais, & soûtenu par derriere d'une très-grosse barre capable de résister aux efforts des Turcs & des Arabes. C'est par ce trou qu'on entre dans le Couvent & delà dans l'Eglise.

C'est un ouvrage qu'on doit à la pieté de Sainte Helene. Elle a soixante & dix pas de longueur de l'Orient à l'Occident, & quarante-cinq de largeur. Elle est partagée en cinq nefs, soûtenuës par de grosses colonnes de marbre rouge & blanc d'une seule piece, avec un plat-fond de bois de cedre, couvert de plomb en dos d'âne. Le côté de cette Eglise qui appartient aux Francs est bien entretenu, & il leur en coûte souvent pour y mettre du plomb, à mesure que les Turcs l'enlevent pour faire des balles de mousquet. Le côté gauche, qui appartient aux Grecs est tout ruiné par la malice, la negligence, ou la pauvreté de ces Schismatiques qui ne veulent pas le réparer, ni souffrir qu'on le répare. Il paroît par les crampons de fer qui restent dans les murailles qu'elle a été incrustée de tables de marbre blanc, que les Turcs ont enlevées pour orner leur Temple & leurs Mosquées de Jerusalem. On voit entre les fenêtres des peintures de mosaïque qui sont d'une excellente beauté.

La Grotte où Notre-Seigneur est né, est sous le chœur. On y descend par deux escaliers de treize marches de marbre blanc, au bas desquelles on trouve une porte de bronze travaillée à jour, pour donner entrée dans une Chapelle de douze à treize pas de longueur, sur quatre à cinq de largeur & dix pieds de hauteur, où est un Autel revêtu de marbre gris, posé sur le lieu où Notre-Seigneur voulut naître.

La créche de bois dans laquelle il reposa, est à Rome dans l'Eglise de Sainte Marie Majeure, dans la magnifique Chapelle que le Pape Sixte V. a fait bâtir. Je ne dirai rien davantage de cette Eglise & de cette Chapelle, assez d'autres Pelerins en ont écrit. On peut consulter le Voyage de M. Thevenot, imprimé à Paris en 1664.

La porte du Couvent des Peres Latins, est à main gauche en entrant dans l'Eglise, elle est fort petite, fort épaisse, couverte de lames de fer avec de gros verouils & des barres par derriere; précaution necessaire pour résister aux violences que les Turcs & les Arabes leur pourroient faire. Le cloître est beau & spacieux, solidement bâti, & paroît une Citadelle quand on le voit en venant de Jerusalem. Il renferme beaucoup de logemens, où l'on trouve toutes les commoditez necessaires.

Je n'employai pas beaucoup de tems à voir la Ville de Bethléem. Nous partîmes pour celle d'Hebron, avec une escorte de gens du Païs, qui n'auroient pas manqué de s'enfuir & de nous abandonner, si quatre ou cinq Arabes se fussent présentez pour nous dévaliser. Heureusement nous ne rencontrâmes personne. Nous trouvâmes d'abord un chemin difficile & raboteux, bordé de vignes des deux côtez, & nous laissâmes à main droite un Village appellé Boticalli, où les Turcs n'osent habiter. Il n'y a que des Grecs qui y demeurent, qui cultivent le terroir des environs qui est bon & fertile, aussi sont-ils riches & fort à leur aise.

Après avoir marché quelques milles, nous arrivâmes à un Monastere de Grecs dédié à S. Georges. Il y a dans la nef de l'Eglise une grosse & longue chaîne de fer attachée au mur, avec un collier & des menottes, dont ils disent que S. Georges fut attaché dans sa prison. Les Turcs, les Maures & les Chrétiens du Païs se font frotter avec cette chaîne, se font mettre le collier au col & les menottes aux bras, lorsqu'ils sont affligez de quelque maladie, & ils se trouvent guéris dans l'instant.

A une lieuë de ce Monastere, nous vîmes la Fontaine scellée, ou le *Fons signatus*, dont Salomon fit conduire les eaux au Temple de Jerusalem, comme

1660.

elles y vont encore à présent par un canal de pierre très solidement bâti.

Ceux qui veulent voir la source de cette Fontaine, descendent dans une espece de puits de douze à treize pieds de profondeur, en s'appuyant les pieds sur des pierres qui sont en saillie, & se tenant avec les mains aux pierres où l'on avoit les pieds. Il est sec. On trouve à côté une cave de douze pas de long sur huit de large & neuf pieds de haut. On trouve ensuite une seconde cave de même grandeur que la premiere, au bout de laquelle on voit à la faveur des bougies qu'on a eu soin de porter & d'allumer, une roche percée en plusieurs endroits, d'où sortent une quantité de Fontaines de très-belles eaux. Le pied de la roche est encore fourni de deux belles sources, qui après s'être toutes jointes à une troisiéme qui est dans la premiere cave, se jettent dans un bassin, d'où elles entrent dans un canal de pierres de taille bien cimenté, couvert en dôme, d'environ six pieds de haut & trois de large.

Ces lieux, outre leur obscurité, sont si humides, qu'on n'y peut être long-tems sans incommodité, & comme on ne les nettoye jamais, ils sont tellement pleins de pierres & d'immondices, que les eaux ne coulent qu'avec difficulté.

Salomon faisoit tant de cas de ces eaux, que personne n'y entroit sans sa permission. Il faisoit sceller la porte avec son cachet, d'où elles ont pris le nom de *Fons signatus*, ou de Fontaine scellée.

A cent pas delà du côté de l'Orient, il y a un petit Château quarré, dont les angles sont couverts de petites Tours. Ce fut un Pacha qui le fit bâtir il y a soixante & dix à quatre-vingt ans, pour défendre le Païs des courses des Arabes, & y exiger les droits des Caravannes qui passent par là. Il y a un réservoir avec quelques sources de bonne eau, qui vont se rendre dans les trois piscines de Salomon, & delà à Jerusalem en suivant les côtez des montagnes par un canal de pierre. Nous arrivâmes ensuite au jardin fermé, appellé dans les Cantiques *Hortus conclusus*. Il ne reste des bâtimens que Salomon y avoit fait faire, quand il y alloit se promener, qu'un petit Village tout ruiné & inhabité. En verité les Européens ont bien du tems & de l'argent à perdre, pour faire un voyage où l'on ne voit que des ruines, & où, à peu de choses près, on n'entend que des contes qui ont beaucoup l'air de fables.

Il ne paroît pas que ce jardin ait eu d'autres murailles, que celles que la nature lui a formées, qui sont au Midi & au Nord des montagnes très-hautes & escarpées, & taillées à plomb comme une muraille. Il me parut n'avoir qu'environ six cens pas de longueur de l'Orient à l'Occident, & de ces deux côtez il ne paroît pas jamais avoir été fermé d'autres clôtures, que des hayes vives, dont il en reste encore une bonne partie, sans pourtant m'engager à dire qu'elles soient les mêmes qui y étoient du tems de Salomon. Toutes les montagnes des environs sont toutes couvertes d'herbes aromatiques, & nous sçavons que ce vallon délicieux étoit planté de toutes sortes d'arbres fruitiers, tant du Païs que des Païs éloignez.

Nous quittâmes le grand chemin à une lieuë d'Hebron, & nous tournâmes à gauche, afin de voir la vallée de Mambré, où le Patriarche Abraham vit trois Anges qui alloient détruire Sodome, & n'en adora qu'un. Il dressa un Autel dans cette vallée, & y offrit un Sacrifice à Dieu, & ce fut là qu'il lui fut promis qu'il auroit un fils.

Du tems de l'Empereur Constantin, on voyoit encore l'arbre sous lequel les trois Anges lui apparurent. Les gens du Païs offroient des Sacrifices aux Idoles sous cet arbre. L'Empereur en ayant été averti, ordonna que l'arbre seroit déraciné & brûlé. L'Évêque de Jerusalem alla faire executer l'ordre de l'Empereur, & fit bâtir une très-belle Eglise en cet endroit, dont on ne voit plus que les fondemens, & quelques morceaux de murailles très-épaisses de pierres de taille.

1660.

En approchant d'Hebron, nous vîmes le puits de Jacob & une vigne qu'on appelle le Champ Damascene, où l'on croit qu'Adam a été formé de la même terre qu'on y voit aujourd'hui. Les Pelerins ne manquent pas d'aller prendre de cette terre dans une carriere, qui semble n'avoir été ouverte que pour cela.

Je m'étonne qu'on ne place pas le Paradis terrestre assez près de ce lieu, puisqu'on montre une Grotte grande & spacieuse, où on prétend qu'Adam & Eve se retirerent après qu'ils eurent été chassez du Paradis terrestre, & où ils pleurerent la mort de leur fils Abel, que Caïn son frere tua au bout de la vallée de Mambré, où il y a un therebinte du tronc duquel sortent trois branches d'une si prodigieuse grosseur, qu'on dit qu'il est aussi ancien que le monde.

Le sepulcre de Caleb est sur une petite colline. C'étoit le compagnon de Josué, & un des deux qui de six cens mille combattans qui étoient sortis d'Egypte entrerent seuls dans la terre de promission. Il y avoit anciennement une Eglise dédiée aux Quarante Martyrs, qui est entierement ruinée.

Nous arrivâmes enfin à la fameuse piscine voisine d'Hebron, dont il est parlé dans le second Livre des Rois, chap. 4.

De la Ville d'Hebron. La Ville d'Hebron est à sept lieuës de Jerusalem vers le Midi. Elle peut se vanter d'être une des plus anciennes Villes du monde, & peut-être la plus ancienne, puisqu'on prétend qu'elle a été bâtie très-peu après le Déluge. Elle étoit autrefois sur une colline qui lui reste à present au Nord, parce qu'elle a été tant de fois ruinée & rebâtie, qu'insensiblement elle a un peu changé de situation. Elle n'a pour défense qu'un Château qui paroît assez beau, qui est situé sur l'endroit le plus éminent: car du reste, elle n'a ni murailles ni fossez.

Les Habitans sont tous Mahometans,

qui n'y souffrent qu'avec peine & pour de l'argent quelques Juifs, qui ont beaucoup à souffrir de l'avarice & des superstitions des Turcs.

Ces derniers ont ce lieu en si grande vénération, qu'ils ne souffrent pas qu'on y fasse entrer ni vin, ni eau de vie, ainsi on n'y boit que de l'eau. Les gens du Païs l'appellent *Elkatil*, qui signifie Bien aimée, qui est un des attributs qu'ils donnent à Abraham.

Sainte Helene avoit fait bâtir une Eglise magnifique auprès de la caverne double, où les premiers Patriarches avoient été enterrez. Les pierres de cet édifice étoient d'une prodigieuse grandeur. On en voit un très-grand nombre qui ont vingt-sept pieds de longueur sur une épaisseur & largeur proportionnée. Elle l'avoit fait couvrir de plomb, & y avoit fondé un Evêché de cinq mille écus de revenu, somme considerable pour le tems, & pour le Païs où l'on vit à très-bon marché. L'Eglise étoit accompagnée d'un bâtiment qui est très-vaste & très-beau. Il y a à l'entrée une grande cuisine, où l'on fait tous les jours du potage aux lentilles & autres légumes, que les Derviches distribuent liberalement aux passans & à tous ceux qui en ont besoin, en memoire de ce qui se passa en ce lieu entre Jacob & Esaü. Nous en mangeâmes.

Mais nous ne pûmes entrer dans cette belle Eglise, elle est changée en Mosquée, dont l'entrée est défenduë étroitement à tous autres qu'aux fidéles Musulmans.

L'entrée de la double caverne est dans l'Eglise, & par conséquent inaccessible aux Chrétiens & aux Juifs. Les Turcs même n'y osent entrer, de peur d'y perdre la vûë, comme il est arrivé à quelques curieux selon leurs traditions; mais il y a un trou par dehors d'où l'on peut voir la premiere caverne, en y introduisant des flambeaux allumez, pourvû que les Derviches ne s'en apperçoivent pas. C'est à ce trou que les Chrétiens & les Juifs vont faire leurs prieres, & vont se consoler de la désolation où leur miserable Nation est réduite depuis tant de siécles. Les Religieux & les Pelerins de toute espece y allument en-dehors des lampes & des cierges, & y font brûler de l'encens. Chacun y fait ses dévotions à sa maniere, cela le rend fort gras & fort enfumé.

Semith Balier Juif pour qui j'avois une Lettre de recommandation de son pere demeurant à Seïde, me fit beaucoup d'honnêtetez, & me donna à dîner malgré les lentilles que j'avois mangé. Il me dit qu'un de leurs Rabins, ayant trouvé moyen d'entrer dans ce lieu si vénérable par son antiquité, & par les précieux dépôts qui y reposent, avoit laissé par écrit que la premiere caverne qui est grande & spacieuse, dans laquelle on descend par quelques marches, n'est que comme le vestibule de la seconde où sont les sepulcres; que celle-ci dans laquelle on descend encore est beaucoup plus haute & plus grande, & que toutes les deux sont taillées dans le roc. C'est dans celle-ci qu'on voit six sepulcres. Le premier du fond est celui d'Abraham, le second de Sara, le troisiéme de Rebecca, le quatriéme d'Isaac, le cinquiéme de Jacob, & le sixiéme de Lia. Je demandai au Juif, si on les a mis dans cet ordre selon le tems de leur décès, ou si on a voulu garder après leur mort, les mesures que la jalousie des Orientaux garde aujourd'hui de ne pas approcher de la femme de son prochain, même après sa mort, ou si c'est une maniere de respect qui fût à la mode dans ce tems-là. Il me répondit que leur Rabin ne s'étoit pas expliqué sur cela, & qu'il n'avoit écrit que ce qu'il avoit vû ; mais que pour lui il étoit persuadé qu'il y avoit de la bienséance de ne pas coucher un homme mort auprès d'une femme morte, qui n'auroit pas couché avec lui dans le même lit pendant sa vie. On dit que Joseph y est aussi enterré ; mais je ne m'avisai pas de lui en demander des nouvelles, parce que je lui fis une question qui l'embarrassa davantage, qui étoit comment ce Rabin avoit pû distinguer ces sepultures, & connoître les corps qui y reposoient : car il auroit fallu que leurs noms eussent été gravez dessus, & il est difficile de se persuader que les caracteres de ce tems-là soient les mêmes que ceux dont on se sert à present, étant certain qu'ils ont été entierement changez depuis la captivité de Babylone. Il ne put me dire autre chose, sinon que ce Rabin étoit un homme très-sçavant & qui avoit beaucoup d'honneur.

La situation de cette Ville est fort agréable, & son terroir est très-fertile & très-abondant. Il y a des vignes en quantité, qui donnent des raisins excellens. On en porte à Jerusalem dont on fait de très-bons vins. Les gens du Païs en font des pances qui sont jaunes

nes comme de l'or & d'un goût délicieux. Generalement parlant tous les fruits ont toute la perfection qu'on peut desirer.

1660.

Il y a quelques Manufactures de verre. On y en trouve de toutes couleurs. Ils en font des tasses, des bouteilles, des vases à mettre des fleurs; mais tous leurs ouvrages sont fort simples, & n'approchent point de la délicatesse des nôtres.

Il y avoit autrefois plusieurs Villes aux environs d'Hebron. Elles sont à present changées en Villages habitez par les Maures, qui en cultivent les terres. La Ville & les environs dépendent du Gouverneur de Jerusalem, qui y entretient un Soubachi & quelques troupes pour exiger ses droits; mais ce peuple est si mutin, qu'il est rare qu'il les paye sans y être forcé, & pour l'ordinaire le Soubachi est obligé de demander du secours au Sangiac, pour les contraindre au payement, encore n'y réüssit-il pas quelquefois: car ces peuples sont braves, & quand ils se révoltent, & qu'ils se mettent en campagne, ils font des courses jusqu'à Bethléem, & se payent par leurs pillages de ce qu'on exige d'eux. Ils connoissent si bien les détours des montagnes,

Tome II. L

& fçavent fe pofter fi avantageufement qu'ils ferment tous les paffages, & perfonne ne peut venir au fecours du Soubachi, qui dans ces occafions eft obligé de s'accommoder avec eux.

En fortant d'Hebron, nous paffâmes par le Village de la Sainte Vierge : on l'a ainfi nommé, parce que la tradition eft que la Sainte Vierge s'y eft repofée en allant en Egypte, lorfqu'elle fuyoit la perfécution d'Herodes. Les Turcs n'ofent y demeurer, crainte de mourir dans la huitaine, comme dans quelques autres dont j'ai parlé ci-devant.

Il y a une Eglife deffervie par les Grecs. Nous reprîmes delà notre chemin, & aidez de la clarté de la Lune, nous arrivâmes fort tard & bien fatiguez à Béthléem, d'où nous partîmes le lendemain pour aller au défert de S. Saba.

Défert de S. Saba. Nous partîmes de Bethléem avec la même efcorte, & nous tirâmes vers le Mont Engaldi, au Nord duquel il y a une montagne toute pelée appellée Odolla, dont le fommet eft occupé d'une grande caverne obfcure, où David étoit caché quand Saül y entra, & qu'il lui coupa une piece de fa robe. Elle fert de retraite au bétail des environs.

On voit tout auprès vers l'Orient les ruines de la Forteresse Massada qu'Herodes y avoit fait bâtir.

1660.

A demie lieuë de ces montagnes vers le Midi, il y a une haute colline avec les ruines d'un Château appellé Bethulie, que les François ont conservé pendant quarante ans, après avoir perdu toute la Terre-Sainte, d'où s'étant dispersez dans la suite des tems dans les montagnes du Liban, ils ont donné l'origine aux Drusses dont j'ai parlé dans un autre endroit. Ceux qui ne la connoissent pas par son veritable nom, l'appellent la montagne des François.

C'est à deux lieuës du mont Odolla tirant vers la mer Morte, que nous trouvâmes le fameux & très ancien Monastere de S. Saba, situé dans un lieu désert & sterile, & tel qu'il convénoit à des gens qui vouloient emporter le Ciel par famine : il y avoit, à ce qu'on dit, treize à quatorze mille Moines sous la conduite de ce S. Abbé. Il s'en faut bien qu'ils fussent tous renfermez dans le Monastere, la plûpart vivoient dans des cavernes creusées dans le penchant d'une longue & rude montagne, au pied de laquelle passe le torrent de Cedron.

Ce Monastere, ou celui qui lui a succedé, est peuplé de Moines Grecs de l'Ordre de S. Basile. L'Eglise est belle, dévote, & bien entretenuë par les aumônes que les Grecs y envoyent, & pour les Religieux. Elle est toute peinte des tableaux des grands personnages qui ont vécu dans ce Saint Lieu.

Le Monastere a deux Tours pour le défendre contre les Arabes. Outre ces deux Tours, il y en a une troisiéme sur une hauteur séparée du Couvent par un précipice affreux, dans laquelle s'enferment ceux qui veulent vivre en reclus. Cette Tour a une fenêtre environ à trois toises au-dessus du rez de chaussée, où il y a une corde avec des sonnetres qui répondent l'une au dôme de la grande Eglise, & l'autre à la Tour. Elle sert à celui qui est en sentinelle, pour donner avis au Couvent quand il passe des Arabes ou des bêtes féroces.

Les Religieux donnent à manger aux passans, en leur descendant dans une corbeille du pain, des légumes, & quelques salades à la mode du Païs.

Le Couvent étoit autrefois bien plus grand qu'il n'est à present & plus fortement bâti: on le voit par ce qui reste des anciennes murailles; aussi n'y a-t'il pas le grand nombre de Moines qu'il s'y en envoyoit du tems de S. Saba.

On voit en entrant dans le Monastere, le tombeau de ce S. Abbé dans une Chapelle, & le lit où il couchoit dans sa cellule. Ce n'étoit qu'un banc de pierre creusé dans le roc comme un demi sepulcre. On montre encore les cellules de S. Jean Damascene & de S. Jean Chrysostome, & une petite Eglise dédiée aux quarante Martyrs, & une Grotte où il y a une source d'eau vive qui fut accordée aux prieres de S. Saba.

Après avoir fait nos dévotions, & la collation que ces bons Religieux nous presenterent, nous revînmes à Bethléem pour en partir le jour suivant, & retourner à Jerusalem par le désert de S. Jean & les montagnes de Judée.

Nous passâmes d'abord par la vallée de Sennacherib, dans laquelle un Ange défit son armée en une nuit; & nous arrivâmes à la Fontaine de S. Philippe, où il baptisa l'Eunuque de la Reine Candace. Il y avoit autrefois une Eglise & un Monastere un peu hors du chemin. L'une & l'autre sont à present ruinez. Cette Fontaine est bâtie de pierres de taille, ornée de quelques membres d'architecture, &

Désert de S. Jean, & Montagnes de Judée.

d'un vestibule, du milieu duquel l'eau sort & tombe dans un bassin de pierre, d'où elle se rend dans le torrent *Botri*, ou du Raisin, à cause que ce fut dans la vigne de *Sorvec* qui en étoit proche, que les Espions de Moïse prirent la grappe de raisin qu'ils porterent au camp des Israëlites, qui étoit si grosse qu'elle faisoit la charge de deux hommes. Les Religieux qui nous accompagnoient, nous assurerent qu'il étoit ordinaire dans le tems des vendanges d'en voir de plus de douze livres. On en fait de très bon vin blanc, qui a de la liqueur suffisamment, & assez d'odeur pour passer pour du vin muscat.

Nous quittâmes le grand chemin pour éviter de trouver des Arabes, dont la rencontre est toûjours fâcheuse, & nous arrivâmes par des sentiers détournez sur le haut d'une montagne, où nous trouvâmes une belle plaine.

Il faut avoüer, que si on pouvoit vivre en sûreté dans ce Païs, il y a des solitudes les plus belles & les plus agréables du monde, tant à cause de la diversité des aspects des montagnes, & des vallons qu'elles laissent entre elles, que par le bon air qu'on y respire, que les fleurs naturelles de ces vallons, & les herbes odoriferantes des montagnes embaûment en tout tems. Il est vrai que la plûpart de ces montagnes sont séches & arides, & plûtôt des rochers que des terres propres à être cultivées ; mais l'industrie des anciens Habitans & leur assiduité au travail avoit surmonté ce défaut de la nature. Ils avoient taillé ces rochers en escaliers depuis le pied jusqu'au sommet des montagnes, y avoient apporté des terres, comme on voit sur la côte de Genes, & y avoient planté des oliviers, des figuiers, des vignes, & y semoient du froment & toutes sortes de légumes, qui aidées des pluyes ordinaires des saisons, des rosées qui ne manquent jamais, de la chaleur du Soleil & de la douceur du climat, produisoient en abondance les meilleurs fruits & les plus excellens grains.

On voit encore beaucoup de ces amphithéâtres, que les Maures qui habitent les Villages des environs cultivent avec soin, & qu'ils ont conservé.

Nous marchâmes ensuite dans un vallon de six cens pas ou environ de longueur, qui nous parut être une prairie excellente par la finesse & la verdure de l'herbe, au bout de laquelle nous trouvâmes une vallée plus profonde, plus longue, plus large & incomparablement plus agréable que la premiere, parce que les montagnes qui l'environnoient étoient entrecoupées de petits vallons d'un terrein si gras, si fertile, si couvert de plantes & d'arbres fruitiers, qu'il sembloit que c'étoient plûtôt des jardins cultivez avec art, que des productions de la nature.

Ce qu'on appelle le défert de S. Jean, c'est-à-dire, le lieu où il se retira dès ses plus foibles années, est une grotte ou caverne naturelle dans un gros rocher placé dans le penchant d'une montagne. Nous laissâmes nos bouriques à un vieux bâtiment, fait comme une Chapelle de sept ou huit pieds en quarré, devant laquelle il y a une très-belle source d'eau. On peut croire que nous laissâmes une partie de notre escorte pour les garder. Nous montâmes à pied environ les deux tiers de la montagne par un sentier rude & difficile, au bout duquel nous trouvâmes une esplanade avec un bassin ovale taillé dans le roc, d'environ trois pieds dans son plus grand diametre, deux dans le petit, & autant de profondeur, qui reçoit les eaux de la Fontaine qui est un peu plus haut, qui y sont conduites par un canal taillé dans le rocher, & delà elles coulent dans la vallée à travers les buissons & les rochers. De cette platte-forme, on grimpe un rocher de sept à huit pieds de hauteur, au-dessus duquel on trouve la grotte de S. Jean. Son entrée est si petite & si basse, qu'il faut se courber extrêmement pour y entrer. Elle a encore un trou qui lui sert de fenêtre, qui donne sur le vallon. Cette grotte qui paroît plûtôt un ouvrage de la nature que de l'art, est dans une roche blanchâtre & fort dure d'environ dix pas de longueur du Septentrion au Midi, sur six de large de l'Orient à l'Occident, & huit pieds de hauteur. Sa voûte, comme on le peut croire, est taillée dans le même rocher en ance de panier. Le fond de la grotte vis-à-vis la porte, est occupé par un relais ou banc coupé dans la même roche de sept pieds de long, sur deux de large & trois de haut, qui servoit de lit à S. Jean. Il sert à présent d'Autel aux Religieux qui y disent la Messe.

C'est dans cet endroit éloigné du bruit & du commerce du monde, que le S. Précurseur mena la vie admirable qui est rapportée dans l'Evangile, ne mangeant que des sauterelles & du miel sauvage, ausquelles la tradition du Païs a eu la prudence d'ajoûter des herbes & des fruits d'un caroubier, que l'on voit encore aujourd'hui assez près de la grotte. Si c'est le même, il est bien respectable par sa vieillesse, & par l'honnur qu'il a eu de fournir de la nourriture au plus grand des enfans des hommes.

Sans entrer dans la discussion de cette tradition qui fait violence à l'Evangile, on sçait que le caroubier ou caroulier, est un arbre de mediocre grandeur, qui pousse une quantité de branches & de rameaux qui s'étendent beaucoup, & comme ils sont garnis de feüilles longues, grandes, nerveuses, charnuës & dures, il résiste aux ardeurs du Soleil, & fait un fort bel ombrage. Ses fleurs sont rougeâtres, & les étamines qui remplissent le calice assez déliées. Le pistille se change à la fin en un fruit long quelquefois d'un pied, large d'un pouce & assez plat, d'un rouge obscur, qui n'est à proprement parler qu'une silique remplie d'une substance moëleuse, traversée de quelques cavitez, qui renferment des sémences plates comme celle de la casse.

Les siliques n'ont rien d'agréable au goût, quand on mange ce qu'elles contiennent, quoiqu'elles soient bien mûres ; mais quand on les a fait sécher & qu'elles sont devenuës noires, elles deviennent douces & agréables, & pectorales.

Le miel sauvage est celui que les abeilles font dans les trous des rochers ou des arbres. Il n'est pas moins bon que celui qu'elles font dans les ruches ; on dit même que le sauvage a quelque chose de plus doux, & qu'il est relevé d'une petite saveur qu'on ne trouve point dans celui qui vient des abeilles domestiques. Cela peut venir de ce que les abeilles sauvages prennent leur nourriture sur des fleurs, qui pour être sauvages, & venant sans soin & sans culture, ont plus de force que les autres.

A l'égard des sauterelles, il est assez ordinaire aux Orientaux de les manger après les avoir fait griller. En effet, que peuvent-elles avoir de mauvais ; elles ne se nourissent que de feüilles, de fleurs, de bourgeons d'arbres, & quand ces differentes choses sont bonnes en elles-mêmes, pourquoi produiroient-elles un mauvais effet dans l'animal qui s'en nourrit ? Les Voyageurs qui ont été dans les Indes, rapportent les differentes manieres dont les Peuples de ces Païs-là les accommodent. S. Jean n'y faisoit pas tant de façon, & ne laissoit pas de s'en nourrir. Il est vrai que le Sauveur du monde assure, qu'il ne mangeoit ni bûvoit ; ce qui ne veut pas dire qu'il ne prenoit absolument aucune nourriture ; mais que sa vie étoit si frugale, ses alimens en si petite quantité, que sa vie étoit un jeûne si austere & si continuel, qu'on pouvoit dire qu'il ne bûvoit, & qu'il ne mangeoit point.

Il est vrai que cette solitude l'éloignoit entierement du monde, & lui donnoit tout le loisir necessaire de vacquer à l'Oraison, & de se préparer à l'important Ministére auquel il étoit destiné ; mais elle n'avoit rien de sauvage ni d'affreux. La vûë en est charmante, l'air pur & sain, le climat doux & temperé. Nous y demeurâmes assez de tems pour satisfaire notre dévotion, & nous ne quittâmes qu'avec regret ce lieu, qui inspire de la dévotion & du détachement du monde. Si j'étois appellé au genre de vie Heremitique, je ne voudrois point choisir d'autre retraite.

Nous achevâmes de monter le reste de la montagne, & quand nous y fûmes arrivez, nous fîmes une petite collation assis sur l'herbe, & joüissant de la beauté du païsage & de la vûë charmante du lieu.

Nous reprîmes ensuite notre route, & à trois quarts de lieuës delà, nous trouvâmes la maison de Sainte Elisabeth mere de S. Jean. Les Chrétiens en avoient fait une Eglise, & y avoient bâti un Monastere, qui sont à present ruinez.

La tradition du Païs, est que cette maison n'étoit que la maison de campagne de Zacharie & d'Elisabeth, où ils venoient passer les chaleurs de l'été. Ce qui en reste ne consiste qu'en une petite Chapelle bâtie de pierres de taille, qui n'a d'autre défaut, sinon que la voûte au-dessus de l'Autel est un peu endommagée. Les pluyes acheveront bien-tôt de la ruiner entierement.

Une autre tradition (car ce Païs en est une source des plus fécondes) dit que cette Chapelle a été bâtie précisément à l'endroit où la Sainte Vierge & Sainte Elisabeth se saluerent, & où la Sainte Vierge composa le Cantique *Magnificat* ; il y a un escalier de pierres à droite en entrant dans la Chapelle, par lequel on monte sur la voûte, d'où l'on voit un reste de vieux mur fort épais, contre lequel étoient appuyées les chambres de la Sainte Vierge & de Sainte Elifabeth.

Après avoir refpecté ces lieux, à caufe de la tradition, nous arrivâmes à un petit Village, qui étoit autrefois une Ville de la Tribu de Juda, où le pere & mere du S. Précurfeur faifoient leur féjour ordinaire. Leur maifon a été changée en une Eglife de mediocre grandeur faite en forme de croix, bien bâtie, & qui malgré qu'elle n'eft point entretenuë eft encore fur pied. A côté droit du grand Autel, il y a une petite Chapelle fort obfcure, où felon la tradition le S. Précurfeur eft né, & où Zacharie compofa le Cantique *Benedictus*. Il y a un trou au côté gauche de l'Autel, où Sainte Elifabeth qui étoit une femme prudente, cacha fon cher fils, & le déroba au maffacre des autres Innocens que le Tyran Herodes fit maffacrer.

Delà nous paffâmes à Modin patrie & fepulture des Machabées, & nous arrivâmes au Monaftere de Sainte Croix, qui n'eft qu'à demie lieuë de Jerufalem.

Ce Monaftere qui eft deffervi par des Religieux Grecs, eft dans un lieu très-agréable, tout planté d'oliviers, &

très-fertile en grains & en légumes. Il est enfermé de si grandes & si fortes murailles, qu'il faudroit du tems & des machines pour le forcer. La porte, qui est très-petite, est couverte de lames de fer, & toûjours fermée à cause des courses continuelles que les Arabes font pour le surprendre. L'Eglise est couverte d'un dôme fort éclairé, elle est de grandeur mediocre. Elle a été bâtie par Sainte Helene, ses murailles sont enrichies de peintures à fresque, qui malgré leur antiquité sont encore assez belles. Son pavé est de marbre de pieces de rapport. On nous y montra la place où étoit l'olivier qu'on coupa pour faire la Croix de Notre Seigneur. Cet endroit est marqué par une piece de marbre, où l'on entretient toûjours une lampe allumée. C'est pousser la dévotion bien loin.

En sortant de ce Monastere, nous vîmes le Champ du foulon, ou la piscine superieure qu'il ne faut pas confondre avec celle de Bersabée. Enfin nous entrâmes à Jerusalem par la porte de Bethléem, & nous fûmes au Couvent, où l'on s'empressa de nous bien régaler, pour nous dédommager des fatigues de nos voyages.

CHAPITRE XIX.

Départ de Jerusalem, & Voyage jusqu'à Acre par Emmaüs.

Nous comptâmes avec le Pere Procureur, qui avoit avancé tout l'argent qu'il avoit fallu donner aux Turcs, aux Truchemans, & pour les autres dépenses que nous avions faites. La politesse engage ces bons Religieux à ne demander rien, & à ne taxer personne; mais les Procureurs de la Terre-Sainte, qui sont aux lieux des débarquemens ordinaires, examinent soigneusement ceux qui se presentent pour aller aux Saints Lieux, & quand ils les voyent hors d'état de satisfaire aux dépenses qui sont inévitables, ils les empêchent de passer outre, & leur conseillent de faire le reste de leur voyage en esprit : car les Turcs & les autres font payer également tout le monde, & comme ce sont les Religieux qui répondent de toutes ces sommes, ils se verroient bien-tôt ruinez, s'ils se mettoient en tête de satisfaire à la dévotion de tous les Pelerins.

On commence par payer ce qu'ils

ont avancé aux Turcs, aux Truchemans & aux gens qui fourniſſent les voitures, après quoi on leur fait un préſent pour la nourriture qu'ils ont fournie. C'eſt une aumône qu'on ne taxe point, & que chacun fait ſelon ſes moyens & ſa liberalité. Les François, les Eſpagnols & les Italiens ſont toûjours ceux qui donnent moins pour l'ordinaire, ils ſe contentent de donner vingt, trente ou quarante piaſtres, c'eſt à peu près ce qu'ils peuvent avoir dépenſé. Les Anglois & les Hollandois, quoique d'une Communion differente, en uſent plus genereuſement.

Un Marchand Anglois & un Hollandois qui étoient de ma compagnie, leur donnerent chacun cent ſequins, qui font cent quarante piaſtres ce ſont pour l'ordinaire ceux qui font le moins de bruit, & que l'on contente plus aiſément.

Il faut avoüer, que ces bons Religieux ne ſont pas peu embarraſſez de la diverſité des Nations, qui ſe trouvent dans leur Couvent ; quoiqu'on ait ſoin d'avertir & même de prier inſtamment tous les Pelerins à meſure qu'ils arrivent, de laiſſer à la porte du Couvent leurs préjugez, & les differends qui peuvent être entre leurs Nations & les autres, & qu'ils ne manquent pas de le promettre. Il n'arrive que trop souvent qu'ils oublient leurs promesses, & qu'ils en viennent aux invectives les uns contre les autres, & que leurs querelles particulieres deviendroient generales, & iroient plus loin, si les plus sages ne se joignoient aux Religieux pour empêcher le bruit, & les faire vivre en paix. Rien de semblable n'arriva à notre compagnie. Nous vécumes en paix, & nous fûmes fort contents les uns des autres, & des Religieux qui en userent parfaitement bien avec nous.

La veille du départ, nous allâmes prendre congé du Pere Gardien & des autres Religieux, qui ne manquerent pas de nous venir faire leurs complimens dans nos chambres. Le Pere Gardien & le Pere Procureur nous remercierent de nos charitez, & nous prierent de les excuser, si nous n'avions pas été traitez comme nous le meritions, & comme ils auroient souhaité de le faire, & le jour suivant on nous dit une Messe du grand matin, qui fut suivie d'un ample déjeûner, & après mille embrassades le Pere Gardien & quelques Religieux nous vinrent conduire hors de la Ville, où nous trouvâmes les Truchemans qui nous devoient accompagner, & les montures qui nous devoient porter.

Nous sortîmes par la porte de Bethléem, parce que nous voulions passer à Emmaüs, où nous n'avions pû aller le Lundi de Pâques selon la coûtume. Nous cottoyâmes les murailles Septentrionales de la Ville, sans autre satisfaction que de voir des monceaux de ruines de tous côtez, avec quelques sepultures & Oratoires des Turcs.

Nous vîmes ensuite la Fontaine de Gihon, où Salomon fut proclamé Roi, & laissant à gauche le grand chemin de Rama, nous prîmes à droite, & marchâmes une bonne lieuë sur des rochers & des cailloux, jusqu'au bout de la vallée du Therebinte. Il y a cent endroits fameux dans cette route, dont je laisse le recit à d'autres Pelerins, & nous arrivâmes à Emmaüs sur les dix heures du matin.

Il paroît par les ruines qui l'environnent qu'elle a été plus grande autrefois qu'elle ne l'étoit du tems de Notre Seigneur. Les Chrétiens étant maîtres de la Terre-Sainte la rétablirent un peu, & y bâtirent plusieurs Eglises. C'étoit la dévotion de ce tems, elle étoit bon-

1660.

Emmaüs.

ne, on ne le peut nier ; mais n'auroient-ils pas bien fait d'employer une partie de ces dépenses à fortifier leurs Places, & à entretenir de bonnes troupes sur pied, sans s'attendre aux volées de Croisez, qui venoient de tems en tems ? C'est encore ce qu'on ne peut nier.

Aussi à force de dévotions mal entenduës, de disputes & de querelles particulieres, de mauvais gouvernemens, & de n'avoir le plus souvent que des Legats à leur tête, des Prêtres ou des Moines, ils ont été chassez de la Terre Sainte, sans esperance d'y rentrer si-tôt.

Pour revenir à Emmaüs, ce n'étoit pas la peine de nous détourner de notre chemin, pour ne rien voir que ce qu'on voit par tout ce Païs désolé, des ruines de toutes parts, & rien autre chose : & d'entendre bien des fables habillées en traditions. On me permettra bien de mettre dans ce rang ce qu'on dit de la maison de Cleophas, sur laquelle on avoit bâti une grande Eglise, dont il ne reste que quelques pans de grosses murailles, & rien autre chose.

Après nous être arrêtez peu de momens dans ce triste lieu, nous retournâmes fur nos pas pour paſſer à Silo, qui n'eſt qu'à demie lieuë de la Fontaine des Apôtres.

Nous traverſâmes un Hameau tout rempli de bétail appartenant à des Arabes Bédoüins, dont il porte le nom en partie, puiſqu'on l'appelle *Bedom*. On prétend qu'il ſe nommoit autrefois *Obed Edom*, & l'on nous montra les veſtiges de la maiſon où l'Arche repoſa, trois mois après que les Philiſtins l'eurent renvoyée. Ce Hameau eſt ſur une colline aſſez agréable. Nous côtoyâmes enſuite une plaine de trois lieuës de longueur, & environnée de belles collines. On l'appelle la plaine de Joſué, parce qu'on croit que ce fut en cet endroit que Joſué arrêta le Soleil par un miracle unique en ſon eſpece; & nous arrivâmes au pied de la colline, ſur laquelle étoit bâtie cette Ville ſi ancienne, appellée *Ramathaïm Sophim*. Elle eſt à preſent toute ruinée. Il n'y reſte que quelques maiſons avec une Moſquée aſſez grande & bien entretenuë, que les Turcs & les Juifs ont en grande vénération, parce qu'ils croyent qu'elle renferme le ſepulcre du Prophete Samuel.

Ce fut en ce lieu que les Truchemans & les Religieux qui nous avoient conduits, nous dirent adieu, & s'en retournerent à Jerusalem, pendant que nous prîmes un chemin qui nous mena à Rama, où nous arrivâmes sur les quatre heures après midi. Nous y séjournâmes le lendemain tout entier, pour voir nos amis, & faire préparer un bateau pour nous porter à Acre.

Retour de Rama Acre. Après que le Sieur Antoine Sourbe nous eût donné à dîner, nous allâmes coucher à Jaffa, où nous nous embarquâmes sur le minuit, & aidez d'un vent de terre qui se mit du large à huit heures du matin, nous fit arriver à Saint Jean d'Acre à une heure après midi.

Ce fut là que notre troupe dévote se sépara le 30. Avril. Les uns s'en allerent à Seïde, d'autres à Barut, d'autres à Tripoli. Ceux qui n'avoient d'autre chose à faire que de voyager s'y arrêterent, & m'engagerent d'entrer dans une compagnie de dix-huit personnes, Maîtres, & Valets, pour faire le voyage de Nazareth & du Mont-Carmel. Nous fîmes marché avec des Arabes pour nous fournir des chevaux & des mulets pour nos bagages, ils devoient aussi nous escorter. On leur fit faire le serment accoûtumé, qui consiste à réciter le premier chapitre de l'Alcoran, qu'ils n'oseroient violer sans s'exposer à toute la disgrace de leur Prophete. Ils exigerent de nous que nous mettrions pied à terre, quand nous aurions besoin de faire de l'eau, de crainte qu'il n'en tombât quelque goutte sur leurs chevaux qui en seroient profanez, & qu'ils seroient obligez de savonner & de laver pour effacer cette soüillure ; nous en demeurâmes d'accord.

Mais malgré le serment, nous crûmes qu'il étoit de la prudence de prendre des précautions pour n'être pas insultez par eux, ou par leurs compatriotes ; & pour cet effet, nos amis nous prêterent des mousquetons, des pistolets, & des sabres : car nous n'avions porté aucunes armes dans notre pelerinage des Saints Lieux, où il n'est permis à personne d'en porter, pas même un poignard. On ne souffre que des coûteaux Genois ou Flamands. Ainsi armez, nous n'avions rien à craindre : car dix-huit hommes armez mettront en fuite deux cens Arabes, qui n'ayant pour toutes armes que leurs lances, appréhendent extrêmement les armes à feu.

Nous aurions pû faire ce voyage en partant de Jerusalem ; mais presque toute notre troupe étoit habillée à la Françoife, & cet habit auroit attiré aprés nous tous les Peuples, & quoique nous euffions pû faire, nous euffions été expofez à des avanies. Nous prîmes tous des habits à la Turque, avec des turbans blancs traverfez de lignes rouges : car il n'y a que les Turcs qui peuvent porter le turban tout blanc.

CHAPITRE XX.

Voyage à Nazareth & au Mont-Carmel.

CE fut la complaifance feule que j'eus pour mes amis, qui m'engagea à cette nouvelle fatigue : car j'étois las de voir des Villes ruinées & des murailles abattuës ; mais je ne pus me refufer à leurs importunitez.

Nous partîmes de S. Jean d'Acre fur les huit heures, au nombre de dixhuit Européens, Maîtres & Valets, armez chacun d'un moufqueton ou d'un fufil, d'une paire de piftolets & d'un fabre. Nous avions huit mulets de bagage, & trente Arabes à cheval avec nous. On compte huit lieuës d'Acre à Nazareth.

Nazareth. Nous trouvâmes la plaine d'Acre, qui a trois lieuës de largeur, laissant à droite & à gauche nombre de Villages, qui étoient autrefois des Villes considerables, si on en croit les gens du Païs. Cette campagne, quoique sablonneuse, ne laisse pas d'être fertile en grains, en légumes & en cotton. Mais l'air y est mal sain pour les Etrangers, parce que le Soleil donnant à plomb sur ces terres legeres, les échauffe extraordinairement, & corrompt les eaux des pluyes & des rosées, qu'il éleve en vapeurs épaisses & putrides, qui corrompent l'air, & causent des maladies dangereuses.

1660.

Il y a peu d'arbres fruitiers, je ne sçai si c'est par la negligence des Habitans, ou par quelque autre raison : car le terrein semble y être très-propre. La vie n'y est pas si bonne ni si aisée, qu'elle l'est communément dans les autres lieux. Le pain y est bon dans les endroits où il y a des Francs, parce qu'ils le font faire chez-eux, & quant à la viande, la plus ordinaire n'est que des boucs châtrez, qui seroient excellens s'ils les mangeoient plus jeunes. Les poules & les chapon n'y ont pas un si bon goût que dans les Païs des environs, non plus que les pigeons

Tome II. M

domestiques ; mais les ramiers, les perdrix, les liévres, les lapins & les oiseaux de mer sont bons.

Les herbes étoient si hautes dans cette plaine, qu'elles couvroient entierement les chemins, & nos guides avoient de la peine à ne pas s'égarer. Nous fîmes ensuite environ deux lieuës dans des plaines, & sur de petites collines fort agréables, & qui paroissoient fort fertiles, jusqu'à un détroit fermé par deux montagnes chargées d'arbrisseaux, qu'on appelle *Marbat*, qui veut dire en Arabe ligature. Les gens du Païs donnent ce nom à tous les endroits où les Arabes ou Voleurs (car ce sont des noms synonimes) se mettent en embuscade pour lier, pour ainsi dire, & pour fermer les chemins, & y dévaliser les passans. Ce *Marbat* est un des plus célébres & des plus dangereux de toute la Galilée. Nous le passâmes avec précaution, nos armes bandées & bien amorcées à la main. Nous ne trouvâmes personne, & quand il se seroit présenté deux cens Arabes, ils n'auroient gagné que des coups avec nous.

Ce détroit franchi, nous entrâmes dans la grande plaine de Zabulon. Elle est longue, belle, fertile & semée de toutes sortes de grains ; mais sans Villes ni Villages. Elle a environ une lieuë de largeur. Nous trouvâmes enfuite une belle campagne couverte d'oliviers & d'autres arbres, arrosée de plusieurs petits ruisseaux qui tombent des montagnes. C'est le territoire de Safouri, Village qui a succedé à une Place forte du même nom, qui étoit la patrie de Saint Joachim & de Sainte Anne. Elle est maintenant ensevelie sous ses ruines, & le méchant Village qui est à sa place, n'est habité que de quelques Chrétiens & de Maures qui font valoir les terres des environs.

1660.

Sainte Helene avoit fait bâtir une belle Eglise sur la maison de Sainte Anne, il n'en reste plus que la voûte du chœur, & une Chapelle qui sert de logement à quelques Maures.

Ayant côtoyé une montagne qui est à l'Orient de ce Village, nous montâmes une colline qui est au Nord de Nazareth, d'où l'on découvre cette Ville qui est au fond d'une vallée.

Nazareth n'a pas changée de nom; elle est située au pied d'une montagne, & elle est environnée de tous côtez par des montagnes & des collines qui laissent à leurs pieds une petite vallée ingrate, où il n'y a que des chardons & des pierres.

M ij.

Elle n'est habitée aujourd'hui que par les Religieux de la Terre-Sainte, & par quelques pauvres Chrétiens qui sont attachez à leur service, & que leurs aumônes font subsister, & par quelques Grecs. Ils logent dans des grottes fermées de méchantes portes, que les Arabes leur volent assez souvent.

Nous allâmes droit au Couvent. Les Religieux nous reçûrent fort honnêtement, & nous conduisirent au Refectoir, d'où après nous être rafraîchis & reposez, ils nous conduisirent par un petit escalier taillé dans le roc, à une grotte devant laquelle est une Chapelle bâtie de briques sur la maison de la Sainte Vierge ; il n'en reste plus que les fondemens que les Anges jugerent à propos de laisser, quand ils transporterent cette sainte maison en Italie, selon la tradition de ces Païs.

On dit qu'il y a eu des Pelerins qui ont eu la curiosité de mesurer l'une & l'autre, & qui ont trouvé les mesures justes.

Cette Grotte donne dans une basse-cour, d'où l'on entre dans la maison par une porte basse & étroite, avec une petite fenêtre qui éclaire la Chapelle de briques, qui a vingt-cinq pieds de long, onze de large, & treize de hauteur ; c'est sur cette Chapelle qu'on a pratiqué cinq ou six petites chambres pour les Religieux.

1660.

De la Chapelle on entre dans une Grotte taillée dans le roc, qui a quatorze pieds de longueur, six de large, & neuf de hauteur, & au bout de celle-ci on en trouve une autre plus petite, qui sert de Sacristie.

Ces Grottes & la Chapelle de briques ne font qu'un corps de Chapelle, où il y a quatre Autels. Les deux premieres sont dédiées à S. Joachim & à Sainte Anne, & le grand Autel à la Sainte Vierge, il est sous l'arcade que forme l'entrée de la Grotte. Cette Grotte est toute nuë. Sainte Helene, qui a laissé en tant d'endroits des monumens de sa pieté, n'y a pas osé toucher par respect.

Vis-à-vis l'Autel, du côté de l'Occident, & proche l'entrée de la Grotte, il y a deux colonnes de marbre gris de deux pieds de diametre, & de dix pieds de hauteur, éloignées l'une de l'autre d'environ deux pieds, qui marquent, selon la tradition, les places où étoient la Sainte Vierge & l'Ange, quand il lui annonça le Mystere de l'Incarnation. Le haut de ces colonnes est enchassé

M iij

dans la voûte naturelle de la Grotte, & les bases posées sur le plancher. Les Arabes s'étant imaginez qu'on avoit caché un trésor sous ces colonnes, vinrent en rompre une par sa base, & en ont enlevé environ un pied & demi, & ayant fouillé sous la base sans rien trouver, ils se retirerent sans toucher à l'autre, voyant bien qu'ils perdoient leur tems. Ce qu'il y a de merveilleux, & qu'on regarde comme une espece de miracle, c'est que cette grosse masse de marbre demeure suspenduë en l'air, ne tenant qu'à la voûte de la Grotte, & son pied n'étant point appuyé.

Les Turcs, les Maures & les Chrétiens du Païs de toute espece ont une grande vénération pour ces colonnes. Dès qu'ils sont malades, ils viennent passer & repasser entre elles, s'y frottent le dos, le ventre, les bras, les cuisses, les jambes, la tête, le visage, la barbe, en un mot, toutes les parties où ils sentent de la douleur, & s'en retournent guéris de leurs maladies, après qu'ils ont dit l'Oraison suivante. La voici en Arabe, peut-être a-t'elle plus de force en cette Langue.

Ya Mairam al aadra, y a batoul alsbetlat, sâli la genela vegatina al aafié.

C'eſt-à dire, ô Marie, Vierge des Vierges, ô Mere de Chriſt, priez pour nous, & nous donnez la ſanté.

Tout ce Couvent ne conſiſte qu'en ce petit Dortoir, qui eſt au-deſſus de la Chapelle de briques. Le Refectoir, la cuiſine & les autres offices ſont bâtis ſur les reſtes d'une Egliſe, que Sainte Helene avoit fait bâtir auprès de la ſainte Grotte, du côté de l'Orient.

On a pratiqué des chambres pour loger les Pelerins dans quelques reſtes de voûtes des Chapelles. On les a couvertes avec des ſoliveaux & de la terre. Mais comme ces endroits ſont dangereux & fort mal ſains, on aime mieux coucher ſur des nattes dans le Refectoir avec les couvertures que l'on a ſoin d'apporter avec ſoi: car les Religieux ont été ſi ſouvent pillez par les Arabes, qu'ils n'ont plus de meubles que ce qu'il y en a dans leurs chambres.

Ils ont une grande cîterne qui leur fournit de l'eau, & qui leur ſert encore à cacher ce qu'ils ont de meilleur. Ils y jettent leur vaiſſelle, leurs uſtenciles & les vaſes ſacrez. Ils ont pratiqué des trous dans les murs de la cîterne, où ils cachent les ornemens de l'Eglife, & les autres chofes que l'eau pourroit gâter.

Depuis quelque tems ils fe font pourvûs de moufquetons, & avertis par un gros chien qu'ils nourriffent à cet effet, de l'approche de ces voleurs, ils tirent quelques coups en l'air, & il n'en faut pas davantage pour mettre ces pillards en fuite.

Ils ont foin de tenir leur porte bien fermée, & de ne l'ouvrir que quand ils ont reconnu ceux qui demandent à entrer. Ils ont auffi exhauffé la muraille d'un jardin potager, qu'ils ont fait devant leur Refectoir, fans quoi ils ne pourroient rien conferver : car la haine ancienne que les Villes ou Villages avoient contre Nazareth, eft encore aujourd'hui auffi vive; & quand ces anciens ennemis fe croyent en état d'affouvir leur vengeance, ils n'y manquent jamais, ils pillent, ils brûlent, ils renverfent tout ce qu'ils ne peuvent pas emporter, & fans les moufquetons, je crois que les Religieux & les Chrétiens qui les fervent auroient été obligez d'abandonner ce faint lieu.

Environ à cent pas du Couvent, & vers l'endroit que l'on fuppofe avoir été le milieu de la Ville, on voit un vieux bâtiment de pierres à moitié ruiné, qui ne sert plus qu'à loger des chévres. On prétend que c'étoit la Synagogue où Notre-Seigneur prêchant aux Juifs, & leur expliquant ce verset d'Isaïe, *Spiritus Domini super me*, dont il se faisoit l'application aussi juste qu'elle étoit veritable, ces aveugles volontaires ne pouvant y trouver à redire, le conduisirent sur le haut de la montagne, où il y a un précipice affreux, où ils le vouloient précipiter. Les Chrétiens du Païs disent, que Notre-Seigneur se cacha dans une Grotte en forme de niche, & que ce fut ainsi qu'il s'échappa de leurs mains. Cette tradition fait violence au Texte de l'Evangile, qui assure que Notre Seigneur passa au milieu d'eux, & se retira. *Ipse verò per medium illorum ibat*.

Nous vîmes sous la conduite des Religieux, qui voulurent bien nous accompagner, d'autres lieux que la tradition rend respectables, mais peu assurez, comme je l'ai remarqué plusieurs fois.

Nous demeurâmes deux jours entiers à Nazareth, & nous en partîmes le quatriéme dès la pointe du jour, & nous arrivâmes à un Village appellé *Reina*, d'où après avoir monté une petite colline, nous vîmes sur le rocher quatre vestiges de pieds enfoncez de plus de quatre pouces dans le rocher, fort éloignez les uns des autres, que les gens du Païs appellent les pas du Prophete Jonas. Son tombeau veritable ou supposé, est près delà dans une petite Mosquée, où l'on ne nous permit pas d'entrer.

Nous vîmes ensuite les puits de Cana. C'étoit une Ville réduite à present en Village. On y voit une Eglise que Sainte Helene avoit fait bâtir sur la maison où l'on faisoit la nôce, dans laquelle Notre-Seigneur fit son premier miracle, & changea l'eau en vin. C'est un bâtiment de pierres de taille fort ancien, partagé en deux par une grande cour. Celui qui est à droite, étoit l'Eglise longue de quarante pas & large de vingt, dont la voûte étoit soûtenuë par un rang de colonnes. Elle est encore toute entiere. Les Maures en avoient fait une Mosquée, quand le Village étoit habité. Le bâtiment de la gauche étoit selon les apparences le logement des Ecclesiastiques, qui desservoient l'Eglise, & ensuite des Derviches. On a gravé sur la porte de la cour trois vases en façon de cruches antiques, pour representer les cruches dans lesquelles Notre-Seigneur changea l'eau en vin ; mais n'en déplaise aux Sculpteurs & aux Dessinateurs, il y en avoit six, & c'est une impertinence bien grande de retrancher la moitié du miracle, pour s'accommoder à la petitesse du lieu ou au trop gros volume des cruches. Les Moines de S. Denys en France montrent les fragmens d'une de ces cruches. Je crois que leur tradition sur cet article, se peut mettre avec les autres dont ce Païs est farci. Quoiqu'il en soit, cette Ville fameuse réduite en Village est entierement inhabitée, & nous n'y pûmes trouver personne qui pût nous donner le moindre éclaircissement.

Nous passâmes ensuite par cette belle plaine si fertile & si bien cultivée, où les Apôtres cüeillirent des épis de bled, qu'ils mangerent un jour de Sabat, & delà nous fûmes à la montagne des Beatitudes, & enfin nous arrivâmes à la Ville de Tiberia. Herodes l'avoit fait rebâtir, & l'avoit dédiée ou consacrée à Tibere, & étendit sa domination au Lac ou Mer de Genezareth, à qui il fit changer de nom, & l'appella la Mer ou le Lac de Tiberiade. Elle étoit beaucoup plus longue que large, parce qu'elle étoit bâtie au pied d'une montagne escarpée,

M vj

qui la ferroit d'un côté & le Lac de l'autre.

Une femme Juïve fort riche y avoit fait faire un enclos fermé de murailles, pour y loger les gens de fa Nation. Les Turcs l'ont trouvé mauvais, & les en ont chaſſez depuis quinze ans. On voit quantité de gros palmiers dans cet enclos & aux environs.

Le Château qui étoit vers le milieu de la Ville, eſt à preſent tout ruiné, il n'en reſte qu'une partie du Donjon, dans lequel on peut ſe mettre à couvert. Il y a quelques maiſons habitées par des Maures Pêcheurs, auſquels on donne quelque choſe pour le caffar ou péage.

On voit ſur le bord de la mer une Egliſe fort entiere de vingt-cinq pas de long, & de quinze de large, dédiée à S. Pierre, où l'on remarque quelques reſtes de peintures ſur les murailles. Elle ſert à preſent d'étable pour les bœufs & pour les chévres.

Nous campâmes dans les ruines du Château, & ayant fait pêcher par les Maures, nos Valets accommoderent le poiſſon qu'ils prirent. Il eſt bon frit ; mais il eſt ſi plein d'arrêtes, qu'il n'eſt pas bon à toute autre ſaulce.

Il y a une Fontaine d'eau minerale à

cent pas du Château. Elle est si chaude qu'on n'y sçauroit tenir le doigt. Elle se rend dans deux petits réservoirs où elle perd un peu de sa chaleur & devient potable. Ils sont couverts d'un pavillon où les malades se logent quand ils vont prendre de ces eaux.

La mer de Tiberiade, de Galilée ou de Genezareth, qui sont des termes synonimes, a environ six lieuës de longueur & trois de largeur. Il y avoit autrefois nombre de bateaux sur ce lac, qui passoient, qui trafiquoient & qui pêchoient, la tyrannie des Turcs & leurs exactions continuelles sont cause qu'il n'y en a plus à present. Toutes les Villes qui étoient sur les bords de ce lac sont entierement ruinées.

Nous couchâmes dans le Donjon tout à découvert, & le lendemain de grand matin nous partîmes pour aller au mont Thabor.

Nous trouvâmes sur le haut de la montagne quelques restes des anciennes fortifications de Tiberiade, qui s'étendoient jusques-là, & puis nous entrâmes dans une belle & fertile plaine, & traversant plusieurs Villages, nous arrivâmes à un lieu nommé *Aain Ettujar*, c'est-à-dire, la Fontaine des Marchands.

C'est un Château quarré, flanqué de quatre Tours, qu'on a bâti sur le penchant d'une colline, sur le chemin de Damas en Egypte. C'étoit en cet endroit que les Arabes attendoient les Caravannes, & qu'ils les voloient quand ils se trouvoient les plus forts. Ce Château les met à couvert de ces brigandages. Il y a une Garnison de Janissaires commandée par un Soubachi, qui dépend du Pacha de Safet. Il commande en même-tems les petites Garnisons, qui sont dans deux Tours de l'autre côté du chemin. Elles défendent le Khan ou Caravansera, où les Caravannes logent. Ce Khan est très-beau & très-bien entretenu. Il est accompagné d'une belle Mosquée, dont le dôme est couvert de plomb. Tous ses bâtimens sont accompagnez de fontaines, il y en a même dans les appartemens; rien n'est plus propre & plus commode. On tient tous les jours un marché dans cet endroit, où l'on trouve à un prix fort raisonnable tout ce qui est necessaire à la vie, & même des marchandises.

Le Soubachi se trouva être de mes amis; je l'avois connu & fait amitié avec lui chez le Pacha de Safet; il me fit toutes les politesses imaginables, &

en ma consideration il donna à dîner magnifiquement à toute ma compagnie, & ne voulut point recevoir les dix-huit piastres, que nous étions obligez de lui payer pour le caffar. Nous en distribuâmes une partie à ses domestiques, qui avoient eu soin de nos chevaux & de nos Valets, & nous fîmes acheter les provisions dont nous avions besoin pour le reste de notre route. Mais comme nous étions prêts à monter à cheval, il survint une Caravanne d'Egypte qui alloit à Damas, qu'il fallut laisser défiler. Par malheur il s'y trouva de ces Maures qui avoient été chassez de Gigery, qui nous dirent toutes les injures dont ils sont capables, & nous chargerent de malédictions. Mes compagnons qui n'entendoient pas l'Arabe, ne sçavoient à qui ces gens en vouloient; j'eus la charité de leur expliquer.

1660.

Les gens du Païs nous dirent que c'étoit en cet endroit, que Joseph avoit été vendu par ses freres aux Ismaëlites qui alloient en Egypte, où il fit cette fortune prodigieuse rapportée par l'Ecriture-Sainte; ils nous montrerent la cîterne séche où il avoit été mis, elle est en vénération à cause de cela.

Les eaux d'*Aain Ettujar*, sont les

sources du torrent de Cisson, qui passant dans les fonds de plusieurs vallées, & dans la plaine d'Esdrelon, reçoit plusieurs ruisseaux qui viennent du Mont-Carmel, & va se perdre dans la riviere de Caïpha, qui se jette dans la Mediterranée au Golphe d'Acre.

Après avoir pris congé du Soubachi de *Aain Ettujar*, nous suivîmes le torrent vers le Midi, & après avoir monté & descendu plusieurs collines, nous arrivâmes au pied du mont Thabor au Midi, où nous mîmes pied à terre.

Le Mont Thabor est une montagne seule, séparée de toutes les autres, qu'elle a du côté du Septentrion, qui sont plus petites qu'elle. Sa figure est ronde à peu près comme un cone, ou comme un pain de sucre émoussé. Elle paroît avoir un bon mil de hauteur, & une demie lieuë de diametre. Elle est toute couverte de chênes verds & d'autres arbres, arbrisseaux, & de plantes odoriferantes. On a pratiqué des chemins & des sentiers sur le côté qui regarde le Midi, qui conduisent à son sommet en serpentant, qui sont si commodes qu'on y peut monter à cheval. Je pris ce parti, laissant aux plus dévots la liberté d'y monter à pied comme ils firent, pendant que nos Arabes garderent leurs chevaux & leurs mulets.

Quand on est au pied il semble qu'elle se termine en pointe, & quand on est arrivé au sommet, on est étonné d'y trouver une plaine qui a bien trois mille pas de circonference, toute remplie de beaux arbres.

On y voit un grand enclos de murailles ruinées, avec des restes de tours & de fossez comblez en partie, qui dénotent qu'il y a eu en cet endroit un Château considerable, au milieu duquel il y avoit une place d'armes quarrée, avec des cîternes, des bains, des caves, dont les voûtes ont resisté à l'injure des tems.

Il y a une petite hauteur du côté de l'Orient, qui est le lieu où, selon la tradition, Notre-Seigneur se transfigura. Sainte Helene avoit fait bâtir une belle Eglise en cet endroit, en memoire de ce mystere. En sa place, car elle est ruinée, il y a un bâtiment qui paroît plus moderne, & qui pouroit être du tems des Croisades, avec trois petites Chapelles en tabernacles, qui paroissent être dans une cave, ou dans une grotte. Il est enseveli sous ses propres ruines. Nous trouvâmes la porte comblée, nous la fîmes découvrir par nos Arabes, & nous entrâmes dans une allée qui nous conduisit dans un petit vestibule composé de quatre arcades en croix, dont la premiere fait l'entrée. Celle du fond qui lui fait face, est le lieu où étoit Notre-Seigneur, & que l'on appelle son Tabernacle, & les deux qui sont à côté sont consacrez à Moïse & à Elie. Chacun a son Autel, où nos Religieux dirent la Messe le jour suivant, pendant que nos valets armez garderent l'entrée pour n'être pas surpris par les Arabes, ou par des gens du païs qui gardent les troupeaux de chevres qui paissent dans cette plaine, ou qui y viennent à la chasse des sangliers qui paissent les glands qui sont sous les chênes.

Après avoir fait nos dévotions, nous sortîmes de ce lieu vénérable, & nous allâmes nous promener pendant qu'on préparoit le souper, & une tente legere que nous avions eu la précaution de porter avec nous. Nous soupâmes joyeusement, & ayant partagé entre nous les veilles de la nuit pour n'être pas surpris, nous nous couchâmes sur l'herbe, chacun ayant ses armes à son côté, & prêts à nous lever au premier avis des sentinelles.

Il ne nous arriva rien de fâcheux ; nous dormîmes en paix, & dès qu'il fut jour nous retournâmes à la grotte où l'on dit la Messe, & où plusieurs Pelerins firent leurs dévotions ; après quoi nous allâmes nous promener dans cette plaine délicieuse où l'air étoit frais & serein, & parfumé de l'odeur des plantes aromatiques qui y sont répandues de tous côtez. J'aurois été fâché de n'avoir pas fait ce voyage.

Nous dînâmes auprès d'une citerne où il y avoit de très-bonne eau, & nous considerâmes avec plaisir cette vaste plaine d'Esdrelon dont je parlerai dans un autre endroit. La vûë ne peut être plus belle, plus étenduë, plus diversifiée qu'elle l'est sur cette belle montagne.

On voit le torrent de Cisson qui, après avoir serpenté dans la plaine, s'approche insensiblement du Mont-Carmel. On y découvre les plaines de Galilée, d'Esdrelon, de Magedo, de Saran ; elle est bornée au Nord par les montagnes de Nazareth où est le précipice, par le Mont Thabor à l'Orient, & par les montagnes de Gelboé, où Saül & ses enfans périrent ; elles sont séches & pelées ; au Midi par le Mont Hermon, où est le village de Naïm, où Notre-Seigneur ressuscita le fils de la veuve; & par les montagnes de Samarie, & à l'Occident par le Mont Carmel.

On voit encore du haut du Thabor une partie de la plaine de Jerico & de la Mer morte, la montagne de la Quarantaine, & dans un tems bien serein on pourroit voir Jerusalem.

Nous avions peine à quitter ce lieu, tant il est charmant; mais l'heure nous pressant, parce qu'il n'y avoit pas de tems de reste pour arriver à Nazareth, nous prîmes enfin le parti de descendre. Je fis mener mon cheval par la bride, & je descendis à pied. Nous remarquâmes sur la gauche du chemin un gros quartier de mur de pierre de taille taillée en pointe de diamant, avec quelques membres d'Architecture. Les arbrisseaux & les broussailles dont le reste étoit couvert nous empêcherent d'en voir davantage.

Au pied du Mont Thabor, que les Arabes appellent simplement Tor, nous vîmes un petit village qu'on dit être la patrie de Debora, & les restes de l'ancienne Ville de Thabor, auprès de laquelle il y a une fontaine où l'on prétend que Notre Seigneur laissa neuf de ses Apôtres quand il monta sur la mon-

...agne avec les trois autres. Cette fontaine est très-commode pour ceux qui viennent de la montagne.

Nous côtoyâmes ensuite la plaine d'Esdrelon, & nous arrivâmes à un village bâti sur le penchant d'une colline, où il y avoit une belle Eglise, que les Turcs ont changé en Mosquée, & qu'ils entretiennent à cause de cela avec soin.

Nous arrivâmes à Nazareth sur les six heures du soir; nous soupâmes du reste de nos provisions, & couchâmes dans le refectoir avec nos armes en état, parce que les Religieux avoient eu avis que les habitans de Reina devoient venir attaquer le Couvent pendant la nuit, & enlever tout ce qui s'y trouveroit. Il y a apparence qu'ils furent avertis qu'on les attendoit, & que nous étions disposez à les bien recevoir, car ils ne se présenterent point, & ils firent sagement.

Le lendemain après avoir entendu la Messe & déjeûné, nous remerciâmes les Religieux, leur fîmes quelques aumônes, & nous partîmes pour aller au Mont-Carmel. Après avoir passé quelques collines, nous côtoyâmes la plaine d'Esdrelon jusqu'à une petite butte de terre sur le bord du torrent de Cisson, & au pied du Mont Carmel, où le Prophete Elie fit tuer les quarante faux Prophetes de Baal.

Ce qu'on appelle le Mont-Carmel est une chaîne de montagnes qui forment à peu près la figure d'une harpe; & quoiqu'on la marque au singulier, il est pourtant certain qu'on pourroit dire sans erreur, les Montagnes du Carmel.

On pourroit dire la même chose du Mont Liban, qui n'est pas une seule montagne comme le Mont Thabor, le Mont Hermon, le Mont Olivet & plusieurs autres qui sont réellement séparez des autres qui les environnent.

Les Montagnes des Alpes & des Pyrénées sont en Europe ce que les Montagnes du Carmel & du Liban sont dans la Syrie.

Le Mont Carmel est sur le bord de la mer Mediterranée, entre la Galilée & la Samarie. Une de ses principales pointes avance assez considerablement dans la mer, & forme un Cap ou Promontoire des plus considerables & des plus élevez de la côte de Syrie & de Palestine. Il est borné au Septentrion par le Golphe d'Acre, ou de Ptolemaïde, & les ruines de la ville de Caïpha; à l'Orient par la grande plaine d'Efdrelon & les Montagnes de Nazareth; au Midi par celle de Sauarie & de Cefarée de Paleſtine, & par la Mer Mediterranée à l'Occident.

1660.

Ce côté feptentrional du Mont Carmel a environ quatre lieuës de longueur, depuis l'angle oriental juſqu'à l'occidental ; celui de l'angle du Midi au Nord en a huit ; de forte que l'étenduë de cette montagne peut avoir vingt à vingt-deux lieuës de circonference.

Les Montagnes du Septentrion font beaucoup plus hautes que les autres qui à proprement parler font plûtôt des collines dont les revers & les vallons font de terres labourables, graſſes, profondes, & extraordinairement fertiles, & qui produiroient fans peine, & d'une maniere furprenante, fi elles étoient en d'autres mains qu'en celles des Arabes & des Maures. Ces derniers font plus laborieux que les premiers; mais ils ne s'occupent prefque qu'à la culture des grains. Il y avoit autrefois bien plus de vignes qu'il n'y en a à prefent. Les Chrétiens qui habitent une partie des villages, n'en cultivent qu'autant qu'il leur faut de vin

& de raisins secs pour leurs besoins. Ils négligent encore la culture des arbres fruitiers qui y viendroient en perfection, & donneroient des fruits excellens, comme il est aisé de voir par ceux qu'on y recüeille, quoique les arbres soient la plûpart des sauvageons. Ils s'attachent davantage au jardinage. Ils ont entre autres choses des melons délicieux, & des pastegues d'une bonté qui ne le cede pas même à celles du Royaume de Naples & de l'Amerique.

On les appelle Melons d'eau dans l'Amerique, & on a raison ; car il semble que sous leur peau verte & lisse ils ne soient composez que d'une eau congelée, sucrée & agréable. Cette chair dans quelques-uns est rouge, surtout vers le cœur, avec des graines applaties comme celles des citroüilles, dont l'écorce est noire ou rougeâtre, qui contiennent une amande blanche, délicate & d'un bon goût ; elle est huileuse ; on en tire une huile qui, contre la nature des autres huiles, est froide, & sert aux maladies de la peau, & aux inflammations.

Celles qui ont la chair blanche sont aussi bonnes & aussi délicates ; cependant on les estime moins. Il y a peut-être

être du préjugé dans cela plus que de raison.

Les unes & les autres peuvent tenir lieu de boisson ; elles fondent dans la bouche, défalterent & rafraîchissent parfaitement. On peut en manger tant que l'on veut, quand elles sont mûres, sans aucun danger ; cela est si vrai que dans l'Amerique on en donne aux malades qui ont la fiévre.

Les montagnes qui paroissent les plus seches & les plus arides, sont couvertes de chênes verds & d'autres arbres. On y voit aussi des oliviers ; mais ils n'ont pas l'industrie d'accommoder les olives comme on les accommode en Provence & en Languedoc. Ils se contentent de les saler, ou de les mettre dans une saumûre.

L'air de toutes ces montagnes est très-bon. Quelque chaleur qu'il fasse au bord de la mer & dans les autres lieux, on est exempt de ces violentes chaleurs ordinaires dans la Syrie & dans la Palestine, parce qu'il ne manque jamais de s'élever tous les matins un vent de mer, qui est assez frais pour corriger l'ardeur du Soleil.

Toutes ces montagnes nourrissent une infinité de bœufs, de moutons, de chévres, de liévres, de lapins, de perdrix, de gazelles & autres especes d'animaux.

La gazelle est une espece de biche, belle, douce, qui s'apprivoise aisément, & qui est une excellente nourriture. Les animaux à quatre pieds y sont excellens, parce que les herbes odoriferantes qu'ils mangent leur donnent un fumet exquis. D'ailleurs la quantité de grains qu'on recüeille dans tout le païs fait que les volailles domestiques y sont sans nombre, très-grasses & très-bonnes.

Le Mont-Carmel & ses dépendances sont au pouvoir des Arabes. L'Emir Turabey en étoit le Seigneur ou le Gouverneur presque indépendant du Grand Seigneur, qui n'y est pas tout-à-fait le Maître, comme des autres païs de son vaste Empire.

On pourroit comparer ce Prince & les autres Seigneurs Arabes, à ces Seigneurs qui demeurent sur leurs terres, & qui vivent avec leurs vassaux plûtôt en bons Peres de famille qu'en maîtres absolus. On en trouve peu dans le reste du monde; mais on en trouve ici. Leurs Sujets sont de deux sortes. Ils appellent Maures ceux qui sont Mahometans, quoiqu'ils soient blancs, ou tout au plus bazanez. Les autres sont des Chrétiens de toutes sortes de Rits. Ils ne font point de distinction des uns aux autres. Ils vivent tous à leur aise, & en payant à leurs Seigneurs une certaine taxe moderée, en grains, en bestiaux, & autres choses que la terre fournit, ils menent une vie douce & aisée, sans être forcez à des contributions exorbitantes, comme les autres Sujets du Grand Seigneur, que les exactions & les tirannies des Pachas, des Gouverneurs, & des Cadis mettent souvent au désespoir, & les contraignent d'abandonner leurs biens & leurs maisons, parce qu'ils ne peuvent assouvir l'avarice insatiable de ces Officiers, qui pour l'ordinaire changent de Gouvernement tous les ans, & cherchent avidement à se payer avec usure des sommes qu'ils ont avancées au trésor du Grand Seigneur, & à leurs Patrons & Protecteurs.

Aussi les Turcs ne sont point aimez dans tous ces Païs. C'est trop peu dire; on les haït souverainement, on les regarde comme des usurpateurs & comme des tyrans que l'on voudroit voir détruire. Il est certain que si les Princes Chrétiens s'unissoient pour les chasser, les Arabes se mettroient de la partie, & aideroient puissamment à cette bonne œuvre. On n'y voit guéres de Turcs que les Chaoux, qui apportent les ordres du Grand Seigneur ou des Pachas à l'Emir Turabey, à qui on a donné le titre de *Sangiac-Bachi*, qui est à peu près le titre de Gouverneur de Province, moins pour lui faire honneur, que pour le tenir dans une espéce de dépendance qui lui fait bien de la peine, & dont il secoüeroit le joug, s'il étoit en état de le faire impunément.

Outre tous les Villages renfermez dans l'étenduë du Carmel, il y a encore les Villes de Caïpha, Château-Pelerin, Tartoura & Céfarée de Palestine, qui sont sur la côte occidentale de la Montagne. J'en ai parlé ci-devant dans mon voyage de Gaza, auquel je renvoye le Lecteur.

Je reviens à present à la plaine d'Esdrelon, & à la côte orientale du Carmel.

Cette plaine a dix lieuës de longueur ou environ. Elle est extrêmement fertile en toutes sortes de grains; mais elle n'a point d'arbres; de sorte que quand on la regarde de dessus quelqu'une de ces montagnes dans le mois de Mai, lorsque les bleds sont assez avancez & agitez par le vent, il semble que ce soit une mer agitée.

Les Arabes de l'Emir Nasser qui est d'une famille distinguée de celle de l'Emir Turabey, campent ordinairement dans cette plaine. La grande tente noire de ce Prince, environnée de toutes celles de ses Sujets, fait un point de vûë tout-à-fait agréable. Il choisit cette plaine préférablement aux montagnes, à cause des pâturages dont il a besoin ; mais il y est peu en sûreté, & peut être aisément surpris par ses ennemis, qu'il ne peut pas découvrir de loin ; au lieu que l'Emir Turabey campe toûjours sur des hauteurs, d'où ses sentinelles découvrent aisément ceux qui viennent, & par les avis qu'ils donnent, ils mettent leur Prince en sûreté.

Il y a une butte de terre sur le bord du torrent de Cisson ; elle est ronde & platte à son sommet, avec un arbre assez beau. C'est le point qui forme l'angle oriental du Mont Carmel. On prétend que le Prophete Elie ne voulant pas soüiller du sang des faux Prophetes de Baal le lieu qu'il avoit choisi pour offrir son sacrifice au vrai Dieu, il les fit descendre de la montagne, & les fit égorger sur cette butte. Les

Arabes l'appellent *Mocataa*, c'est-à-dire Massacre. Ils ont donné ce nom à tout ce canton du Carmel qu'ils appellent *Raaf al Mocataa*, c'est-à-dire, le Cap d'Occision ou du Massacre. Il pourroit bien être que le nom de Cisson vient encore de cela, qu'on l'ait dérivé du mot Latin *Cædere*, qui signifie la même chose.

Quand on est monté du torrent de Cisson sur le haut de la montagne qui forme le Cap du Massacre, & l'angle oriental du Carmel, on voit un grand rond en forme de bassin, autour duquel il y a douze grosses pierres, qui marquent les douze Tribus d'Israël. On prétend que c'étoit dans le centre de ce bassin qu'étoit l'Aurel que le Prophete avoit fait élever. Les Juifs ont cet endroit en singuliere vénération, & y passent quelquefois les nuits entieres à prier Dieu, & à lire les chapitres de l'Ecriture Sainte, qui ont rapport à cet événement fameux. Une autre de leurs dévotions est de graver leurs noms & ceux de leurs enfans sur ces pierres; ils prétendent que cela leur attire du Ciel les bénédictions les plus abondantes.

Cet endroit du Carmel est un des plus agréables de cette montagne, tant par le bon air qu'on y respire, que par la vûë dont on y joüit, qui ne peut être plus variée & plus étenduë. Les oliviers, les amandiers, les figuiers & les autres arbres fruitiers, les chênes verds & autres, y forment une petite forêt, qui occupe toute la pente de la montagne jusqu'au village de *Muzeinat*, qui est bâti sur une colline éloignée du lieu du Massacre d'un quart de lieuë vers le Midi.

Ce Village est habité par un grand nombre de Chrétiens Grecs, & par des Maures, qui cultivent le terrein qui est très-abondant. Comme ils dépendent de l'Emir Turabey ils vivent en repos, sont riches, & font mille caresses aux Voyageurs, qui viennent se délasser chez eux des fatigues qu'ils ont essuyées à monter & à descendre les montagnes.

Après qu'on a marché trois heures sur ces montagnes, par des sentiers qui passent au travers d'une autre petite forêt de sapins, de chênes verds & d'autres arbres, on arrive au champ des melons pétrifiez. Cet endroit est tout couvert de cailloux de differentes grosseurs, qui étant cassez font voir une maniere de pétrification qui represente fort naturellement le dedans des melons d'eau ou des pasteques.

Les gens du Païs assurent que dans le tems que cette montagne étoit habitée par le Prophete Elie & par ses disciples, ce lieu étoit tout couvert de melons d'eau. Il se trouva pressé de la soif en passant par cet endroit, il en demanda un au Païsan qui en étoit le proprietaire : cet avare brutal lui répondit durement que c'étoient des pierres : c'en sera en effet, lui répondit le Prophete, & aussi-tôt tous les melons se pétrifierent, & le terrein depuis cette malediction en a produit une si grande quantité, que quoiqu'on en ait emporté par curiosité un nombre inconcevable, il s'en trouve toûjours plus qu'il n'en faut pour contenter tous les curieux du monde, n'y ayant gueres de cabinets où l'on n'en conserve, quand ce ne seroit que pour avoir dequoi faire voir dans tous les siecles la force de la parole de ce saint Prophete. On peut croire sans que je le dise, que nous fîmes provision de ces fruits, pour nous & pour nos amis.

On nous fit voir tout auprès de ce champ une espéce de Mausolée, qu'on nous assura être le sepulcre d'une des femmes d'Alexandre le Grand, qui l'ayant suivie à la conquête de l'Asie, décéda en ce lieu.

Il est indubitable qu'Elie a demeuré sur le Mont-Carmel & en d'autres lieux de la Palestine, qu'il a eu des disciples, qu'il a fait des miracles éclatans. L'Ecriture qui ne peut mentir nous en assure. C'est un témoignage qui doit lever tout soupçon : mais que ses disciples se soient perpetuez jusqu'au treiziéme siecle sans se faire connoître ; qu'ils ayent fait un Corps & une Congregation de Religieux ; qu'ils ayent eu des Généraux avant saint Brocard leur premier Général Latin, c'est une question qu'il est aussi difficile de résoudre, qu'il y a lieu de douter de tout ce qu'elle renferme. Je n'aime pas à faire de la peine à personne, & sur-tout à des Religieux aussi respectables que le sont les Carmes Déchauffez, Enfans sans contredit de l'illustre sainte Therese, & même aux Carmes mitigez ou chauffez, qui ont paru dans l'Eglise bien avant les Déchauffez.

Leur ancienneté n'augmente pas beaucoup ce qu'on peut dire à leur gloire, & leur feroit un honneur bien plus réel, s'ils vivoient en Hermites comme Elie & Elisée. Si leurs envieux leur vouloient alors difputer leur origine, ils les confondroient aifément, en leur faifant voir qu'ils vivent comme ces grands Prophetes, & que s'ils n'en defcendent pas, ils meritent d'en defcendre.

Quoiqu'il en foit, après avoir paffé ce fepulcre, nous defcenlîmes dans une vallée fort étroite, où nous vîmes les reftes d'une Eglife ruinée, & d'un Monaftere, que les Carmes prétendent avoir été le premier de leur Ordre, c'eft-à-dire, qu'il a été bâti par Elie. C'étoit un grand édifice bâti de pierres de taille à plufieurs étages, les unes fur les autres, parce que fa fituation n'avoit pas permis de faire autrement, & de s'étendre davantage.

On voit les reftes d'un grand efcalier qui conduifoit à ces differens étages, & aux offices qui étoient deffus, entre lefquels étoit une grande falle, qui leur a fervi d'Eglife pendant un tems.

On ne doit pas chicaner ici fur le nom d'Eglife, & dire que le Prophete Elie étoit trop zelé obfervateur de la Loi, pour bâtir un Temple, autre que celui de Jerufalem, le feul qu'il y eût dans le monde où l'on pût offrir des

Sacrifices. On peut supposer que ce n'étoit qu'un Oratoire, où ce grand Prophete assembloit ses disciples, leur expliquoit les Saintes Ecritures, & où ils offroient leurs prieres à Dieu quand ils ne pouvoient pas aller au Temple de Jerusalem. C'étoit une Synagogue, comme il y en avoit plusieurs dans la Judée.

On pourroit pourtant dire avec plus de vrai-semblance que cette Eglise & ce Monastere ont été bâtis par sainte Helene. Cette pieuse Imperatrice en a fait bâtir tant d'autres, qu'on peut encore lui faire present de celui-ci, sans faire beaucoup de violence à la verité.

Il est vrai que cela lui déroberoit quelques siecles d'antiquité; mais ne vaudroit-il pas mieux lui donner une époque fixe, que d'en aller chercher une si sujette à caution?

A côté droit de ces bâtimens ruinez, & un peu plus haut, où la vallée se retressit encore davantage, on voit une place quarrée pleine de ruines & de broussailles, au bout de laquelle est une petite grotte qui a la figure d'un four, où il y a une source de fort bonne eau; c'est ce qu'on appelle la Fontaine d'Elie, parce qu'on prétend qu'il l'a fait sortir par miracle de ce rocher sec & aride, & que ce fut l'occasion qui le porta à bâtir l'Eglise & le Monastere dont je viens de parler. Cette eau tombe ensuite dans un réservoir plus vaste creusé dans le roc, d'où elle sortoit par un canal, & faisoit tourner le moulin du Couvent.

Vis-à-vis la fontaine, de l'autre côté du chemin, il y a une écurie pour douze chevaux taillée dans le rocher. On ne peut pas douter que ce lieu n'ait été destiné à servir d'écurie, puisque les mangeoires qui sont des deux côtez, ont été taillées dans le roc, avec une autre grotte au-dessus, qui étoit selon les apparences le grenier à foin ou à paille.

Les deux côtez de cette vallée étroite sont percez de quantité de grottes, où l'on assure que se retiroient les Anacoretes qui n'avoient point de cellules dans le Monastere.

En descendant la montagne, du côté qui regarde Château Pelerin, nous vîmes les ruines d'une petite Forteresse quarrée, que saint Loüis avoit fait bâtir pour garder le chemin, & empêcher les courses des Arabes.

On remonte ensuite par un petit sentier taillé dans le roc, jusqu'aux deux tiers de la hauteur de la montagne, & on trouve le Couvent que les Carmes Déchauffez habitent. Ils n'y font pour l'ordinaire que trois Religieux, qui ne laiffent pas d'y faire l'Office le jour & la nuit, avec autant d'exactitude, que fi leur Communauté étoit plus nombreufe. Ce Couvent ou Hermitage ne confifte qu'en cinq cellules taillées dans le roc à la pointe du cizeau. Elles font diftribuées de maniere que la premiere, en entrant leur fert de Chapelle. Elle a quatre pas en quarré, un Autel fort propre & fort orné, avec des armoires & les autres chofes qui font néceffaires au Service Divin.

On entre enfuite dans une autre piece, qui eft féparée en deux par une cloifon. Une partie fert de Sacriftie, & l'autre eft le logement du Trucheman du Couvent: & afin qu'il ne foit pas obligé de paffer par la Chapelle, on y a pratiqué une petite porte voifine de celle de l'enclos. Les cellules des Religieux font fur la même ligne, étroites, affez baffes, n'ayant de lumiere que par leur porte, avec des relais taillez & pratiquez dans le rocher, fur lefquels ils couchent.

De la Chapelle on entre dans le refectoir. Les tables & les bancs, pour asseoir dix personnes, sont taillez dans le roc.

Du refectoir on entre dans une autre grotte quarrée, où il y a des relais du même rocher, sur lesquels on étend des nattes de jonc, dont il faut que ceux qui viennent visiter ces bons Religieux se contentent, à moins qu'ils n'ayent apporté des matelats avec eux.

De cette grotte on entre sur une terrasse, où les Pelerins peuvent manger de la viande, & boire du vin, quand ils ne peuvent pas s'accommoder de ce qu'on sert au refectoir : car la vie de ces Religieux est si austere, que sains ou malades, ils ne mangent jamais de viande, & ne boivent jamais de vin ni d'eau-de-vie ; & par une pratique que l'usage a autorisé, ils ne souffrent pas qu'on en mange, ni dans le refectoir, ni dans la chambre des hôtes.

Cette terrasse étant à découvert, & le Soleil extrêmement ardent, ils ont la charité de la couvrir de branches, afin que les Pelerins ne soient pas incommodez.

Le Pere Prosper du S. Esprit, qui étoit Vicaire du Mont-Carmel, a vêcu long-tems dans cette grotte, & y est décedé en opinion de sainteté, consommé par l'austerité de la vie qu'il y a menée, & par les pénitences affreuses qu'il y a pratiquées. Peu d'autres que lui ont soutenu ce genre de vie autant que lui. Les plus robustes y ont bien-tôt achevé leur carriere; la crudité des eaux, l'humidité des grottes, & les autres incommodités leur procurent des maladies qui les ont obligez à la fin de bâtir une infirmerie de six ou sept petites pieces, sur un terrein au bord du précipice, où les malades sont traitez avec charité, mais toûjours fort austerement. Le terrein que ces bâtimens occupent, peut avoir cinquante pas de longueur sur cinq ou six de large. Il y a une cîterne qui se remplit des eaux de pluye, par des rigolles creusées fort proprement dans le rocher. Ils ont été obligez de clorre tous ces differens bâtimens d'un mur d'une assez bonne hauteur, pour ôter l'envie aux Arabes de l'escalader. Ils y ont fait une porte vers le Midi, qu'ils tiennent toûjours bien fermée, & qui est gardée par un gros chien bien instruit, qui évente de loin les voleurs, & avertit de leur approche ses maîtres, qui armez de bons mousque-

1660.

tons, sçavent à l'exemple de leur Pere défendre puissamment la gloire de l'heritage du Seigneur.

Outre ces bâtimens & leur enceinte, les Enfans d'Elie de la nouvelle Loy ont suivi les desseins de ceux de l'Ancien Testament, & ont coupé en amphithéâtre une bonne partie de cette montagne, & ont fait des terrasses de cinq à six pieds de large : on descend de l'une à l'autre par des escaliers taillez dans le rocher. Ils y ont transporté des terres, & ont fait des jardins potagers, & des espaliers de toutes sortes d'arbres fruitiers, qui produisent des fruits excellens, & des raisins d'un goût merveilleux, & des fleurs de toutes les especes dont ils ornent leur autel.

Il y a au bout de ce jardin une grotte qu'ils appellent la grotte de saint Elie. Elle a dix pas de long sur quatre de large, un petit Autel & une fenêtre auprès de la porte, d'où elle reçoit toute la clarté, & un petit trou qui n'en fourniroit pas suffisamment pour éclairer le lieu. C'est en ce lieu que les Religieux vont se mettre en retraite de tems en tems, comme si leur retraite ordinaire n'étoit pas une solitude assez grande pour leur vie heremitique & pénitente. Ce lieu est pourtant agréable, à cause des jardins, & de la vûë des grottes qui l'environnent.

Ces bons Religieux avoient de mon tems une petite mule, si bien accoûtumée à monter avec sa charge sur le dos, & à descendre ces précipices, qu'elle sautoit de rocher en rocher, avec une legereté qui auroit donné de la jalousie aux chevres & aux gazelles. Elle montoit les degrez, & passoit toute chargée dans les endroits où les gens les plus accoûtumez au païs ne pouvoient passer sans frayeur.

Il ne faut pas s'imaginer que le Prophete Elie n'eût que la grotte dont nous venons de parler. On nous en fit voir une autre tout au sommet de la montagne, creusée dans le rocher comme l'autre, mais plus belle ; il y descendoit, & nous y descendîmes aussi par un trou en maniere de soûpirail, pratiqué dans la voûte. Elle a environ quinze pieds en quarré. Depuis la mort, ou l'enlevement du Prophete, on a pratiqué un petit chemin dans le précipice, qui conduit à la fenêtre dont on a fait une porte, dans le tems qu'on a bâti une petite Chapelle au dessus. Il n'y a dans cette grotte qu'un relais d'environ six pieds de longueur sur trois de largeur, taillé dans le rocher, qui servoit de lit au Prophete, & qui sert à présent d'Autel, sur lequel les Religieux disent la Messe les jours de Fêtes de la sainte Vierge, parce que, selon la tradition du païs, la sainte Vierge a souvent honoré ce lieu de sa présence. La petite Chapelle qui est au dessus de la grotte lui avoit été dédiée dès son vivant; & quarante ans après son Assomption au Ciel, on y avoit fait bâtir une Eglise dont on voit encore quelques restes. Elle avoit environ six toises de longueur sur quatre de largeur. La muraille derriere l'Autel, est encore assez entiere, tout le reste est tombé: le dedans sert à présent de cimetiere, où e Pere Prosper & plusieurs autres Religieux, sont enterrez, aussi bien que plusieurs autres Chrétiens qui s'y font porter par dévotion.

En revenant de cette Chapelle nous nous arrêtâmes assez long-tems sur la hauteur qui forme l'angle occidental du Carmel, & nous considerâmes avec regret les ruines d'un superbe Monastere que saint Loüis y avoit fait bâtir. Il étoit situé dans l'endroit le plus élevé de ce Cap. Sa vûë du côté de la mer n'avoit d'autres bornes que l'horison ; & du côté de la terre, on voïoit depuis le Cap-Blanc & Tyr jusqu'à Cesarée de Palestine. Cet édifice n'a été ruiné que depuis les dernieres guerres que les Chrétiens ont eües avec les Turcs, ils apprehendoient que les Chrétiens ne s'en emparassent & ne s'y fortifiassent.

1660.

En effet ces bâtimens avoient plus l'air d'une Forteresse que d'un Monastere. Il seroit aisé de les remettre sur pied. Les materiaux sont sur les lieux, & s'il en manquoit, les environs en fourniroient tant qu'on en auroit besoin. Les escaliers, les cours, & quantité d'autres lieux sont encore dans leur entier, étant bâtis de grandes pierres de taille, si bien cimentées que rien ne se démet.

Cette partie septentrionale du Carmel est à present déserte & inhabitée. Il n'y a que les Arabes qui viennent quelquefois s'y mettre en embuscade pour dépoüiller les Pelerins quand ils sçavent qu'il y en doit venir ; mais comme les Francs ne font jamais ce voyage sans avoir de bonnes armes à feu, les Arabes qui les voyent en cet état, n'ont garde de les attaquer ; ils se retirent, & on a tout le tems de satisfaire sa curiosité.

Quelques Indiens se sont emparez depuis bien des années d'une des plus belles grottes qu'il y ait dans cette montagne. Elle paroît avoir été taillée au ciseau dans les siecles les plus reculez. Sa longueur est de vingt pas ou environ, sa largeur de douze, & sa hauteur est de douze à quinze pieds ; ses angles sont parfaitement d'équerre, & ses murs si unis, qu'il semble que les meilleurs Maçons viennent de les achever. L'entrée de la grotte est belle & dans de justes proportions ; elle regarde la mer ; c'est par elle que la grotte reçoit la lumiere ; elle n'a point d'autres fenêtres. Le fond est occupé par un relais du même rocher, comme si on avoit eu dessein d'en faire un Autel, & au dessus on a posé un quadre où l'on pourroit mettre un tableau.

On trouve à la gauche de cette grande grotte, une autre plus petite, dont la porte & la fenêtre répondent dans la grande. La tradition qui donne encore cette grotte à Elie, assure que c'étoit par cette fenêtre que le Prophete prêchoit aux gens du païs qui le ve-

noient entendre, & qui s'assembloient
pour cela dans la grande grotte. Les
Indiens qui l'occupent aujourd'hui y
allument quelquefois des lampes, &
ont attaché à la voûte & aux murs
quantité de houppes faites avec de
vieux haillons de toutes sortes de couleurs, qui sont des marques incontestables de l'extrême pauvreté dont
ils font profession. Il y a à côté de la
porte une cîterne taillée dans le roc,
qui se remplit des eaux de pluye qui
s'écoulent le long de la montagne,
on y monte par des degrés taillez dans
le roc.

Ces bonnes gens vivent du travail
de leurs mains, ils font des corbeilles
& des nattes de jonc. Ils partagent liberalement ce qu'ils ont avec les pauvres passans, qui leur témoignent leur
necessité, & sont toûjours prêts à rendre
service sans exiger de récompense. Leur
abstinence est au delà de l'imagination,
& ce qu'ils souffrent dans leur triste
demeure avec les autres pénitences
qu'ils pratiquent, leurs jeûnes continuels, leur silence perpetuel, leurs
veilles & leurs oraisons qu'ils n'interrompent presque jamais, & plusieurs
macerations dont le détail n'est pas venu assez parfaitement à ma connois-

1660.

sance pour en instruire le public, les ont rendus si secs, si maigres & si décharnez, qu'ils n'ont que les os couverts d'une peau noirâtre, ridée & toute brûlée du hâle & des ardeurs du Soleil.

Ils ne laissent pas d'être polis & civils, ils nous reçûrent avec cordialité, nous presenterent quelques fruits secs & de l'eau, & un d'eux qui parloit Arabe assez correctement, nous entretint fort spirituellement du mépris du monde, de la mort, & de la crainte de Dieu. Il y en a peu parmi eux qui sçachent la Langue du Païs; de quinze ou seize qu'ils étoient, il n'y en avoit que deux qui sçûssent l'Arabe, les autres ne sçavoient que le Persan ou l'Indien, & ils ne se mettent pas en peine d'en sçavoir davantage, de crainte que cette connoissance ne leur attire des visites, ne trouble ou interrompe leur silence & leur solitude, & ne leur donne occasion d'offenser Dieu s'ils avoient plus de commerce avec les hommes.

Ils ne sont à charge à personne, ne demandent jamais rien, vivent frugalement de fruits, de racines & de ris quand on leur en donne pour leurs corbeilles & leurs nattes. Nous leur voulûmes donner quelques piastres, ils les refuserent modestement, en disant, que cela n'étoit point à leur usage. Heureusement pour eux & pour nous, il passa des Arabes qui avoient du ris, nous en achetâmes trois sacs que nous leur donnâmes, ils les reçûrent avec actions de graces, & nous comblerent de bénédictions. Ils voulurent nous rendre les sacs, & nous eûmes de la peine à les obliger de les garder : car il nous parut qu'ils en avoient besoin. La plûpart étoient presque nuds, & n'avoient pour cacher leur nudité que de méchantes guenilles, que les Arabes leur donnent par charité quand ils ont fait quelque capture.

Ces bons Solitaires ont fait un enclos de pierres séches, c'est-à-dire, sans mortier, dans lequel ils avoient des figuiers, des grenadiers & d'autres arbres qui leur donnoient de l'ombre, de la fraîcheur & des fruits.

C'est dommage que les Carmes ne les instruisent pas dans notre Religion. Ces bonnes gens n'ont qu'un pas à faire pour y arriver, & seroient assûrément en peû de tems des imitateurs fidéles de ces saints Solitaires, qui se sont sanctifiez dans les déserts de la Palestine & de l'Egypte.

1660.

Tous leurs meubles ne consistent qu'en quelques nattes, trois ou quatre pots de terre pour faire leur ris quand ils en ont, & des cruches pour aller chercher de l'eau. Ils avoient tous de longs chapelets au col, dont tous les grains sont égaux comme ceux des Turcs. Il s'en servent pour prononcer sur chaque grain les attributs de Dieu, & pour regler le nombre des bénédictions qu'ils lui donnent. Nous les quittâmes dans l'admiration d'une vie si austere & si pénitente, & nous retournâmes au Monastere des Carmes du Nouveau Testament.

Ils vivent à present fort paisiblement depuis le Traité qu'on a ménagé pour eux avec l'Emir Zaben Turabey, frere de celui qui regne ou qui gouverne cette Montagne. Ce Prince se laissa persuader que ces bons Religieux employeroient tout le bien de leur Ordre, & celui de leurs amis pour se maintenir dans cette sainte Solitude ; & sur ce fondement il lâcha la bride à ses Officiers, qui ne manquerent pas de les vexer en toutes sortes d'occasions. Ils voulurent les contraindre de nourrir tous les passans, comme on a coûtume de les nourrir dans les Villages. Les Carmes eurent beau leur representer

ter qu'il y avoit une disproportion infinie entre un Village bien peuplé & riche, & trois pauvres Religieux, qui ne subsistoient que des aumônes qu'on leur envoyoit d'Europe, & qui étoient souvent obligez de se priver du necessaire pour pouvoir payer le tribut qu'ils doivent à l'Emir. Ces raisons quoique très-vrayes & très-bonnes ne furent point écoutées.

Le Prince se mit de la partie, & leur fit dire qu'il n'étoit pas content du tribut qu'ils lui payoient selon les Traitez faits avec ses prédécesseurs, qui étant maîtres de leur bien en pouvoient faire ce qu'il leur plaisoit, mais qu'ils ne pouvoient pas le lier; & le Prince sçût si bien faire valoir ses droits, qu'il falloit absolument qu'ils le doublassent, s'ils vouloient demeurer sur ses terres.

Les Religieux eurent peur qu'il ne poussât cette affaire à l'extrêmité, & par le conseil de leurs amis, ils se retirerent sans bruit à Acre, & delà à Caïpha, & emporterent avec eux tout ce qu'ils avoient de meubles dans leur Eglise & dans leur Maison, & laisserent le reste; de sorte que le Carmel fut abandonné pendant six mois. Les portes étoient ouvertes; ceux qui furent traiter l'accommodement avec l'Emir trouverent leur Couvent comme ils l'avoient laiſſé. Il y avoit une tête de mort ſur la table du Refectoir, ſuivant la coûtume de ces bons Peres, leur vaiſſelle de terre & leurs autres meubles qu'ils avoient abandonnez. Les Arabes étoient entrez pluſieurs fois dans le Couvent, & par reſpect pour la Sainte Vierge & pour S. Elie n'avoient touché à rien, ils auroient apprehendé la véngeance de Dieu.

A la fin on trouva moyen de faire entendre raiſon à l'Emir, & de lui faire connoître qu'il étoit de ſon interêt & de celui de ſes ſujets, que les Religieux Carmes ne quittaſſent pas le Mont-Carmel, & qu'il ſe contentât du tribut qui avoit été reglé avec ſes prédéceſſeurs. Il y conſentit, les choſes furent reglées ſur l'ancien pied. On fit un nouveau Traité, qui fut ſigné par l'Emir, en vertu duquel ils retournerent chez-eux, & y vivent en paix & en aſſurance.

C'eſt une choſe étonnante de voir la dévotion extraordinaire de tous les Orientaux pour le Mont-Carmel, parce qu'ils ſont perſuadez que la Sainte Vierge y a demeurée, que c'eſt ſon heritage, & que ç'a été la demeure d'Elie & de ses successeurs. Ils ne nomment jamais ce S. Prophete, qu'ils n'y ajoûtent l'épithete de *Khdr*, qui veut dire verd, verdoyant, qui est le symbole de la vie, parce qu'ils sont persuadez que ce Prophete est encore vivant.

J'ai souvent remarqué que les Turcs, les Maures & les Arabes passant par le Mont Carmel, ou quand ils doublent le cap, ils ne manquent jamais de le saluer, en baissant la tête & les mains, en disant: *Destour ya sette Mairam, Destour y a Khdr Elias*. C'est-à-dire, ô Notre-Dame Marie, ô Elie vivant, souffrez que nous passions devant votre Maison. Tel est le respect que ces Peuples Infidéles portent à la Sainte Vierge & au Prophete Elie. Il faut croire qu'ils auroient à peu près le même respect pour les Carmes, s'ils étoient bien persuadez qu'ils fussent ses enfans.

Il y a un très-beau tableau de la Sainte Vierge sur l'Autel de la Chapelle. Les Arabes le vont admirer aussi souvent qu'ils peuvent, & prient Notre-Dame Mere du Messie de vouloir les assister. La Princesse Doüairiere mere de l'Emir Mehmed qui commande au Carmel, étoit tellement amoureuse de la Sainte Vierge repréſentée dans ce tableau qu'elle venoit très-ſouvent au Couvent, & demeuroit deux ou trois heures à genoux au pied de l'Autel, regardant le tableau, ſe frapant la poitrine, ſe tirant les cheveux, pleurant ſes pechez, & lui diſant en ſa Langue avec des tranſports d'amour & de componction très-tendres : O que vous êtes belle, Notre-Dame Marie ! Que vous êtes aimable, Mere du Meſſie ! Ah, qu'ils étoient heureux ceux qui vous ont vûë quand vous étiez au monde, & que je ſuis miſerable, pauvre pechereſſe, que je ſuis à plaindre ! N'aurez-vous pas pitié de moi ? Ne me direz-vous rien, Mere de Jeſus ? Répondez-moi, puiſque vous me regardez avec tant de douceur.

Le Trucheman du Couvent qui étoit avec elle pendant qu'elle viſitoit cette Chapelle, m'a aſſuré qu'elle proferoit ces paroles avec tant de ferveur, & des mouvemens de tête & de bras ſi extraordinaires, que s'il n'avoit pas été accoûtumé aux manieres du Païs, il auroit crû qu'elle étoit folle ou poſſedée.

Quoique les viſites de la Princeſſe fiſſent une ſorte d'honneur à ces bons Religieux, elles leur devinrent à la fin à charge, parce qu'étant pauvres, ils ne pouvoient pas regaler la suite de cette Princesse sans s'incommoder beaucoup: il falloit cependant le faire, parce que tel est l'usage du Païs, & la Princesse qui n'avoit que sa dévotion en tête, n'y faisoit pas l'attention qu'elle auroit dû y faire : car elle étoit riche & genereuse, & peut-être ignoroit-elle la pauvreté de ces Peres. Ce qu'ils en retiroient, étoit une protection déclarée qui leur étoit necessaire, & souvent très-avantageuse dans les affaires fâcheuses, que leurs ennemis leur suscitoient aussi souvent qu'ils en trouvoient l'occasion.

Les autres remarques que j'ai faites sur le Mont-Carmel sont trop longues, & trop considerables, pour entrer dans ce Chapitre, j'en ferai le détail dans un autre endroit.

Après avoir vû & examiné tout ce qu'il y avoit à voir sur cette montagne fameuse, nous prîmes corgé des Religieux, & nous allâmes dîner à Caïpha, d'où nous partîmes accompagnez d'un grand nombre d'Arabes de nos amis, qui vinrent avec nous jusqu'à la riviere, où nous nous quittâmes, après nous être bien baisez les barbes, & nous passâmes à gué la riviere, & continuant notre route sur le bord de la mer, nous arrivâmes à Acre sur les six heures du soir, où je m'arrêtai quelques jours pour me délasser & me divertir avec les amis que je trouvai en grand nombre, en attendant quelque bon Bateau, & un vent favorable pour me conduire à Seïde le même jour.

CHAPITRE XXI.

Voyage de Safet.

LE Soubachi d'Acre ayant un voyage à faire à Safet, me convia de l'accompagner. J'acceptai sans peine le parti, quoique je ne prévisse pas que ce voyage me dût être de beaucoup d'utilité, & encore moins de plaisir.

Cette Ville est très-ancienne, elle est aujourd'hui la Capitale de la Galilée. Elle est située sur le sommet d'une des plus hautes montagnes. Mais ni son antiquité, ni sa qualité de Capitale ne l'ont pas empêchée d'être réduite en Village, qui sans l'entêtement qu'ont les Juifs d'y venir finir leurs jours, seroit à peu près moins que rien; parce qu'elle a été tant de fois prise par les

Chrétiens & par les Turcs, & tant de fois ruinée à l'envie des uns & des autres, qu'elle n'est plus qu'un monceau de ruines, qui n'a plus de respectable que son nom, sa situation & les ruines de ses édifices.

1660.

Elle est habitée par quelques familles Maures & par quantité de Juifs. Ils ont une dévotion, ou plûtôt un entêtement, & une espece de manie de tout quitter pour venir mourir en cette Ville. Jerusalem & Hebron qu'ils respectent beaucoup, n'approchent pas de Safet, & cela pour bien des raisons.

Premierement, parce qu'un grand nombre de leurs plus fameux Rabins, & quantité d'autres de leurs saints Personnages y sont venus mourir & y sont enterrez.

En second lieu, parce que leurs Rabins leur ont persuadé que le Messie, qui doit naître en Galilée, prendra Safet pour la Capitale du nouveau Royaume qu'il doit établir sur la terre, & que s'y trouvans dans cette heureuse circonstance vifs ou morts, ils doivent en attendre des faveurs signalées.

Leurs Hhalkans ou Rabins ont la tête si remplie de visions Fanatiques, de superstitions & de minuties, qu'ils ont réduits les pauvres Juifs qui les écou-

O iiij

tent à ne sçavoir où ils en sont. Ils attendent le Messie qui est venu, & qu'ils ont crucifié depuis plus de seize siecles. L'accomplissement de toutes les Propheties est arrivé, ils ne sçavent plus que répondre quand on les presse, il n'y a qu'une dévotion stupide qui les porte à préférer ce lieu à tous les autres pour y vivre miserables, & pour y mourir plus tard qu'ils ne voudroient.

Les Turcs sçavent profiter à merveilles de leur entêtement. Ils leur vendent très-cherement la permission de demeurer dans Safet. Ils les chargent d'exactions, de droits, d'avanies. Il faut qu'ils achetent, pour ainsi dire, l'air qu'ils respirent, & si la plus extrême pauvreté oblige quelqu'un d'eux à s'enfuir: le Pacha n'y perd rien, sa taxe est repartie sur les autres, & souvent même on suppose qu'il a emporté des tresors, le Pacha les repete au nom du Grand Seigneur, en fixe la valeur comme il le juge à propos, & l'exige de ces miserables, qui menent la vie la plus pauvre & la plus déplorable qu'on se puisse imaginer. Leur unique consolation est d'avoir une Synagogue, où pour leur argent il leur est permis de prier tant qu'ils veulent, & d'entendre les discours Fanatiques de leurs Rabins.

Ils envoyent les plus habiles & les moins fripons de ces Rabins, faire des quêtes à Constantinople, à Smyrne & dans les autres Villes de commerce de l'Empire Ottoman, où les Juifs sont riches. Ils vont même en Allemagne, en Hollande, en Angleterre, & dans les autres lieux où ils sont à couvert des recherches de l'Inquisition. Ils y amassent des sommes considerables, qu'ils partagent ensuite entre les Juifs de Jerusalem, d'Hebron & de Safet. Ces derniers en ont toûjours la meilleure part, soit que leur misere soit plus grande que celle des autres, soit qu'ayant le bonheur de demeurer dans un lieu si saint, on soit persuadé que leurs prieres ont beaucoup plus de vertu & d'efficace que celles des autres.

Il y a à Safet un ancien Château, qui a été autrefois très-fort. Il est tout bâti de grandes pierres de taille & très-solidement mises en œuvre. Il est situé sur le lieu le plus éminent de la Ville. C'est le logement du Gouverneur. La partie la plus basse de ce Château a été réparée depuis quelques années, & sert de Khan pour loger les passans, & les Etrangers. De la plateforme du Château, on découvre toutes les Villes & Villages qui sont sur les bords de la mer de Tiberiade, dans la plaine de Jerico, & tout ce qu'il y a jusqu'à la mer Morte. On voit aussi les sommets du Thabor, du Carmel, du Liban & des montagnes d'Arabie. C'est tout ce qu'il y a de beau dans cette Ville. Le Messie que les Juifs attendent ne trouvera que des pierres & des maisons ruinées, & à moins qu'il ne s'empare d'abord du Château, il sera mal logé: car les maisons anciennes ne sont que des masures inhabitables & inhabitées, & les modernes tombent presque toutes en ruine, parce que les Habitans n'ont pas le moyen de les réparer, & tout ce que leur travail leur peut produire ne suffit pas pour leur nourriture, & pour payer les impositions & les droits du Pacha. Ce qu'il y a de bon est l'air. Il est sain & subtil, aussi il y fait grand froid en Hyver, l'Eté y est doux ; mais on n'y trouve presqu'aucune commodité de la vie.

Il y a des gens qui veulent que Safet soit l'ancienne Betulie, où Judith tua Holophernes : ils se trompent ; Betulie en est éloignée d'environ une lieuë, on en voit encore les ruines.

Le Soubachi ayant achevé ses affaires bien plûtôt qu'il n'esperoit, voulut partir dès le lendemain matin. Je fus obligé de partir avec lui, je n'en fus pas fâché: car j'avois eu du tems de reste pour considerer cette Vile désolée.

Je dois faire remarquer ici que des quatre Provinces qui composent la Terre-Sainte, la Galilée est la plus belle, la plus agréable, la plus fertile. Ce que j'ai dit de ses grandes plaines, de ses montagnes & de ses collines suffit pour en persuader le Lecteur.

La Samarie en approcheroit beaucoup, si elle étoit moins montagneuse & mieux cultivée.

La Palestine n'a presque point de montagnes. Le Païs est uni; mais il n'a point d'arbres, peu d'eau, & le terrein est extrêmement sablonneux.

La Judée est toute en montagnes & vallons incultes, désagréables & steriles, sur-tout aux environs de Jerusalem & de la mer Morte. On n'en peut excepter que le désert de S. Jean, & les environs, comme on l'a vû dans la description que j'en ai faite.

Je trouvai en arrivant à Acre que nos Marchands avoient arrêté un gros Bateau, qu'ils avoient chargé de cendre & de cotton, pour les porter à Seïde. Nous nous embarquâmes le 26. Mai, & nous arrivâmes le même jour à Seïde.

CHAPITRE XXII.

Voyage de Seïde à Barut.

J'Avois une si forte inclination pour les voyages, & je m'y étois si bien accoûtumé, que le repos m'étoit à charge. Je mis en état les affaires que j'avois à Seïde, & je cherchois l'occasion de continuer mes voyages, & d'étendre ou perfectionner mes connoissances. Je la trouvai bien-tôt. Je me joignis à des Marchands François établis à Barut qui s'y en retournoient. J'étois habillé à la Turque, & j'avois un équipage qui pouvoit me faire honneur, & me donner toute la commodité que les Voyageurs peuvent souhaiter dans ces Païs.

Nous montâmes à cheval le 10. de Juin 1660. Nous passâmes devant une petite Mosquée bâtie sur le bord d'une fontaine, qui n'est qu'à un quart de lieuë de la Ville. Elle est ombragée de quelques tamarins & autres arbres, qui rendent ce lieu fort frais & fort agréable. Il y a une sepulture dans ce bâtiment, qui est gardée par un Derviche, qui n'a pour tout meuble qu'une peau de mouton sur laquelle il couche, & une peau de gazelle qui est son manteau de cérémonie quand il vient à la Ville, & quelques pots de terre, dans lesquels il présente de l'eau aux passans qui lui font l'aumône. Ce Derviche ne fait jamais meilleure chere, que quand les Francs vont faire quelque partie de plaisir à sa fontaine. Quoique cela arrive assez souvent, ce n'est jamais aussi souvent qu'il le souhaiteroit. C'étoit un bon homme, fort accommodant, qui mangeoit de tout sans scrupule, qui bûvoit du vin à merveille, & quand on l'avoit mis en pointe de vin, qui faisoit les contes les plus divertissans.

1660.

De côté de la terre, ce lieu est tout environné de jardins remplis de vignes, de figuiers, & d'autres arbres fruitiers; & du côté de la mer, c'est une esplanade de sable où le Pacha va se promener presque tous les jours, où ses gens s'exercent au jeu des cannes. C'est ce qu'ils appellent faire *Meïdan*.

Voici la maniere dont ils font cet exercice. Ils se séparent en deux corps, & laissent entre eux un grand espace, sur lequel ils poussent leurs chevaux à toute bride, & tâchent par cent détours de gagner la crouppe de celui

Exercice du Meïdan ou du Gerid.

contre qui ils combattent, & lorſqu'ils ſe trouvent aſſez proches, ils lui dardent ſur le dos le bâton qu'ils ont à la main droite : car il n'eſt pas permis de le darder par devant.

C'eſt un plaiſir de voir avec quelle adreſſe ils tournent pour éviter le coup : ils ſe levent ſur leurs étriers qui ſont fort courts, pour frapper avec plus de force, & quand ils ont jetté leur bâton, ils le ramaſſent à terre ſans deſcendre de cheval, en ſe courbant à côté de la ſelle, d'autres en le prenant par le milieu avec un autre bâton crochu. Les uns ayant un pied à l'étrier & l'autre à terre, & tenant d'une main la bride & le crin du cheval, ramaſſent leur bâton, & ſe remettent en ſelle avec une adreſſe merveilleuſe, & continuent de courir. D'autres ſe retournent ſi adroitement, qu'ils prennent avec la main le bâton qu'on leur a dardé, ou parent le coup avec le leur. Mais malgré leur adreſſe, il eſt rare que l'exercice finiſſe ſans qu'il y en ait quelqu'un qui ſoit bleſſé, ou qui n'ait quelque contuſion.

J'ai remarqué la complaiſance de quelques-uns, qui pour faire leur cour au Pacha, ou à leurs Patrons, fuyoient de maniere à ſe laiſſer gagner la crouppe, & quand ils avoient été frappez, faisoient semblant d'avoir reçû une blessure considerable, étant assurez qu'ils ne manqueroient pas de recevoir quelque present de celui dont ils avoient reçû le coup.

1660.

Il arrive assez souvent que le Pacha commande qu'on vienne à lui, & qu'on ne l'épargne pas. Ils obéïssent, & courent sur lui à merveille; mais au lieu de le frapper avec leur bâton, ils lui jettent leur turban ou quelque autre chose, qu'ils ramassent aussi-tôt avec leur adresse ordinaire. Ce jeu est le principal & le plus ordinaire divertissement des gens de guerre. Ils en regalent ceux qui viennent apporter des ordres du Grand Seigneur, & les personnes pour qui ils ont une grande consideration.

Il dure quelquefois trois heures de suite sans discontinuer. Ces courses sont si vives, que leurs chevaux sont tout couverts de sueur & d'écume, alors ils les font entrer dans la mer jusqu'aux sangles, & cela les délasse & les rafraîchit.

Cependant le Pacha & ses Officiers vont se reposer sous les arbres de la fontaine, sur des tapis & des coussins qu'on a soin d'y apporter. Ils fument, prennent du caffé, & quand l'heure de la priere est venuë, ils se lavent avec l'eau de la fontaine, & font leurs prieres ordinaires à la petite Mosquée, & s'en retournent au bruit des tambours, des trompettes, des hautbois, qui n'avoient pas cessé de se faire entendre pendant tout le tems que l'exercice avoit duré.

Il est certain que cet exercice forme leur jeunesse à la guerre. Ils apprennent à se bien tenir à cheval, à se battre avec adresse, à attaquer, à poursuivre, à se retirer, & à se servir des armes blanches sur-tout, en quoi on sçait que les Turcs excellent & surpassent beaucoup de Nations. Qu'on dise tout ce qu'on voudra en faveur des armes à feu, il faut convenir qu'il faut plus de bravoure, d'intrépidité & de jugement pour se servir bien d'un sabre que d'un mousquet, & qu'il est plus aisé d'attaquer son ennemi de cent pas que de deux. Dans cette occasion un homme n'en peut tuer qu'un, au lieu qu'on en peut tuer deux ou trois avec le mousquet, avant d'être en état d'en joindre un, ou d'en être joint. Les Turcs prétendent que l'exercice du *Gerid* est une image de la guerre, & ils ont raison. Les Espagnols le connoissent sous le nom de jeu de cannes, & ils l'ont appris des Maures qui ont été si long-tems maîtres de leur Païs, il est en usage chez-eux, & c'est une de leurs cérémonies divertissantes.

En continuant notre route, nous passâmes la riviere sur le pont dont j'ai parlé autre part, & nous arrivâmes au Village appellé *Bomeylé*, & suivant notre route dans des roches & des sables, nous trouvâmes auprès d'un autre Village appellé Gié une petite Mosquée blanche, qui selon la tradition du Païs marque le lieu où la baleine vomit le Prophete Jonas. Les Turcs ne manquent jamais de saluer profondément cet endroit, & de demander permission au Prophete de passer devant chez-lui. Qu'on dise après cela que les Turcs n'ont pas de politesse. Cet exemple, & ceux du Carmel, & autres que j'ai rapportez prouvent sans contredit, que ces peuples sont les plus polis qu'il y ait au monde, sans excepter même les Chinois, dont certains Historiens disent tant de belles choses.

Nous côtoyâmes ensuite deux petits Caps ou Promontoires, sur le dernier desquels il y a une Tour, où il y avoit autrefois une Garde : car c'est un passage des plus dangereux. Il n'y a qu'un sentier étroit, coupé dans des roches unies & glissantes, avec des trous que les pieds des mulets & des chevaux ont creusé par succession de tems, qui rendent le chemin si difficile, qu'il faut plus d'un quart-d'heure pour faire quatre cens pas. Ce chemin du côté de la mer est sur un précipice, taillé à plomb comme un mur, où les Arabes ou Voleurs jettoient sans misericorde ceux qu'ils avoient dépoüillez, blessez ou tuez, sans crainte qu'ils vinssent faire des plaintes de leurs violences. L'autre côté de la montagne est couvert d'arbrisseaux si épais, que les Voleurs s'y cachoient aisément & surprenoient les passans. Nous n'avions rien à craindre : car nous avions de bonnes armes. & quoiqu'il soit certain que dix hommes embusquez dans cet endroit, viendroient à bout de cinquante qui seroient dans le chemin, aussi il est certain que dix Francs armez d'armes à feu, viendront à bout de deux cens Arabes avec leurs lances, leurs arcs & leurs fléches.

Nous trouvâmes immédiatement après ce passage la riviere de *Damour*, nous y dînâmes, parce que c'est la seule Hôtellerie qu'on trouve dans ce chemin. Elle sépare le territoire de Seïde de celui de Barut.

Cette riviere n'a point de pont au bord de la mer, quoiqu'elle ne soit guéable qu'en un seul endroit, où on la passe en hyver comme en été, pourvû qu'il n'ait pas plû : car dans ces occasions les eaux qui tombent des montagnes la font tellement grossir, qu'il faut aller chercher un pont qui est à deux lieuës du bord de la mer dans les montagnes. Elle est si rapide en hyver, & il sort un vent si impetueux de la vallée, au milieu de laquelle elle court, que les Bâtimens qui passent devant son embouchure sont souvent en danger, & il y en a eu qui ont été renverfez.

Le caffar qui se payoit autrefois à ceux qui étoient dans la Tour dont j'ai parlé ci-devant, se paye à présent à une lieuë de la riviere, dans une autre Tour réparée de nouveau, où logent les Fermiers ou Receveurs de ce droit, qui appartient au Gouverneur de Barut. Les Chrétiens & les Juifs sont taxez à un quart de piastre par tête.

Ce fut là que nous quittâmes le rivage de la mer & le mauvais chemin, pour entrer dans une belle plaine de deux lieuës de longueur, & d'une &

demie de large toute cultivée, avec des jardins & des arbres fruitiers jusqu'au penchant d'une montagne que nous laissâmes à main droite, sur laquelle il y a trois Villages assez voisins l'un de l'autre appellez les *Choniffet*. Ils appartiennent avec leurs dépendances à certains Princes Drusses, que l'on appelle de la Banniere Blanche, ennemis jurez de ceux de la Banniere Rouge, qui sont de la famille de Maon. Ceux-ci sont de la famille de *Aalem Eddin*. Ces gens, comme les Grecs, abattus par la pauvreté & par les disgraces, sont bien éloignez de la grandeur & de la noble fierté des Maronites. Quoique légitimes Seigneurs du Païs de *Choniffet*, ils le prennent à ferme du Gouverneur de Barut, parce que depuis la mort de l'Emir Fekerdin, le Pacha de Damas confisqua au profit du Grand Seigneur, tous les Domaines qui avoient appartenu aux Drusses, sans distinction de famille, & ceux de la Banniere Blanche n'ont jamais eu assez de cœur ni d'argent pour aller faire valoir leurs droits à la Porte, ou pour les soûtenir les armes à la main. Ces Princes sont pourtant assez braves, quand il s'agit de prendre les armes contre ceux de la Banniere Rouge ; mais du reste les plus pauvres esprits du monde en matiere de politique & de Gouvernement.

La Ville de Barut appartenoit à l'Emir Fekerdin. Sa situation dans un fond tout environné de montagnes la rendoit extrêmement mal saine. Cet Emir qui étoit un homme d'esprit, vit que cela provenoit des vents de la mer qui y chaſſoient toutes les vapeurs qui ſortoient des terres, & qui y étant retenuës par les montagnes s'y corrompoient & gâtoient l'air: il remedia à cela en faiſant planter des pins, qui étant devenus grands arrêtent ces vapeurs, que le Soleil diſſipe avant qu'elles ayent pénétrées cette Pinaye; ce qui a tellement purifié l'air de cette Ville, qu'il y eſt à preſent auſſi bon que dans pas un autre endroit de la côte. Nos François vont ſouvent à la chaſſe dans cette Pinaye, & y trouvent des grives & des lapins en abondance.

Nous arrivâmes le même ſoir à Barut, par un chemin qui eſt entre deux montagnes, qui la couvrent du côté du Midi & de l'Orient.

Les François l'appellent Barut, les gens du Païs Beirout, & les Latins Berithus. On tire le nom Beirout de Bir, qui en Arabe ſignifie un puits, parce que sa situation dans un lieu bas tout environné de montagnes, la fait assez ressembler à un puits. On l'a aussi appellée Berith, à cause d'un Idole de ce nom, que ses anciens Habitans adoroient. Son plus grand côté regarde le Nord. Ses environs, soit qu'ils soient en montagnes, ou en colliines, ou en vallons, sont de bonnes terres, fertiles, assez bien cultivées, avec de grands plans de mûriers blancs pour les vers à soye, & de sebestes dont on tire la glu, d'oliviers, de noyers, d'amandiers, abricotiers, pruniers, pommiers & de vignes. Il y a des maoux, qui sont les figuiers d'Adam, des genets ou sicomorres, qu'on appelle vulgairement figuiers de Pharaon, des tamarins.

Sebeste. Le Sebeste est un arbre, qui approche beaucoup de notre poirier, excepté que ses feüilles sont plus rondes & dentelées. Ses fleurs sont blanches & assez petites. Leur pistille se change en une espece de petit gland oblong, noirâtre & ridé, d'un goût douceâtre & visqueux; couvert d'un petit chapiteau gris. Il renferme une chair rougeâtre. Son noyau, qui occupe au moins la moitié du fruit, est oblong & pointu par le bout, & très-dur. Il renferme une amande blanche qui a le goût de noisette.

On fait de ce fruit concassé & bouilli une glu excellente, & on transporte beaucoup de ces fruits en Europe. On s'en sert dans la Medecine.

Les Figuiers d'Adam sont appellez aux Indes & en Egypte Chivef. Ses feüilles sont toutes rondes, attachées par un pedicule fort court aux rameaux, d'une couleur verte. Cet arbre est grand & gros, & la nature, ou plûtôt l'Auteur de la nature l'a produit de cette taille, afin qu'il pût porter ses fruits, qui sont gros comme nos melons ordinaires, attachez au tronc & au commencement des grosses branches : leur peau qui est mediocrement épaisse & rougeâtre, renferme une chair de même couleur, aqueuse, d'un goût délicat & agréable, qui se fond dans la bouche, qui humecte & rafraîchit beaucoup, & qui ne fait jamais de mal, à moins qu'on n'en mange avec excès. Il renferme des graines plates assez semblables à celles des melons.

Je ne sçai pourquoi on lui a donné le nom de figuier d'Adam. Si c'est à cause de son fruit, sa douceur le pouvoit tenter : car pour ses feüilles elles étoient trop petites pour le pouvoir couvrir ; au lieu que celles des bananiers, ou figuiers bananiers lui pouvoient servir, à cause de leur longueur & de leur largeur.

Figuier de Pharaon. Le Figuier de Pharaon est peu different du sicomore, il porte des petites figues, qui ne mûrissent jamais assez pour être douces. Elles ne laissent pas de servir de nourriture à plusieurs animaux, lorsqu'elles tombent à terre, & aux grives & autres oiseaux.

Tamarin des plus gros. Le Tamarin est un des plus grands & des plus beaux arbres que l'on puisse voir. J'en ai vû de plus de douze pieds de circonference, dont le tronc droit comme une fléche, avoit plus de trente pieds de longueur. Il est extrêmement branchu, & ses branches si chargées de feüilles qu'il fait un ombrage admirable, & si fort, que les rayons du Soleil ne le peuvent percer. Ses feüilles ont cinq à six pouces de longueur, & accompagnées d'autres beaucoup plus petites qui remplissent les vuides que les grandes laissent entre elles : ses fleurs sont de couleur de rose ; mêlées de petites veines d'un rouge sanguin fort éclatant. Les fruits qui naissent de ces fleurs ont jusqu'à quatre pouces de longueur sur un pouce de largeur. Ils'approchent de la figure de nos féves de marais, recourbez par leur extrêmité, d'une couleur rougeâtre,

rougeâtre, ils font remplis d'une fubſtance moëlleuſe, noire, gluante & aigre, & agréable, qui eſt rafraîchiſſante & même un peu purgative.

Les Turcs & les Arabes, & à leur imitation les Francs mangent ces fruits pour ſe rafraîchir; ils les font confire au miel ou au ſucre, quand ils ſont encore bien tendres, ou bien ils font paſſer la pulpe dans un tamis, comme celle de la caſſe, & s'en ſervent avec ſuccès dans les fiévres & autres maladies. Il y en a même beaucoup qui mâchent les feüilles grandes & petites, & qui aſſurent qu'elles les rafraîchiſſent & les déſalterent.

L'Emir Fexherdin regardoit le territoire de Barut comme ſon jardin de plaiſance; & comme ſes ſujets étoient bien plus riches de ſon tems, qu'ils ne le ſont depuis qu'ils ſont tombez ſous la domination des Turcs, ils tâchoient de l'imiter, & avoient un ſoin particulier de cultiver un terrein ſi bon, ſi abondant & ſi agréable. On y voit encore à preſent de longues allées d'orangers & de citronniers, qui faiſoient les clôtures de leurs jardins à fleurs. Les choſes ſont aujourd'hui dans une ſituation bien differente: accablez des exactions continuelles des

Pachas & autres Officiers auſſi avares, ils ne ſongent qu'à remplir l'avidité de leurs tyrans, leurs jardins à fleurs ſont entierement abandonnez, ils ne penſent qu'à cultiver les mûriers blancs, & à élever des vers à ſoye, qui ſont leur commerce & leur meilleur revenu.

La Ville de Barut eſt deux fois plus grande que celle de Seïde, & en bien meilleur état. Toutes les maiſons ſont de pierres de taille, voûtées & couvertes en terraſſes. Les murailles de la Ville ſont anciennes, & en partie modernes, bien entretenuës. Elles ont des portes qu'on ferme exactement tous les ſoirs, avec des Tours rondes & quarrées, mais qui ne ſont pas de grande défenſe.

Elle avoit autrefois un Port, que l'Emir Fekherdin fit combler, pour les mêmes raiſons qu'il fit combler celui de Seïde; il a mieux réüſſi au premier qu'au dernier, d'autant qu'ayant fait ſauter deux puiſſantes Tours qui étoient à ſon embouchure, les pans des murailles ont entierement comblé le Canal, & la Mer agitée par les vents du Nord, y a apporté tant de ſables, qu'il faudroit faire de très-grandes dépenſes pour r'ouvrir le Port & le nettoyer. Il n'y peut plus entrer que de très-petits Bateaux, encore ne risquent-ils pas de le faire, à moins que la mer ne soit extrêmement calme. Mais comme la Rade est bonne & le fond de bonne tenuë, les Saïques moüillent dans de petits aculs, qui les mettent à couvert des vents de Sud-Oüest, qui sont les plus dangereux sur cette côte.

Les Vaisseaux des Francs qui ne craignent pas les Corsaires, vont moüiller à une Rade au-delà d'une pointe, où étoit autrefois l'Eglise de S. Georges ; mais comme ils vont tous à Seïde, il est très-rare qu'il en vienne un chaque année.

On voit à côté droit du Port une ancienne Tour que les Turcs ont réparée, elle est située sur un éciieil au bord de la mer, elle est quarrée, elle a quatre toises de largeur, & chaque côté en a environ six à sept de hauteur. Sa Garnison qui est de douze Janissaires du Païs, qui ne valent pas grande chose, est commandée par un Aga. Il y a dans cette espece de Forteresse deux pieces de canon de fer, trois ou quatre fauconneaux, une douzaine de mousquets, deux hautbois & deux tambours, qui ne manquent pas de se faire entendre à midi & à neuf heu-

P ij

res du soir, qui est l'heure de la retraite.

Il y a encore cinq ou six autres petites Tours distribuées le long de la mer, en tirant vers le Cap de Barut, qui est un Promontoire avancé dans la mer, jusqu'à la porte Occidentale de la Ville, qui est fort ancienne & fort solidement bâtie. Il y a sur ce Cap une Garde dans une Tour, d'où le Sentinelle donne avis par des signaux dès qu'il voit quelque Corsaire, ou quelque Bâtiment qui s'approche de la côte.

Ce Cap est en vénération, à cause d'une Mosquée qui y est bâtie, qui renferme le sepulcre d'un Saint Mahometan, à qui toutes les femmes ont une dévotion extraordinaire, ou pour avoir des enfans, ou pour être délivrées heureusement quand elles sont en travail. La Mosquée est desservie par un Derviche fort & puissant, qui pourroit bien suppléer au défaut du Saint défunt & impuissant.

Les femmes dévotes viennent une fois l'année à ce vénérable tombeau parées de leurs plus beaux habits, de leurs pierreries, de leurs chaînes d'or; en un mot, de tout ce qu'elles ont de plus précieux. Leurs dévotions continuent pour l'ordinaire trois jours, & si la coûtume ne s'y opposoit pas, elles ne se presseroient pas de les terminer, sur-tout quand on peut croire raisonnablement qu'on n'a rien à craindre des Corsaires. Je ne sçai comment accorder cela avec la jalousie si outrée qu'on reproche aux Turcs.

Si un Corsaire de Malte avoit un calendrier des Fêtes ou des dévotions des Turcs, & qu'il sçût un peu la carte du Païs, il pourroit bien faire ses affaires: car il n'auroit qu'à cacher une couple de Chaloupes armées dans des enfoncemens qui sont sous le Cap, d'où sortant la nuit & descendant devant cet Hermitage, ils surprendroient cette troupe de dévotes, & quand ils ne feroient autre chose que la dépouiller, ils auroient sujet de se loüer de leur entreprise.

Entre ce Cap & la porte de la Ville, il y a quantité de jardins clos de hayes vives, entremêlées de gros arbres fruitiers, & autres qui font une avenuë charmante qui conduit à la Ville. Il y a un grand cimetiere de Turcs, avec des sepultures qui ont quelque air de magnificence. Plusieurs de ces mausolées sont sous des voûtes, qui restent de quelque bâtiment magnifique, qui semble avoir été une Eglise.

C'est encore un lieu de dévotion pour les femmes Turques. Elles y vont les Vendredis prier pour les défunts, & elles ne manquent guére d'accompagner leurs prieres d'une aumône qu'elles font aux pauvres. Elles font porter sur la tête de leurs Esclaves un grand bassin de cuivre étamé plein de ris & de viande, & avant de commencer leurs oraisons, elles convient les pauvres à joindre leurs prieres à celles qu'elles vont offrir, pour le soulagement des ames de leurs défunts, & quand ce pieux exercice est achevé, les pauvres se rangent autour des bassins, & mangent avec une avidité qui surprend ceux qui n'y sont pas accoûtumez. Cette maniere de manger sert à divertir ces femmes, & plus elles remarquent d'avidité dans ces pauvres, plus elles croyent que leurs prieres sont efficaces.

On voit du côté de la Ville opposé au Port, un endroit spacieux & fort agréable, où l'Emir Fexherdin avoit dessein de faire un jardin encore plus beau que ceux qu'il avoit dans les environs. Il vouloit y mettre des arbres fruitiers, & des fleurs de toutes les especes ; cette entreprise étoit digne de lui ; mais sa mort précipitée ne lui permit pas de l'achever, & ses successeurs ont eu d'autres affaires qui les ont empêchés de poursuivre ce dessein.

1660.

La Ville de Barut est sombre, ses ruës sont étroites & fort sales en hyver. Elle est bien peup'ée. La plus grande partie de ses Habitans sont des Chrétiens Grecs & Maronites. Les premiers ont un Archevêque de leur Rit. L'Eglise Romaine donne quelquefois ce titre aux Archevêques *in partibus*. Le reste est de Maures, de Turcs & de Juifs. Ils sont tous Ouvriers & Marchands. Le commerce de cette Ville est très-considerable. Il y vient des Caravannes de Damas, d'Alep & d'Egypte, sur-tout dans les tems qu'on fait la récolte de la soye. Il s'en fait de grandes levées pour leurs fabriques de satin, de velours, & d'autres étoffes, dont il se fait une grande consommation dans le Païs, parce que les Turcs sont magnifiques dans leurs habillemens, qui sans être chargez comme les nôtres de galons & de broderie, ne laissent pas d'être très-beaux, & de parer très-avantageusement ceux qui les portent.

Commerce de Barut.

Il n'y a pour l'ordinaire que quatre ou cinq Marchands François, établis & résidens à Barut, ce sont les Commissionnaires de ceux de Seïde, & comme ils demeurent toûjours sur les lieux, ils connoissent mieux que les Etrangers, les endroits d'où sortent les plus belles soyes, & en font des achats & des levées considerables ; & comme ils font des avances à ceux qui font les soyes, ils ont la préférence pour le choix, & ne prennent que ce qu'il y a de plus beau & de plus fin, au lieu que les Marchands qui viennent en Caravannes, ne peuvent pas choisir comme eux, & sont obligez de prendre celles qui s'exposent en vente, & s'en contenter, afin de faire leurs achats plus promptement, & être prêts à profiter du retour des Caravannes, sans quoi ils s'exposeroient à être dévalisez par les Arabes.

Outre les soyes qui se font dans le territoire, il en vient encore en plus grande quantité des montagnes de *Kerservan*. Elles sont de la nature des Baruttines jaunes & blanches. Celles qui viennent de *Chouf* sont beaucoup plus fortes, & les écheveaux plus gros. Ils pesent pour l'ordinaire cinq ou six livres piece. Ce trafic est si considerable, que lorsqu'elles se vendent bien en France, nos Marchands en achetent pour plus de quatre cens mille écus tous les ans. Ils les amassent peu à peu à chaque jour de marché, & quand ils en ont une certaine quantité, ils les emballent & les envoyent à Seïde par des Bateaux; ou quand il y a du danger par mer, ils les font porter par terre.

1660.

Il y a plusieurs belles Mosquées dans cette Ville, & entre les autres une toute neuve qui est auprès du Serail. Le dôme qui est couvert de plomb est soûtenu par de très-belles colonnes de marbre. Il y en a une autre dans la place du marché à la soye qui n'est pas moins belle. Les Imans & les autres Officiers de cette Mosquée ont soin de choisir les plus belles voix de la Ville, pour faire leur musique ordinaire au haut des Minarets tous les Jeudis au soir, & pendant toute la Lune du Ramadan. Cette musique paroît d'abord désagréable; mais quand on a l'oreille accoûtumée à leur maniere de chanter, on la trouve bonne, & elle fait plaisir.

Tous les gens de Barut ont de la voix, & aiment fort à chanter des chansons. On a le plaisir de les entendre la nuit dans leurs jardins où ils vont boire & manger. Ils chantent de toutes leurs forces, fur le même ton, & même en partie, & quelquefois à l'octave l'un de l'autre, & pendant qu'ils tiennent une taffe de vin à la main, ils chantent pendant un quart-d'heure avant de la porter à la bouche. C'est la maniere Orientale la plus galante.

La principale Mofquée a été autrefois une Eglife, qui appartenoit aux Cordeliers; elle est très-belle & fort grande; elle a trois nefs foûtenuës par des piliers de pierres de taille tout d'une piece. Elle est voûtée & couverte en terraffe. Les Chrétiens n'y peuvent entrer non plus que dans les autres, on n'étoit pas si rigide du tems de l'Emir Fexherdin.

Les gens du Païs affurent comme une verité conftante, que dans la cave de cette Eglife qui étoit comme une Eglife foûterraine, on y conferve un Crucifix, qui ayant été outragé par les Juifs, foüetté & percé de plufieurs coups dans la maifon de l'un de ces miferables, fur laquelle on a bâti cette Eglife, il répandit une fi grande quantité de fang miraculeux, qu'on en remplit plufieurs vafes, qu'on envoya ensuite en plusieurs endroits de la Chrétienté.

1660.

Ils disent qu'on en conserve encore une cruche, que l'on permettoit de voir du tems de l'Emir Melhem; mais que depuis que les Turcs sont maîtres de la Ville, ils ne veulent plus le permettre, & qu'eux-mêmes n'osent plus descendre dans cette cave, parce que les premiers qui y descendirent depuis que l'Eglise eût été convertie en Mosquée, perdirent la vûë, Dieu les punissant ainsi de leur trop grande curiosité, & que c'est pour éviter un pareil châtiment qu'ils ont fait boucher la porte de l'escalier qui y conduit.

Ils ajoûtent, que plusieurs Chrétiens riches, s'étant cottisez pour faire une somme considerable pour avoir ce Crucifix, les Turcs qui allerent pour le prendre, ne purent l'enlever de sa place. Les uns moururent sur la place, les autres devinrent aveugles, & tous ceux qui avoient eu part à cette vente, périrent miserablement en peu de tems. Il faut les en croire sur leur parole : car les Turcs & les Maures disent constamment la même chose. Voici encore un fait qui est si public, qu'il n'est pas possible de le révoquer en doute.

Lorsque les Turcs s'emparerent de

l'Eglise, ils ôterent la croix qui étoit sur le clocher, & mirent un croissant à la place selon leur coûtume. Quelques momens après, un coup de foudre emporta le croissant. Comme cela pouvoit être un effet du hazard, ils ne s'en étonnerent pas, tout superstitieux qu'ils sont. Ils remirent un autre croissant, qui fut emporté comme le premier, & cela étant arrivé quatre ou cinq fois de suite, ils ne sçavoient quel parti prendre, parce qu'il faut que toutes les Mosquées soient terminées par un croissant.

A la fin un Renegat qui avoit été Chrétien dans sa jeunesse, & qui vivoit d'une maniere si édifiante & si zelée pour l'Alcoran, qu'on le regardoit comme un Saint, persuada au Gouverneur & au Peuple, que le seul moyen qu'il y avoit d'y faire tenir un croissant, étoit de mettre une croix au-dessus, les assurant que par ce moyen les sortileges cesseroient & n'auroient plus d'effet. On le crût, un beau & grand croissant fut posé, & on planta entre ses deux cornes une croix de bois qui y est encore à present, & depuis ce tems-là le tonnere n'a touché ni à l'un ni à l'autre. J'ai vû la croix & le croissant plusieurs fois dans les differens séjours que j'ai fait à Barut, où j'ai appris cette Histoire de beaucoup de gens de toutes sortes de Religions.

Les Juifs n'ont point de Synagogue à Barut, ils s'assemblent les Samedis dans la maison du Rabin, & font leurs prieres dans une salle basse, qui a plûtôt l'air d'une écurie, que d'un lieu de prieres. Ils chantent, ou pour parler plus juste, ils hurlent comme des bêtes, & quand ils sont hors d'haleine, ils écoûtent les fables & les mensonges que ce fourbe leur débite, qui sont si éloignées du bon sens, qu'il est difficile de comprendre comment des gens qui ne manquent pas d'esprit pour le commerce, & pour tromper ceux qui se livrent à eux, peuvent écoûter les sottises grossieres dont il les entretient.

Quoiqu'ils soient également méprisez des Chrétiens & des Turcs, qui ne veulent pas même les recevoir à se faire Turcs, à moins qu'ils ne se soient purifiez auparavant en se faisant Chrétiens à leur maniere, c'est-à-dire, après qu'ils ont mangé du lard & bû du vin ; ils n'ont pourtant point de quartier séparé & fermé, comme dans bien d'autres endroits. Ils loüent des maisons où ils peuvent, n'en pouvant ja-

avoir en propriété, non plus que des terres, & font ainsi répandus dans la Ville parmi les Chrétiens & les Maures. On connoît aisément leurs maisons, & on les distingue des autres par la puanteur qui en sort, & par la malpropreté qui est dedans quand on y entre. Il est rare que les Chrétiens & les Turcs leur rendent visite. Quand on a besoin d'eux on les envoye chercher, & on leur parle comme à la plus vile canaille. Ils sont surchargez d'impositions, de droits, d'avanies. Quoiqu'ils puissent faire par leur travail, leurs épargnes, leurs friponneries, il est rare qu'ils puissent payer les sommes que les Turcs levent sur eux, & comme ceux-ci connoissent leur mauvais naturel, ils les bastonnent sans miséricorde, & leur font payer chérement les coups de bâton, sans qu'on leur diminuë un sol du principal & des interêts. Tel est l'effet & la suite de leur Déïcide. Les Turcs leur reprochent sans cesse qu'ils ont crucifié le Messie, & qu'ils meriteroient d'être tous exterminez, si la justice de Dieu ne les réservoit à de plus longs supplices en ce monde & en l'autre.

Excepté les Juifs, tous les Citoyens

de Barut de quelque Religion qu'ils soient, vivent bien ensemble. Ils ont de la politesse, se visitent, font des parties de plaisir. Le peuple même n'y est pas méchant comme à Seïde, & dans les autres lieux de la côte. Il l'est encore moins à Tripoli de Syrie, qui a plus l'air d'une grande Ville que pas une autre. Je crois que cela vient de ce que le peuple est plus riche, plus laborieux & plus occupé à son travail & à son commerce ; au lieu que dans la plûpart des autres Villes la misere & l'oisiveté les rend plus fripons & plus méchans.

Les Grecs ont une belle Eglise dédiée à saint Georges : c'est le siege de leur Archevêque. Elle est desservie par des Religieux de leur Rit.

Les Latins & les Maronites n'en ont qu'une même, séparée en deux par une muraille qui la traverse dans toute sa longueur. Il y a un Autel pour chaque Nation. Il y a aussi un endroit avec des jalousies, où les femmes & les filles entendent la Messe sans être vûës.

Cette Eglise est dans une grande cour, qui sert de Cimetiere aux Catholiques.

Le Couvent des Capucins est sur

le côté qui regarde la ruë. Il consiste en plusieurs chambres, une bibliotheque, un refectoir & autres offices, avec une cave. Ils sont ordinairement trois Religieux Prêtres, & un Frere Laïque. Ils sont aimez & estimez dans le Païs. Ils y font les fonctions de Curez & de Missionnaires avec une très-grande liberté.

Les Peres Jesuites ont une maison, que le Cheik Abou-Naufel leur a donné. Elle est dans un lieu écarté & sombre; c'est ce qui les oblige à y demeurer rarement, d'autant qu'ils ont d'autres lieux à la montagne, où ils font leurs Missions plus utilement qu'à Barut.

Le Serail ou Palais du Gouverneur a été bâti par l'Emir Fekherdin. Il est de la même forme que celui de Seïde dont j'ai donné la description, ce qui m'exempte d'en parler ici. Ce n'est que le diminutif.

Le Gouvernement de cette Ville est compris dans celui de Seïde. Le Pacha y envoye un de ses principaux Officiers qui l'afferme de lui, ou qui moyennant certains appointemens reglez, lui rend compte de Clerc à Maître de ce qu'il reçoit & dépense; il n'a que deux compagnies de cent Cavaliets chacune, & autant de Fantaſſins pour ſa garde. Quand il lui faut un plus grand nombre de troupes, le Pacha lui en envoye.

Les foſſez de la Ville ayant été comblez, on y a planté des allées d'arbres, qui font une promenade fort agréable. On y voit quatre groſſes colonnes de granite ou de pierres fonduës, dont deux ſont encore debout, & les deux autres par terre. On dit qu'elles étoient d'une Egliſe qui a été ruinée il y a fort long-tems.

Les bains ou étuves publiques ſont parfaitement belles. Les baſſins & le pavé ſont de marbre de differentes couleurs. La ſalle du milieu eſt couverte d'un dôme percé par pluſieurs ouvertures rondes, couvertes de cloches de verre, qui donnent un grand jour. C'eſt dans cette ſalle qu'on ſe deshabille. On n'a rien à craindre pour ſes habits, la ſûreté y eſt entiere. De cette ſalle on paſſe dans de petits cabinets voûtez, & éclairez de la même maniere, où l'on ſe fait ſuer & décraſſer ſi on le juge à propos. Tout y eſt extrêmement propre & dans la bienſeance la plus ſévere, & il en coûte fort peu.

Le grand Khan, c'eſt-à-dire, le logement des Etrangers, est sur le bord de la mer, proche de la Doüanne; c'est un grand bâtiment quarré de cinquante pas de face, avec des Magazins en bas & des chambres au-dessus. On y entre par une galerie qui l'environne. Il n'y a que les Egyptiens & autres Marchands du Païs qui y logent.

Le petit Khan qu'on appelle la Caisserie est dans le marché, proche le poids de la soye. C'est aussi un bâtiment quarré, dont la cour qui est au milieu, n'a que quinze pas de face. Il y a seize magazins au rez de chaussée, & plusieurs petites boutiques dans le vestibule qui l'environne. Le dessus forme un autre vestibule couvert par des arcades, d'où l'on entre dans seize chambres. Celles des angles sont grandes; on y peut faire des séparations: les douze autres sont fort petites. Ce Khan est solidement bâti, les murailles épaisses, toutes les fenêtres sont grillées de fer, & il est couvert en terrasse; où l'on va prendre le frais en Esté, quand les portes du Khan sont fermées. Les Marchands du Païs occupent pour l'ordinaire les petites chambres. Celles des angles, & quelques autres étoient occupées par les sieurs de Lorme, Bonnier, Quillet & Marandon, Marchands François, qui avoient aussi les meilleurs magazins, & quelques chambres pour leurs amis, & pour leurs offices.

Il y avoit un homme qui tenoit auberge, qui pour dix écus par mois traitoit fort bien, & ne laissoit pas de gagner du bien, parce que tout ce qui est necessaire à la vie y est à très-grand marché.

Il n'y a point de Consul François, ni de Vice Consul en cette Ville. Elle dépend du Consul de Seïde qui avoit soin de charger quelque Marchand établi de retirer ses droits, quand il se trouvoit quelque Vaisseau qui y faisoit son chargement. Les soyes que l'on porte à Seïde ne doivent point de droit de Consulat à Barut, parce que ces droits ne se payent qu'au lieu d'où le Vaisseau fait sa partance; & comme cette Ville dépend du Pacha de Seïde, le commerce de Marseille y a fait réünir ce qui dépendoit autrefois de celui d'Alep. Les broüilleries qu'il y avoit eu à ce sujet entre Messieurs Picquet & de Bricard, qui ont coûté des sommes considerables à la Nation, ont cessé du côté des François par cette réünion; mais sans la disgrace des Emirs Ahmed & Corquaz, qui soûtenoient le Cheik Abou Naufel, qui s'éroit fait pourvoir du Confulat par une furprife, la Nation feroit encore dans les mêmes embarras. En voici l'hiftoire.

Monfieur François Picquet alors Conful d'Alep, dont celui de Barut dépendoit, prétendoit avec juftice qu'on lui payât le droit des foyes & autres marchandifes qu'on trafiquoit à Barut. Monfieur de Bricard, qui étoit Conful à Seïde, prétendoit auffi le droit de Confulat fur les mêmes marchandifes quand elles paffoient à Seïde; de forte que les balles fe trouvoient chargées de deux droits de Confulat. Celui-ci pour faire fa cour à la Chambre du Commerce de Marfeille, lui reprefenta qu'on devoit abroger ce droit, qui étoit onéreux à la Nation. La Chambre l'approuva, & lui manda de le faire refufer aux gens que M. Picquet tenoit à Barut pour l'exiger. M. Picquet ayant demandé fon droit, on le lui refufa. Il mit pour Vice-Conful à Barut un nommé Ferrat, avec ordre de fe faire payer par toutes fortes de voyes. Il n'y en avoit point d'autres que celles de la violence, & ce fut le parti qu'il prit. Il s'accommoda avec le Gouverneur de Barut & l'Emir Melhem, qui dans ce tems-là avoit beaucoup de crédit dans le Païs, & leur promit tout ce qu'il avoit coûtume de tirer pour M. Picquet son Maître. Ce fut par le moyen d'Abou-Naufel qu'il fit ce traité, de sorte que le Gouverneur & l'Emir s'étant déclarez contre la Nation & le Consul de Seïde, il fallut payer le Sieur Ferrat malgré qu'on en eût.

1660.

Le Sieur Ferrat étant allé à Seïde pour quelques affaires, les François se jetterent sur lui, & sans la protection des gens du Païs, qui avoient ordre de le défendre, il auroit mal passé son tems. On le tira de leurs mains avec peine, & la Nation souffrit une grosse avanie, pour avoir mis le coûteau à la main les uns contre les autres. Monsieur de Bricard n'en demeura pas là, & résolut de se venger de Ferrat, qui prit la fuite & se retira dans la Montagne chez Abou-Naufel, à qui il proposa de prendre le Consulat de Barut, l'assurant qu'il le serviroit si bien auprès de M. Picquet, qu'il l'engageroit à le lui ceder. Cela arriva en effet; mais avant d'entrer dans le détail de cette affaire, il est bon de faire connoître qui étoit

Abou-Naufel, afin de détromper le public de ce qu'on a publié de lui en Europe.

Histoire du Cheix Nador Khazen, connu sous le nom d'Abou-Naufel.

Abou-Naufel avoit reçû le nom de Nador au Baptême, Khazen étoit celui de sa famille. Il étoit fils de ce Abou-Nador dont j'ai parlé dans l'histoire de l'Emir Fekherdin. Il changea de nom, selon la coûtume du Païs, à la naissance de son premier fils, qu'on nomma Naufel au Baptême, & se fit appeller Abou-Naufel, c'est-à-dire, pere de Naufel. Il étoit d'une famille Chrétienne Maronite, qui avoit toûjours été attachée à la Maison de Maon. Les Princes de cette illustre famille l'avoient favorisé, & tellement avancé, qu'il eut le moyen d'amasser beaucoup de bien en gérant les affaires de ces Princes, & en gouvernant leurs Villages comme leur principal Intendant, & eut enfin la proprieté de quelques-uns dans les Montagnes de Chouf & de Kesservan.

Abou-Naufel protegeoit assez volontiers les Chrétiens, quand il n'y alloit point de ses interêts, ni de ceux de ses Maîtres. Sa maison & sa table étoient ouvertes à tout le monde ; il faisoit des présens considérables aux

Emirs ; il faisoit des largesses à beaucoup de gens, sur-tout aux occasions des bonnes nouvelles, des naissances & des mariages de ses enfans & de ses parens. Il faisoit des aumônes aux pauvres païsans, & par ce moyen il s'attiroit l'estime de bien des gens. Les honneurs qu'on lui faisoit, le frequent commerce qu'il avoit avec les Etrangers, lui avoient donné quelque teinture de politesse. Pendant que l'Emir Melhem commandoit dans le Païs, il facilita aux Missionnaires le moyen de s'établir dans le Païs. Il leur donna même quelques mauvaises maisons dans des Villages, & une dans Barut aux Peres Jésuites, qui se servirent utilement de son crédit pour faire leurs Missions avec une entiere liberté, & en cela il étoit très-loüable, & rendoit service à l'Eglise.

Il avoit quatre grands garçons qui suivoient la Cour des Emirs Ahmed & Corquaz. C'est en ces quatre enfans & en quelques domestiques, que consistoient les troupes nombreuses qu'on donnoit à Abou Naufel. Il est vrai qu'il avoit assez de crédit pour faire prendre les armes à deux ou trois cens Païsans ; mais quelles troupes, & que pouvoit-on attendre de gens uniquement attachez à leurs charuës, que cinquante Janissaires auroient fait mourir de frayeur, s'ils se fussent presentez devant eux avec leurs seuls bâtons?

D'ailleurs Abou-Nausel avoit de grandes mesures à garder avec l'Emir Melhem, qui étant extrêmement avare, n'auroit demandé que le moindre prétexte pour le dépoüiller de tous les biens qu'il avoit amassez au service de la Maison.

Voilà le portrait flatteur & flatté que les Missionnaires faisoient de ce galant homme. Tel étoit le Cheix Abou-Nausel, que l'on a tant prôné dans l'Europe, que l'on disoit être en état de mettre sur pied quarante ou cinquante mille hommes, & qu'il n'avoit qu'à se montrer pour remettre la Syrie & la Terre-Sainte entre les mains des Chrétiens. On en a parlé au Pape sur ce pied-là, aux Cardinaux, & à toute la Congregation de la Propagande ; on l'a publié dans toute l'Europe comme le Prince des Maronites, le Protecteur puissant, & le défenseur zelé de la Foi dans tout l'Orient, sans l'appui duquel la Religion Chrétienne seroit anéantie dans tout ce vaste Païs.

Les

Les Missionnaires l'avoient mis sur le pied d'écrire familierement au Pape, aux Cardinaux, & aux plus grands Princes. Sur la foi des mêmes Missionnaires, nos Généalogistes complaisans lui avoient dressée une généalogie, qui le faisoit descendre des plus grandes Maisons de l'Europe, & l'avoient tellement persuadé d'une haute naissance, qu'il s'étonnoit lui-même que les étrangers en sçûssent plus que lui sur son origine; il faut dire plus, qu'il n'auroit jamais osé se l'imaginer, même en dormant.

Ce commerce de lettres qu'il écrivoit au Pape, dura long-tems, sans qu'il le sçût, ni qu'il en reçût les réponses. Ceux qui les écrivoient les recevoient, & lui en faisoient telle part qu'ils jugeoient à propos. Ils avoient soin d'avertir les Maronites qui alloient du Mont Liban à Rome de parler le même langage qu'eux, & ils firent si bien par leurs presens de branches de cédres, & autres semblables minuties, qu'ils faisoient au nom de ce Prince *in Partibus*, que le Pape lui envoya l'Ordre de Chevalier de l'Eperon doré, avec la qualité de Comte Palatin. Il en reçût les marques & les Patentes en beau parchemin, qui lui firent, à ce qu'on dit, beaucoup moins de plaisir que ne lui en auroient fait une cinquantaine de belles chévres, ou deux ou trois paires de bœufs : car les meilleurs yeux auroient pû voir mille fois ce Prince de théâtre, sans se douter que c'étoit lui dont on faisoit tant de cas en Italie; & qui ne s'y seroit trompé, voyant un Païsan grossier assis sur une pointe de rocher, les jambes croisées comme nos tailleurs, les pieds nuds en Eté, les souliers en pantoufles, un vieux bonnet de velours ou de drap, entouré d'un lez de soye, le corps couvert d'une grosse veste de baracan, avec une ceinture de cuir, ornée de quelques pieces de monnoye d'argent, appliquées avec des cloux de fer, qui soutenoit un grand coûteau à manche de corne, une pipe à la bouche, raisonnant de labourage, de chévres & de bœufs, avec une douzaine de Païsans assis devant lui, & faisant une conversation de deux ou trois heures avec eux sur ces importantes matieres? C'étoit pourtant ce Prince des Maronites, ce Chevalier de l'Eperon doré & ce prétendu Comte Palatin.

Il y a des gens que les Italiens regardent comme beaucoup au-dessous d'eux pour la superiorité du genie dont ils se flattent, qui assurément ne se seroient pas laissé duper comme ils l'ont été : ce qui les peut consoler, c'est que les François l'ont été aussi bien qu'eux ; car trompez comme les autres, ils ont élevé ce Prince des Maronites à la dignité de Consul de Barut, & on étoit prêt d'y ajoûter le Collier de l'Ordre de Saint Michel. Tout ceci se découvrit quand les Turcs ayant envoyé dix Janissaires pour le prendre, ils le firent fuir de montagnes en montagnes comme une chévre, & ne l'ayant pû atteindre, ils pillerent sa maison, & porterent au Pacha les papiers qu'ils y trouverent. Le Pacha m'envoya chercher pour les lui interpreter ; je lui en dis ce que je jugeois qui pouvoit faire moins de peine à notre Nation ; mais je ne pus qu'être extrêmement surpris de voir les remercîmens qu'on lui faisoit de la protection qu'il donnoit aux François pour leur commerce, & aux Missionnaires pour leurs fonctions, & que la souscription des lettres étoit : A Monsieur le Prince Abou-Nausel.

Cependant les provisions du Consulat étant arrivées, Abou-Nausel vint à Barut, fit les présens ordinaires à

1660.

l'Emir, & aux autres à qui on a accoûtumé d'en faire, & se fit recevoir par les Marchands. Ce jour-là il parut vêtu d'une grande veste rouge ; on le conduisit à l'Eglise, on le plaça sur un prie-Dieu couvert d'un grand tapis, avec un fauteüil & deux carreaux de velours. Il ne s'étoit jamais vû à telle fête. On chanta le *Te Deum*, & on fit le festin. Il nomma pour Vice-Consul le Sieur Ferrat, & le nommé Honorat Baudeuf pour Chancelier, & s'en retourna promptement à la Montagne.

Mais ces deux Officiers se trouverent bien éloignez de leur compte, quand ils voulurent exiger les droits du Consul leur Maître. Le Consul de Seïde écrivit au Commerce de Marseille la surprise qu'on avoit fait à la Cour, & en attendant ce qu'on décideroit là-dessus, il défendit qu'on lui payât aucun droit. Cela fut executé, & mit M. le Prince Abou-Nausel dans une étrange colere. Il se servit alors du crédit qu'il avoit à la Cour des Emirs, & sous leur protection il envoya des gens qui entrerent violemment chez le Sieur de Lorme, enfoncerent ses coffres, & emporterent quelques sacs d'argent sans compter, & cela en déduction des droits qu'on lui avoit retenus. Le Sieur de Lorme se plaignit, & il fut résolu que ce qu'on lui avoit enlevé lui seroit restitué par la Nation, sur laquelle on en fit la répartition.

Telle étoit la protection que ce Prince donnoit à la Nation, à quoi je puis ajoûter que les avis qu'il donnoit à ses Maîtres ont couté plus de deux cens mille écus aux Marchands François, par les avanies que ses avis leur ont fait payer la premiere année de son Consulat. Il est certain qu'il auroit ruiné entierement le commerce, s'il eût été en place plus long-tems; mais la puissance des Emirs ayant été entierement détruite, Dieu délivra la Nation d'une protection qui lui étoit si fort à charge, & Abou-Naufel n'a plus paru. Il se vit contraint de se tenir caché, & de fuir de montagne en montagne, dès que ses gens, c'est-à-dire ses compatriotes découvroient quelques Turcs qui venoient exiger les droits du Pacha. Les Turcs ne pouvoient s'empêcher, malgré leur sérieux, de nous rire au nez, & de se mocquer de nous d'avoir pour Juge & pour Magistrat un homme qui avoit besoin de deux Interpretes, un pour lui faire entendre notre Langue, & l'autre pour lui faire entendre la raison. On va voir un échantillon de sa vanité dans les titres qu'il prenoit dans les Patentes qui émanoient de sa Chancellerie. Les voici.

NADER-KASEN Prince des Maronites, Chevalier Romain, Comte Palatin, Conseiller du Roy, Consul pour Sa Majesté Très-Chrétienne en la Ville de Baruit & ses dépendances, &c. *Signé* FERRAT Vice-Consul. *Et plus bas* BAUDEUR Chancelier, & scellé aux Armes du Roy.

A la fin le Roy a réüni ce Consulat à celui de Seïde, & la Nation a été délivrée de ce prétendu Consul.

Histoire des Evêques Isaac & Sergius Gamerius.

L'Histoire de ces deux Evêques a trop de liaison avec celle d'Abou-Nausel pour les séparer, c'étoient ses créatures ; ils avoient par cet endroit la protection toute entiere de certains Missionnaires, qui les prônoient comme des gens du premier merite, quoique dans la verité il fût renfermé dans leur caractére. C'étoient de ces Evêques ambulans, p'us Quêteurs de profession, & plus habiles que ceux des

Capucins & des Carmes Déchauſſez, c'eſt-à-dire beaucoup, & ce n'eſt pas encore dire aſſez.

Le premier étoit un Evêque Maronite, à qui on donnoit la gloire d'avoir réüni à l'Egliſe Romaine une bonne partie de ſa Nation. Je ne dis pas de ſon Diocèſe, car il étoit, comme beaucoup d'autres, de ces Evêques *in Partibus*, & il n'avoit aucun Diocèſe affecté. Il aſſiſtoit le Patriarche des Maronites réſidant au Mont Liban. C'étoit un de ces Evêques Aſſiſtans qu'il envoye en commiſſion dans les lieux qui ont beſoin de leur Miniſtere. Son Païs n'avoit pas l'honneur de lui plaire, auſſi ſe donnoit-il de grands mouvemens pour être député en Europe, & ſur tout en France, où il faiſoit des quêtes conſidérables. Il avoit auſſi vû l'Italie, avoit été préſenté au Pape & à la Congrégation de la Propagande; mais ce Païs l'accommodoit peu, il n'en retiroit que des Indulgences, des Bulles, des réſolutions de cas ſur les matieres contentieuſes, & des bénédictions. Ce n'étoit pas là le but de ſon voyage. La France l'accommodoit. A la faveur d'un Interprete habile il expoſoit pathétiquement la déſolation des Maronites Catholiques, exposés à l'avarice des Turcs, & aux vexations continuelles des Grecs Schismatiques, & ennemis irréconciliables des Latins & de ceux qui leur sont unis. Il représentoit que ce n'étoit qu'à force d'argent qu'on conjuroit les tempêtes toûjours prêtes à les submerger, & les François zélez pour la conservation de la Foi dans ces Païs éloignez, compatissans aux besoins de ces Confesseurs si souvent outragez, ouvroient libéralement leurs bourses ; le chargeoient d'argent, d'ornemens d'Eglise, de Vases sacrez, & de tout ce qu'il disoit être nécessaire pour faire des présens aux Gouverneurs Turcs, aux Emirs, & autres Seigneurs du Païs, qui sans ce secours ne leur laisseroient pas la moindre ombre de liberté. Ce qu'il y avoit de surprenant, c'est que cet Evêque Quêteur, qui trouvoit dans la bourse du dévot sexe des secours considérables, ne pouvoit s'empêcher d'en parler très-mal, & de dire qu'il ne croyoit pas qu'il y eût une honnête femme en France ; & quand on lui demandoit quelle raison il avoit pour porter un jugement si désavantageux d'un sexe dont il avoit reçû tant de biens, il répondoit que tout homme de bon sens, parleroit comme lui, s'il avoit vû comme lui les filles & les femmes souffrir qu'on leur prenne les mains, qu'on les baise, & qu'on ait des conversations particulieres & fort gayes avec elles. Mais lui qui parloit & qui jugeoit si mal, étoit-il plus sage & plus retenu que les autres, & les femmes de son Païs sont-elles plus retenuës & moins sujettes à faire des fautes? Leur contrainte les rend-elles plus réservées? C'est ce qu'il auroit eu bien de la peine de prouver. Les Femmes Européennes, avec la liberté honnête & innocente dont elles sont en droit de joüir, ont plus d'honneur & de vertu mil fois que les Asiatiques, qui pour la plûpart ne font point de mal, parce qu'elles n'en ont pas l'occasion.

Sergius Gamerius Prêtre Maronite avoit un mérite fort au dessous du plus commun, peu ou point de capacité. Il étoit d'ailleurs d'une conduite si peu réguliere, que son Patriarche auroit bien voulu pouvoir lui ôter le caractére qui lui faisoit dire la Messe; mais il avoit l'ambition d'être Evêque, & au défaut des qualitez requises pour cet auguste caractere, il étoit sous la protection d'Abou-Naufel, qui étoit alors fort puissant à la Cour des Emirs, qui à force de menaces contraignit ce vénérable Prélat le Patriarche à imposer les mains à Sergius, & à le faire Evêque, malgré toute sa répugnance, & les raisons qu'il avoit de ne le pas faire. Il le fit à la fin, & aussi-tôt il prit le chemin d'Europe pour y faire les quêtes sur lesquelles il comptoit pour l'établissement de sa famille. La France devint sa Vache à lait : il sçut si bien se contrefaire & exposer la misere de son Patriarche & des Chrétiens des Montagnes du Liban & autres Lieux du Païs, qu'il en tira de très-grosses sommes ; aussi y fit-il plusieurs voyages, & toûjours très-utilement. Il eut l'adresse de se faire passer pour un des plus sçavans dans les Langues Orientales, & le génie obligeant des François alla si loin pour lui, qu'il attrapa la qualité de Sécrétaire Interprete du Roy pour les Langues Orientales, avec une assez bonne pension. On ne peut nier qu'il ne sçût l'Arabe & le Syriaque. L'une étoit sa Langue naturelle, & l'autre est si commune dans le Païs, que les Païsans les plus grossiers la parloient aussi bien que lui.

Je le vis la premiere fois à S. Jean d'Acre en 1658. Il venoit de Marseille, d'où il apportoit une grosse somme d'argent, avec quantité de hardes & de marchandises qu'il avoit quêtées pendant son voyage.

Je l'entendis parler François & Italien si mal, qu'on avoit peine à l'entendre, & un Religieux Allemand l'ayant complimenté en Latin, il ne put lui répondre. Il parloit & entendoit si peu la Langue Turque, que m'étant trouvé à la Doüanne dans le tems qu'on visitoit ses hardes, le Doüannier & lui ne pouvoient s'entendre. Ce Doüannier commençoit à se fâcher, & le traitoit de Giaour, c'est-à-dire, d'Infidéle, quand je pris la parole, ne pouvant souffrir qu'il traitât si indignement un Evêque. Je les accommodai le mieux qu'il me fut possible.

Lorsqu'il alla en France la seconde fois, on eut la charité de l'avertir de prendre quelque grand nom qui le fît respecter, il le fit, & se fit passer pour Archevêque de Damas. Cette imposture, & bien d'autres attendrirent le cœur de nos Françoises, elles lui firent de grosses aumônes & de grands présens. Il en fut plus reconnoissant que l'Evêque Isaac, & publioit par tout que les femmes de France n'avoient pas leurs pareilles, qu'elles étoient des modéles achevez de toutes sortes de vertus, & sur-tout de charité. Mais au lieu d'employer les grosses sommes qu'il en tiroit à soulager les pauvres de son Païs pour qui elles étoient destinées, il les remettoit à un de ses neveux, qui connoissant parfaitement le Païs, achetoit au commencement de la récolte les plus belles soyes, les gardoit jusqu'à l'arriere saison, & puis les vendoit à vingt-cinq ou trente pour cent de benefice d'une vente à l'autre, & pendant qu'il faisoit ce commerce, M. Sergius retournoit en France continuer ses levées, bien sûr que les charitez ne lui manqueroient pas.

Il fut à la fin trompé par son neveu. Etant revenu au Liban, où il croyoit trouver ses fonds bien augmentés, & y être assez riche pour se passer de faire des quêtes, il trouva que son neveu s'étoit enfui avec son argent. Il courut après, & fut assez heureux pour l'attraper; mais il ne pût retrouver son argent, soit qu'il eût été dissipé, soit que le neveu l'eût si bien mis à couvert, qu'il n'en pût avoir de nouvelles. Il fallut songer à en amasser d'autre. Il revint en France, mais il mourut à Marseille.

Je pourrois rapporter d'autres exemples de ces Quêteurs de profession que l'on voit si souvent en Europe, & sur-tout en France. Ces deux suffisent pour faire voir quel usage ces sortes de gens font des aumônes qu'ils recüeillent.

CHAPITRE XXIII.

Voyage de Barut à Tripoli de Syrie.

APrès avoir demeuré un tems asséz considerable à Barut, & avoir examiné à loisir tout ce qu'elle renferme & tous ses environs, j'en partis avec quelques Négocians François, & mes gens pour aller à Tripoli de Syrie. Je remarque exprès cette distinction, afin qu'on ne confonde pas ce Tripoli avec une autre Ville du même nom, qui est sur la côte de Barbarie, dont j'aurai occasion de parler dans la suite de ces Memoires.

Nous nous arrêtâmes à un quart de lieuë de la Ville, pour voir autant qu'il nous seroit possible l'Eglise de S. Georges.

Ali Pacha Renegat Armenien étant Gouverneur de Seïde & de Barut l'a changée en Mosquée. Comme il avoit été Chrétien, les Mahometans le soupçonnoient toûjours d'avoir conservé du penchant pour son ancienne Religion, & l'accusoient même d'être encore Chrétien dans l'ame. Ils font le même jugement de tous les Renegats, & c'est en partie ce qui oblige ces miserables apostats d'être plus sévéres que les Turcs naturels, & de vexer davantage les Chrétiens. On dit que ce fut pour éloigner ces sortes de soupçons, qu'il ôta cette Eglise aux Chrétiens, & qu'il la changea en Mosquée. Il ne pouvoit pas faire un plus grand chagrin aux Chrétiens, sur-tout à ceux du Païs, qui ont une dévotion singuliere à ce S. Martyr. Voici sur quoi elle est fondée. Ils assurent que cette Eglise avoit été bâtie précisément au lieu où S. Georges tua un horrible dragon, qui se retiroit pour l'ordinaire dans un lac que la riviere forme en ce lieu dans ses débordemens. Ce Monstre en sortoit quand il avoit faim, & se postant sur le chemin qui conduisoit à la Ville, il dévoroit les passans, & tenoit tout le monde dans la crainte & la frayeur. Le Peuple idolâtre de la Ville crût que ce désastre leur arrivoit, parce qu'ils avoient offensé leurs Dieux, & que ce Monstre étoit le ministre de leur colere. Après une mûre déliberation, ils crurent que le moyen de les appaiser étoit de faire un vœu solemnel de leur sacrifier tous les ans la plus belle fille du Païs, sur laquelle le sort tomberoit, & de l'exposer à ce Monstre pour en être dévorée, & par ce moyen l'empêcher de faire des ravages plus frequens & plus considerables.

Il arriva que le sort tomba sur la fille du Roi ; & comme il n'y avoit pas moyen de reculer après un vœu si solemnel, on conduisoit la Princesse dans une espece de petit Temple, où le dragon la devoit venir dévorer. On attendoit ce fatal instant, quand S. Georges passa par là bien monté, & sa lance sur la cuisse. Il s'informa quel étoit le sujet des pleurs & des cris que le malheur de la Princesse attiroit, on le lui dit, & il assura ces pauvres Idolâtres qu'il les délivreroit du dragon, s'ils vouloient lui promettre d'embrasser sa Religion, & d'adorer le vrai Dieu qu'il adoroit. On le lui promit avec joye, & sur cette assurance S. Georges se mit en posture & attendit le dragon. Il parut, & S. Georges alla droit à lui, & lui planta sa lance dans la gorge & le tua. On jetta le corps de ce Monstre dans un profond fossé, que l'on voit encore aujourd'hui. La Princesse fut délivrée, & le Roi & tout son

Peuple embrasserent la Religion Chrétienne. Quoique S. Georges ait été martyrisé, & qu'il soit mort, les Chrétiens & les Turcs se sont mis en tête que ce Saint n'est pas mort, & l'appellent comme Elie *Khdr Elias*, c'est-à-dire, Elie le Vif ou Verd. Les Turcs donnent la même prérogative à S. Georges, & croyent qu'il a été de leur Religion, aussi bien qu'Elie, qu'ils mettent dans le nombre de leurs Prophetes qui ont précedé Mahomet.

Ali Pacha ayant declaré qu'il lui paroissoit indigne de la pieté Ottomane, de laisser plus long-tems un lieu si saint entre les mains des Infidéles, & qu'il vouloit le purifier & en faire une Mosquée, il permit que les Chrétiens emportassent tous leurs tableaux & les autres meubles de cette Eglise, moyennant une grosse somme d'argent qu'ils lui donnerent secretement. Ils emporterent donc tous les tableaux, les vases sacrez, les autels & jusqu'aux cloisons, que les Chrétiens Grecs emporterent chez-eux comme des reliques, & ils ne virent qu'avec une extrême indignation la profanation de cette Eglise; ils avoient raison, & ils esperoient que cet outrage fait à Dieu ne demeureroit pas impuni. Cela arriva en effet.

Ali Pacha tomba malade, il se fit porter en litiere à Constantinople, où il fut décapité, & son corps jetté à la mer.

1660.

Les Chrétiens & les Turcs attribuerent sa mort au ressentiment de S. Georges, qui depuis ce tems-là a operé plus de miracles qu'il n'en avoit jamais fait. Les pierres de l'Autel, & generalement tout ce qu'on avoit sauvé de son Eglise, ont été des sources si fécondes de prodiges, que les Grecs ont de quoi se consoler de l'impieté de ce Pacha. Il avoit fait mettre une grande table de marbre sur la porte de l'Eglise profanée, & y avoit fait graver en lettres d'or des vers Turcs dont voici le premier.

*Mussegid olvith lerdur con
Mecarné Cufar.*

Qui veut dire en François : Les Infidéles ont adoré long-tems en ce S. Lieu. Les autres vers contenoient les raisons qu'il avoit euës de changer cette Eglise en Mosquée, afin que Dieu y fût adoré par les fidéles d'une maniere plus convenable qu'il ne l'étoit par les Chrétiens.

Nous traversâmes ensuite la riviere de Barut sur un pont de pierres de six arches, que l'Emir Fexherdin avoit fait bâtir. Cette riviere passe au milieu d'une belle plaine, qui est inondée en hyver, & qui devient ensuite une prairie excellente.

Nous trouvâmes une autre riviere à trois lieuës delà, on l'appelle *Nahtar Ekkelb*, ou la riviere du Chien, parce qu'il y avoit autrefois la figure d'un gros chien, que les Païens avoient taillé dans le roc d'un Cap assez avancé dans la mer, dont l'emploi étoit de découvrir les armées qui venoient, & d'en avertir par ses cris qui étoient si forts, qu'on les entendoit de l'Isle de Chypre. On voit par là qu'il avoit la voix bien forte. Mais les Turcs ausquels la Religion défend de souffrir aucune figure taillée, l'abattirent & le firent tomber dans la mer, où l'on le voit encore quand la mer est calme; mais il n'aboye plus, & c'est dommage : car j'aurois tout risqué pour être témoin de ce prodige, & peut-être qu'on me croiroit plûtôt sur ma parole, que sur la tradition que je rapporte ici.

On a taillé à pointe de ciseau un chemin dans le pied du rocher, qui se termine à un beau pont d'une seule arche très-bien & très-solidement bâti. Le chemin selon les apparences a été fait par l'Empereur Marc-Aurele, puisqu'on voit cette Inscription gravée en gros caracteres Latins sur le rocher.

Imp. Caf. M. Aurelius Antoninus, Pius, Felix, Augustus, Part. Mars. Britannicus.

Et au bout du pont, il y a une table de marbre de huit pieds de long sur quatre de large, où il y a six lignes d'écriture Arabe, à la loüange de celui qui a fait bâtir le pont pour la commodité des passans, qui sont exhortez de prier Dieu pour le repos de son ame.

Cette riviere n'est pas grande, elle se dégorge dans la mer avec beaucoup de rapidité, parce qu'elle est serrée entre deux montagnes fort hautes, & c'est encore pour cela qu'elle est fort profonde.

En continuant notre route sur le bord de la mer, nous trouvâmes une ancienne Eglise que les Turcs ont réparée, afin d'y loger leurs bestiaux, & peu après nous arrivâmes à Gibeïl.

Cette Ville s'appelloit autrefois Gibletta. Elle est située sur le bord de la mer, sur une langue de terre assez fertile, qui est entre le rivage & le pied

Gibeïl ou Gibletta presentement Village.

des montagnes, dont cette côte est toute bordée. Il paroît par les restes de ses murailles, de ses Tours, de ses Châteaux, que c'étoit une Forteresse d'importance. Son Port étoit grand, beau, profond, son entrée étoit défenduë par deux Châteaux, dont on voit encore les ruines, aussi bien que des magasins, & autres édifices. Il est à present presque entierement comblé : de sorte qu'il n'y peut entrer que de petits Bateaux. Il paroît qu'il y a eu de belles Eglises & grand nombre de maisons. Tout est détruit. Ce n'est plus qu'un Village mediocre, dont la plûpart des maisons sont dans des caves réparées ou bâties sur les ruines des anciennes.

Les Turcs y ont fait bâtir un Château, à cause des Corsaires. C'est un bâtiment quarré, avec une porte couverte de lames de fer. Le corps de Garde est à main gauche en entrant, avec une vingtaine de mousquets pour armer la Garnison, qui est en pareil nombre de Janissaires. Il y a des logemens au rez de chaussée ; ils sont voûtez & couverts en terrasses. Sur ceux qui regardent la mer, il y a deux ou trois fauconneaux, & deux pieces de canon de fer.

L'Aga du Château est la personne la

plus considerable du Village. Tout le reste des Habitans ne sont que des Païsans, & de pauvres gens qui travaillent à la terre, & qui vivent au jour la journée de ce qui vient au marché.

1660.

Cette Ville dépend du Gouvernement de Tripoli, qui s'étend de ce côté jusqu'à la riviere appellée *Nahar Abrahim*, ou riviere d'Abraham. Elle est si petite qu'il n'y a rien à en dire de considerable.

Nous couchâmes au Gibeïl, & le lendemain matin nous passâmes devant Patron, autre Ville ou Village aussi ruiné que Gibeïl, & nous arrivâmes à un Village appellé *Amphe*, où il n'y a rien de considerable.

Nous côtoyâmes ensuite le pié du Cap Rouge, qui est taillé naturellement à plomb comme un mur, & dont le dessus est plat. Il y a un petit Hermitage fait comme une Tour.

On appelle vulgairement ce Promontoire *Capponie*. Les Francs le nomment Cap Rouge par corruption du mot Arabe *Ouege*, qui signifie Face. Les gens du Païs l'appellent *Ouegal Hhiar*, c'est-à-dire, Face de pierres, à cause qu'il paroît ainsi quand on le voit de la mer.

Nous vîmes à demie lieuë delà un Monaſtere de Grecs à mi-côté d'une montagne, & nous arrivâmes à Tripoli ſur les ſix heures du ſoir. J'allai loger chez M. Marco Conſul de notre Nation, avec qui je paſſai fort agréablement quinze jours, en attendant la réponſe du Patriarche du Mont Liban, à qui j'avois écrit le deſſein que j'avois de l'aller voir, & que j'avois prié de m'envoyer une perſonne de confiance pour nous conduire.

J'employai à mon ordinaire mon ſéjour à voir la Ville, & les environs dont je vais donner la deſcription.

Tripoli eſt un mot Grec, qui ſignifie trois Villes. Il y en avoit en effet trois. De ces trois Villes, il y en avoit deux ſituées ſur le bord de la mer, & la troiſiéme en étoit éloignée d'environ un quart de lieuë. Elles faiſoient entre elles un triangle.

Celle qui étoit le plus au Septentrion eſt abſolument ruinée ; il n'y reſte plus que des monceaux de terre. On en a enlevé preſque toutes les pierres, dont on s'eſt ſervi pour bâtir ailleurs.

La ſeconde, qui a conſervé le nom de Tripoli, ſubſiſte encore.

La troiſiéme, qui eſt au bord de la mer du côté du Midi, eſt preſque auſſi ruinée que la premiere. Elle paroît avoir été fortifiée, ses murailles étoient fort épaisses. On a conservé avec soin les magasins anciens qui servent à renfermer les grains, le sel & les autres marchandises, avec les agrets des Saïques & des Bateaux, qui peuvent entrer dans le Port. Car ce Port qui étoit autrefois des plus considerables est presque comblé : de sorte qu'il n'y peut entrer que de petits Bâtimens. Les Saïques & les Vaisseaux des Francs qui viennent y charger moüillent au large, à l'abri de quelques écüeils, qui les mettent à couvert des vents du Nord. Le fond est de roche, & en plusieurs endroits de sable & de vase d'assez bonne tenuë.

Il y a des petites Tours sur le bord de la mer, avec des gens qui observent ce qui se passe à la mer, & qui en donnent avis par des signaux.

Le Port est défendu par six grandes Tours quarrées munies d'artillerie, qui sont fort en état d'empêcher l'entrée du Port aux Corsaires Chrétiens. De ces six Tours, il y en a trois qui ont été bâties par Godefroi de Boüillon. Les Turcs les entretiennent avec soin, comme des Forts qui gardent leurs maisons. Elles sont à portée de mousquet les unes des autres.

Aux environs du Port & ſur le bord de la mer, il y a un bon nombre de maiſons bien bâties qui forment un Bourg, avec quantité de magaſins qui ſervent d'entrepôt pour toutes ſortes de marchandiſes, en attendant qu'il y ait occaſion de les embarquer. Il y a auſſi une Moſquée, une Chapelle pour les Chrétiens, & une Doüanne, où l'on paye les droits de tout ce qui entre à Tripoli, ou qui en ſort par mer.

En allant de la Marine à la Ville, il y a une plaine d'un quart de lieuë, dont le côté gauche juſqu'à la mer ſert de pâturage à quantité de gros buffles, de bœufs & de vaches.

La droite eſt toute en jardins, dans leſquels il y a des mûriers blancs pour nourir les vers à ſoye, des abricotiers, des orangers, citronniers, figuiers, grenadiers, vignes, & toutes ſortes de fleurs. Le terrein eſt admirablement fertile, & ſi bien arroſé par des ruiſſeaux, qui tombent par caſcades des montagnes & des collines qui l'environnent, qu'il ſemble que ce ſoit un Paradis terreſtre.

La Ville eſt ſituée dans le fond d'une vallée bornée de deux hautes montagnes, l'une au Septentrion, qui eſt ſéche & pelée, & l'autre à l'Orient

qui

qui est couverte de verdure & fort fertile. C'est de cette derniere que sortent une infinité de fontaines, qui arrosent les arbrisseaux qui la couvrent, & la rendent des plus agréables.

Il y a une petite colline de terre au Midi de la Ville, qui empêche qu'on ne la découvre de loin, & à l'Occident une vaste prairie qui regne le long de la riviere jusqu'à la mer.

Cette riviere vient du Mont Liban. Sa source est au pied des cedres dans le fond d'une vallée. Elle grossit insensiblement par les ruisseaux qui viennent de ces montagnes, on l'appelle *Fluvius sanctorum*, ou *Nahar Eladissim* en Arabe.

C'est la riviere qui passe au milieu de la Ville, sur laquelle les Chrétiens ont bâti un beau pont de pierres, quand ils étoient maîtres du Païs. Elle va se perdre dans la mer à un quart de lieuë delà. Ses bords sont couverts de gazon & plantez de peupliers, & d'autres arbres de haute futaye, & de tant d'arbrisseaux qu'on croit être dans un lieu enchanté, quand on s'y rencontre au Printems, & qu'on voit tous ces arbres fleuris.

La Ville est d'une grandeur mediocre. Elle est fermée de bonnes murailles avec des Tours. Il est vrai qu'une partie de ces Tours sont petites & de peu de défense ; mais celles qui couvrent les portes & qui sont aux angles, sont bien plus considerables & bien meilleures, & sur-tout celles qui ont été bâties par Godefroi de Boüillon.

Les maisons sont belles, commodes & bien bâties. La plûpart ont des fontaines dans tous leurs offices. Il y a des jets d'eau dans les appartemens de rez de chaussée. Cela les rend plus frais ; mais en même-tems plus humides & plus mal sains. Elles ont aussi toutes leur jardin, & sont couvertes en terrasses.

Il y a de belles Mosquées, des bains publics magnifiques, des bazards couverts de voûtes de pierres de taille, & des Khans dans le goût de celui de Seïde ; mais plus grands, plus beaux, plus propres, mieux éclairez.

Celui où logent les Francs a un réservoir dans le milieu de la cour, qui a vingt-cinq pas de longueur & dix de largeur, avec une fontaine qui coule toûjours.

Le Consul de France a une très-belle & très grande maison. Il y a une Chapelle, quantité de chambres, des appartemens bas, des offices, des magasins, & tout ce qui peut rendre une maison commode & agréable, & comme elle est située dans un endroit assez élevé, on découvre fort avant sur la mer, & sur les terres qui environnent la Ville.

1660.

Le Château a été bâti par Godefroi de Boüillon. Il est situé sur le sommet d'une colline qui est au Midi, il commande la Ville entierement ; mais il est lui-même commandé par les montagnes qui sont au Septentrion & à l'Orient, qui sont plus élevées que lui, & qui en sont assez voisines. On n'y prenoit pas garde de si près en ce tems, l'artillerie n'étoit pas encore inventée, on ne pouvoit pas abattre des murailles, il falloit s'en approcher à la portée du belier. Ce Château seroit aujourd'hui de peu de défense. Des batteries à mi-côte de ces montagnes l'auroient bien-tôt rasé & mis en poudre. C'est un quarré long, flanqué de grosses Tours. Le rempart est large avec quelques pieces de canon & des crenaux tout autour.

Les Habitans de Tripoli sont assez honnêtes gens, fort propres, ils sont riches, ils ont l'air de gens de Ville. Il y a beaucoup de Turcs & de Chré-

R ij

tiens, peu de Maures, & encore moins de Juifs. Cela est extraordinaire : car les Juifs aiment fort les Villes de commerce, & quoiqu'ils n'y soient pas aimez, & qu'ils le gâtent tant qu'ils peuvent, le gain les conduit par tout.

Cette Ville est fort marchande. Le commerce s'y fait avec assez de bonne foi. Outre les marchandises d'Egypte que l'on trouve toûjours en quantité, & celles des Païs plus éloignez, on y fait un trafic de soyes très-considerable. Elles sont du cru du Païs, plus fortes & plus unies que dans les autres endroits de la côte, on les employe à cause de cela aux ouvrages d'or & d'argent.

On trouve aussi quantité de ces cendres qu'on transporte à Marseille & à Venise, pour faire du verre & du savon, des raisins secs qui viennent de Balbée, des tapis & des étoffes du Païs, de soye, de laine & de cotton.

C'est ce commerce qui y attire les Marchands François, Anglois, Hollandois & Venitiens, qui y font un negoce considerable.

Les François l'ont abandonné pendant un assez long-tems. L'on prétend que c'étoit à cause d'une excommunition, que le Pape avoit lancé contre tous les Catholiques qui iroient y trafiquer. Mais la raison la plus vrai-semblable, est qu'un Gouverneur de Tripoli avoit fait jetter dans un puits, qui se voit encore sur le chemin de la Marine, tous les François qui s'étoient trouvez dans la Ville, & avoit fait combler le puits pour s'emparer de leurs effets.

Les François après une si triste catastrophe, n'oserent plus se risquer dans un lieu si dangereux pour eux, & transporterent leur commerce à Alep, aussi bien que le Consulat. Le Grand Visir ayant été informé de cette cruauté, fit étrangler le Gouverneur, & confisqua ses biens au profit du Grand Seigneur & au sien, & donna des assurances si positives qu'il n'arriveroit jamais rien de semblable, que les François y sont revenus; mais le Consulat est demeuré à Alep, & celui qui en fait les fonctions à Tripoli, n'a que la qualité de Vice-Consul.

Il n'y a point d'autres Religieux Francs que les Capucins. Ils y ont une Eglise, un Couvent & un jardin fort joli & fort bien entretenu. Ils y sont respectez des Turcs mêmes, qui les regardent comme des gens tout à fait détachez des biens de ce monde, & leur font la charité.

Les Grecs y ont plusieurs Eglises, & une Cathedrale où il y a un Evêque & beaucoup de Prêtres.

Les Carmes Déchauffez y ont aussi une maison, où ils se retirent quand ils y viennent du Mont-Carmel.

Il y a une fontaine à demie lieuë de la Ville vers le Nord, avec un grand bassin quarré. On l'appelle en Arabe *Berket al Bedoüi*, c'est-à-dire, le réservoir des Bedoüins. L'eau est merveilleuse au sentiment des gens du Païs, aussi bien que les poissons qui y sont. Ces poissons sont comme les carrelets de l'Ocean, & un peu plus longs & plus étroits, ce qui les fait ressembler à des soles. Ils sont blancs d'un côté, & on prétend qu'ils l'étoient autrefois de tous les deux. A present ils n'ont qu'un côté blanc, & l'autre semble avoir été grillé. En effet, on y remarque le trait des branches du gril que la chaleur y a empreinte. Voici la raison qu'on en apporte. Un Derviche ayant pris quelques-uns de ces poissons pour les manger, les mit sur le gril, ils eurent la patience de se laisser bien griller d'un côté; mais quand il les voulut tourner de l'autre, la patience leur échappa, & ils sauterent dans la fontaine, & communiquerent à leurs descendans les marques de brûlure, que le gril avoit imprimées sur leur peau.

Le Derviche affamé fut épouvanté de ce prodige, il le divulgua, & depuis ce tems-là aucun n'a osé toucher à ces poissons. On les respecte comme des animaux miraculeux. Les personnes dévotes vont les contempler & leur jettent du pain pour les nourrir, & pour leur faire oublier le mauvais traitement qu'ils ont reçû de ce Derviche.

Assez près de cette fontaine, on trouve des pierres molles comme de la terre gleize, blanches, compactes & médiocrement pesantes. Quand on ouvre ces masses, on y trouve les empreintes & même les squelettes de differens poissons. J'en ai apporté plusieurs pieces; dans les unes les arrêtes des poissons y étoient toutes entieres, les têtes, les corps, les queuës, les nageoires, on pouvoit aisément les séparer de la matiere où ils sembloient avoir été enchâssez : dans d'autres il n'y avoit que l'empreinte des mêmes parties des poissons, comme si elles y avoient été gravées au burin. J'en ai vû en differens endroits, que des Voyageurs curieux avoient apportées de ce lieu, & peut-être de quelques autres qui ne sont pas venuës à ma connoissance, & j'ai été témoin plusieurs fois des disputes qu'il y avoit entre des Sçavans sur la cause de ce fait. Les uns disoient que ces poissons avoient été ensevelis par ces terres dans le subversement qui étoit arrivé dans le Déluge, & que les chairs ayant été consumées par la longueur du tems, il n'étoit resté que les os, & que dans les autres où il ne restoit point d'ossemens, c'étoit parce que le tems les avoit consumez. D'autres soûtenoient que ce n'étoit qu'un jeu de la nature. Je rapporte le fait, il est très-veritable, & peut servir à donner la gêne aux esprits de ceux qui voudront approfondir ce mystére.

A demi quart de lieuë ou environ de la Ville du côté de l'Orient, il y a un beau & grand Monastere de Derviches, il est bâti sur le penchant de la montagne, au pied de laquelle la riviere passe.

Ces Derviches vivent sous la Regle de *Meylana* un de leurs Patriarches. Ils ont tous un habit uniforme de belle étoffe, mais modeste, & au lieu de turban, ils portent un bonnet de feutre blanc, qui est la partie essentielle de leur habit, & la marque de l'Institut qu'ils ont embrassé. Il leur est libre de demeurer dans le Monastere, où ils sont nourris & entretenus, ou dans la Ville en leur particulier ; mais il faut qu'ils se rendent tous au Monastere le Vendredi matin.

La Mosquée de ce Monastere est accompagnée d'une espece de cloître ou de vestibule, avec des arcades sous lesquelles il y a un bon nombre de fontaines, avec des bassins de pierres, où ils font leurs ablutions avant d'entrer dans la Mosquée.

Ils commencent leurs prieres qui sont assez longues sur les dix heures du matin, & quand elles sont achevées, le *Dedé* ou Superieur monte à l'aide d'une échelle de cinq marches, sur une estrade environnée d'une petite balustrade. Il s'y assied à la maniere de nos Tailleurs. Il ouvre l'Alcoran avec un respect & une modestie admirable, & y lit un passage de deux ou trois lignes, qui sert de texte au Sermon qu'il doit faire, il le baise ensuite, le ferme ou le roule, le met sur sa tête, & le tient à la main pendant l'explication qu'il en va faire. Tous les Dervichess
R v

s'asseoient alors par terre sur leurs genoux & sur leurs talons, & forment un grand croissant autour du Prédicateur, selon leur rang d'ancienneté. Ils ont les yeux baissez, ne tournent point la tête, ne crachent & ne mouchent point. On les prendroit pour des statuës tant ils sont immobiles. Dans cet état, ils écoûtent avec une attention merveilleuse les rêveries que leur Superieur ajoûte à celles de leur Prophete. Quelque long que soit le Sermon (car il y a chez-eux, comme chez-nous des Prédicateurs fort diffus,) pas un d'eux ne dort, pas un ne remuë.

Le discours fini, ils se levent tous en même-tems avec gravité & modestie, & toûjours les yeux baissez, ils se mettent à tourner tantôt sur un talon & tantôt sur l'autre, avec une rapidité qui feroit tourner la tête à tout autre qu'à des gens comme eux, qui sont instruits dans cet exercice dès leur jeunesse. Les Renegats disent que nos Moines se donnent la discipline, & que la danse ou le tournoyement des leurs, leur en tient lieu. Ils continuent ce pénible exercice pendant près d'une heure. Quand les flûtes & les timballes cessent de joüer au signe que fait le Superieur, il descend aussi-tôt avec gravité, & tenant toûjours son Alcoran à la main, il se met à tourner comme les autres ont fait; mais personne ne lui tient compagnie. Ils forment un cercle autour de lui debout, les yeux baissez & les bras pendans sur leurs côtez. Quand il a tourné environ autant de tems que les autres, il fait un signe, & aussi-tôt les instrumens cessent. Il s'assied sur un tapis, & tous les Novices lui viennent baiser la main fort respectueusement. C'est en cet endroit que finit la cérémonie. Le Superieur que j'avois salué avant qu'elle commençât, m'avoit placé dans un lieu commode pour tout voir & tout entendre. J'allai lui faire mes remercîmens & ceux de ma compagnie. Il nous conduisit dans un salon fort propre, & nous fit presenter du caffé & du sorbet, & après nous avoir fait voir tout le Monastere, il nous dit en nous quittant qu'il souhaitoit notre conversion de tout son cœur, parce qu'il voyoit en nous des dispositions à être de veritables Fidéles.

Nous admirâmes les appartemens de ce Monastere, rien n'étoit plus propre que les chambres, les corridors, les balcons, les galeries, les fontaines d'eau vive, les bains, & la belle vûë dont on y joüit.

Nous sortîmes de ce lieu de plaisir, & par de petits sentiers couverts d'arbres & de verdure, nous descendîmes au bord de la riviere.

Nous nous arrêtâmes sur une petite prairie toute émaillée de fleurs, & environnée de grands arbres de haute futaye & fort touffus, qui nous donnoient de l'ombre & un frais charmant, & nos Valets qui avoient apporté notre dîné, l'étendirent sur une nappe sur le gazon.

Nous avions avec nous un Derviche du Couvent, dont la conversation étoit tout à fait agréable. Il nous montra mille petits endroits que la nature avoit couverts comme des cabinets, autour desquels on voyoit une infinité de petits ruisseaux, & de sources d'eau vive & très-fraîche. Ils nous servirent à faire rafraîchir nos bouteilles, & notre Derviche qui étoit un esprit fort, & point du tout scrupuleux dîna avec nous, mangea de nos viandes, sans s'informer comment elles étoient accommodées, & but du vin avec plaisir. Quand il en eût bû une petite pinte, il fit appeller trois ou quatre de ses Confreres, qui vinrent aussi-tôt, qui nous regalerent d'airs à la Turque. Ils sont languissans & fort tendres. Ils en chanterent de spirituels accompagnez du son lugubre d'une flûte, qu'ils appellent *Naei*, dont la cadence & la mesure étoient marquées par le son d'un tambour de basque.

Nous demeurâmes dans ces plaisirs en chantant & faisant bonne chere jusqu'au soir, que nous nous retirâmes à la Ville, avec notre aimable Religieux appellé *Derviffi Ahmed*, qui avoit de l'esprit infiniment, & qui nous fit de fort bonne grace des contes les plus plaisans du monde, qui nous faisoient pâmer de rire. Il vint passer la soirée chez M. Marco notre Consul, qui nous attendoit avec un fort grand repas, mais auquel il nous fut presque impossible de toucher.

Ce même soir arriva l'Exprès que nous avions dépêché au Patriarche du Mont Liban. Il nous apporta une Lettre de sa part tout à fait polie, par laquelle il nous assuroit que nous n'avions rien à craindre sur les chemins, qu'il envoyeroit des gens avertir de notre voyage les Druses de *Benha Meridé*, qui étoient alors en guerre avec le Pacha de Tripoli, & qui ne souffroient pas que personne entrât sur leurs terres sans leur permission.

Mais avant de parler du Mont Liban, & de donner le détail de mon voyage, je crois qu'il est à propos d'en donner une idée générale, afin que le Lecteur soit plus au fait de ce que j'en dirai.

CHAPITRE XXIV.

Description générale du Mont Liban.

LA Montagne du Liban si fameuse dans l'Ecriture Sainte, est un amas de plusieurs Montagnes, qui s'étendent en longueur depuis les Ports de la Cilicie jusqu'à la Phenicie, on pourroit même dire jusqu'à Nazareth & au Thabor. Elles composent une chaîne de Montagnes, qui bordent la riche & belle plaine de Mageddo en Esdrelon. Sa longueur est de quatre journées, & même davantage en que'ques endroits, c'est-à-dire, de quarante à cinquante lieuës.

Ce ne sont point des Montagnes séches & infertiles, elles sont presque toutes bien cultivées & bien peuplées.

Leurs sommets s'applanissent en plusieurs endroits, & forment des vastes plaines où l'on seme du bled, & toutes sortes de légumes. Elles sont arrofées d'une grande quantité de sources, & de ruisseaux d'eau excellente, qui répandent de tous côtez la fraîcheur & la fécondité même dans les lieux les plus élevez. Leurs revers & les fonds qu'elles laissent entre elles, sont des terres excellentes qui abondent en bled, en huile & en vin, qui est le meilleur de la Syrie, c'est tout dire pour faire son éloge en peu de mots. Les bons gourmets ne mettent point de différence entre ce vin & celui de Chypre.

Leur principale richesse est la soye. Elles en fournissent non-seulement le Païs des Turcs; mais encore une partie de l'Europe & de l'Afrique.

Ces belles Montagnes sont peuplées de Chrétiens, Grecs & Maronites, de Drusses & de Mahometans, qui passent chez les autres pour des Hérétiques, qui à cause de cela les appellent *Metoualin*, ou *Metaoville*.

Les Chrétiens y sont répandus partout. Il y a même bien des Villages où ils sont seuls & sans mélange d'Infidéles, & dans ceux où ils sont mêlez, ils ont une liberté entiere de faire ouvertement tous les exercices de leur Religion, de bâtir des Eglises & des Monasteres, & de porter le turban blanc. Les Infidéles qui y sont les maîtres leur permettent tout pour les y retenir, afin de tirer d'eux les sommes d'argent qu'ils doivent fournir à la Porte Ottomane. Mais ces tributs sont raisonnables, & n'empêchent point ceux qui en sont chargez d'être riches, & de mener une vie commode & agréable. Il est vrai qu'ils sont laborieux, & que la terre produit aisément & abondamment tout ce qu'on lui demande.

Telle est la grandeur du Mont Liban selon l'exacte Geographie; mais il a plû au vulgaire d'aprésent de la borner à la partie où sont encore ces cedres, vénérables par leur antiquité, & de donner d'autres noms aux autres parties qui composent cette fameuse Montagne.

Nous partîmes de Tripoli, après avoir bien déjeûné chez M. le Consul Marco. Nous étions bien montez & bien armez. Nos Valets conduisoient nos mulets, qui portoient nos provisions & nos bagages, & nous étions accompagnez du Seigneur Joseph Prêtre Maronite, Curé d'un Village distant de six bonnes heures de chemin du lieu de notre départ. Nous fîmes tout ce chemin dans une belle plaine très-fertile, toute couverte de grains & de légumes, & d'une grande quantité d'oliviers.

Nous arrivâmes bien fatiguez de cette longue marche au Village plus de moitié ruiné, dont M. Joseph étoit Curé. Nos provisions fournirent le souper, où M. le Curé nous tint compagnie, & nous nous couchâmes sous des arbres, parce qu'il faisoit chaud, & que nous n'osâmes nous mettre dans les masures qu'on nous offroit, de peur d'être dévorez des puces, qui y étoient en si grande quantité, que je n'en ai jamais tant vû.

Le bon Curé nous dit la Messe au point du jour, & voulut nous donner à déjeûner, il fit de son mieux, nous fîmes charger notre bagage, & nous montâmes à cheval, & prîmes la route d'Eden conduits par ce bon Ecclesiastique.

Nous laissâmes plusieurs Villages à droite & à gauche, & nous entrâmes dans une vallée au pied des premieres montagnes du Liban. Notre guide nous en montra un situé au milieu d'un vignoble, où selon la tradition du Païs Noé commença à planter la vigne. Le vin qui y croît est très bon, si bien faisant & si agréable, qu'un Mufti de Tripoli qui l'aimoit beaucoup, fit une déclaration autentique, qui portoit que bien que la Loi défendît à tout fidéle Musulman de boire du vin, à cause des suites fâcheuses que cette liqueur pouvoit produire, la connoissance des bons effets de celui-ci, le portoit à déclarer que ce sage Legislateur n'avoit pas eu en vûë de défendre celui-ci, non seulement à cause du profond respect qu'il auroit eu pour des vignes qui ont succedé à celles qui ont été plantées par un Patriarche, à qui on doit le rétablissement du genre humain; mais encore à cause de ses excellentes qualitez, qui le mettent au dessus de tous les vins du monde, & sur-tout parce qu'il ne causoit point une yvresse qui pût nuire à la raison, ni à la santé du corps; d'où il concluoit & déclaroit que tout fidéle Musulman en pouvoit boire tant qu'il pouvoit & qu'il vouloit, sans offenser Dieu ni contrevenir à la Loi du Prophete. Cette déclaration parut si raisonnable à tous les gens de Lettres, aux Imans & aux Derviches les plus austeres; qu'ils y donnerent leur consentement & leur approbation, & furent les premiers à en boire à bonne mesure, sans autre inquiétude que de se bien assurer que le vin qu'on leur presentoit, étoit bien réellement des vignes de ce grand Patriarche.

Après une marche de six heures par des vallons agréables, & par des montagnes toutes couvertes d'arbres de differentes espèces, nous nous trouvâmes dans une petite plaine sur une colline fertile, qui étoit toute couverte de noyers & d'oliviers, au milieu desquels est le Village d'Eden. Nous le traversâmes pour aller au pied d'une haute montagne, où nous trouvâmes l'habitation de l'Evêque Paul.

Ce Prélat nous reçût avec toute la cordialité, la charité & la politesse imaginable. Il donna les ordres necessaires pour nos chevaux, & nous conduisit dans son Eglise où après avoir fait nos prieres, nous trouvâmes une grande tente qu'il nous avoit fait préparer sous des noyers, afin que nous y fussions plus au frais & exempts des puces, qui sont par millions en ce Païs. Nous y trouvâmes une collation de fruits & de laitage, avec de bon vin. Mes compagnons étoient si fatiguez du chemin, & de la mauvaise nuit qu'ils avoient passé chez le Curé Joseph, qu'ils s'endormirent sur des nattes fort propres qu'on leur apporta. J'étois auffi fatigué qu'eux ; mais la curiofité l'emporta fur le fommeil, l'Evêque me donna un de fes gens, qui me conduifit au pied d'une haute montagne, où je vis une Eglife dédiée à la Sainte Vierge, au-deffous de laquelle il y a une groffe fource d'eau vive fort fraîche, partagée en deux branches, dont une eft conduite par un canal jufques devant la maifon de l'Evêque, qui s'en fert pour fon ufage, & pour arrofer fes jardins, & l'autre branche defcend jufqu'au pied de la montagne, qui commence à s'ouvrir en cet endroit, & forme un grand vallon dont les côtez coupez en Amphithéâtre font cultivez avec foin par les Habitans d'Eden. Malgré ma laffitude, je ne pouvois me laffer de parcourir ce beau Païs. C'eft veritablement un diminutif du Paradis terreftre dont il porte le nom.

Je trouvai mes compagnons qui s'éveilloient quand j'arrivai. Nous voulions nous rafraîchir avec l'eau de ce ruiffeau ; mais l'Evêque craignant qu'elle ne nous fît mal, nous apporta lui-même une cruche de vin de fon crû, qui ne le cedoit point à celui du bon Patriarche Noé.

Il avoit eu foin pendant mon abfence de faire tuer un veau gras, des poules, des poulets & des pigeons en quantité. Toutes les femmes du Village étoient en mouvement pour nous faire un grand repas. Je n'ai jamais vû tant de bonne volonté. Elles nous firent une grande soupe délicieuse, plusieurs plats de rôti, des fricassées & des ragoûts à la mode du Païs, que les plus délicats auroient trouvez excellens.

Nous étions prêts à nous mettre à table, quand nous vîmes arriver deux Evêques suivis de trois Prêtres & de trois Diacres, que le Patriarche envoyoit nous complimenter de sa part, & nous témoigner la joye qu'il avoit de notre arrivée. L'Evêque d'Eden n'eût pas plûtôt été averti que ces Prélats approchoient, qu'il fut au-devant d'eux avec ses Officiers, la croix & l'encensoir pour les recevoir dignement. Nous le suivîmes.

Après qu'il leur eût presenté la croix & l'encens, ils s'embrasserent, & tous ensemble allerent à l'Eglise, ils y chanterent le Salut & les Prieres du soir, nous y assistâmes, & nous en fûmes fort édifiez. Nous avions déja reçû les complimens du Patriarche, & j'y avois répondu pour mes compagnons & pour moi. Après cela, nous allâmes nous mettre à table à la mode du Païs, c'est-à-dire, assis sur des natres. Tout le service étoit dans de grandes jattes de bois fort propres. La plus grande étoit remplie de potage fait avec du ris, des volailles, du bœuf & du veau, du lait aigre, & des bouts de chardons ou artichaux sauvages. Il étoit excellent. D'autres jattes étoient remplies de bœuf, de veau & de volailles boüillies, d'autres de même viande rôtie, d'autres de ragoûts, d'autres de fruits, de melons, de lait doux, de lait aigre, de fromages de differentes façons: de sorte que la soupe, le boüilli, le rôti, l'entremets, & le fruit furent servis tout ensemble, afin que chacun pût manger à son appetit.

Messieurs les Evêques commencerent par boire à la santé du Patriarche; tout le monde se leva pour y faire raison. On en fit de même à celle du Roy, & avant qu'on eût fait la même cérémonie pour tous les particuliers, on eut du tems de reste pour bien manger & pour boire encore mieux.

Le bon Evêque d'Eden n'oublia rien de tout ce qu'il pouvoit pour nous bien régaler & nous faire bien boire. Après un long repas on se leva, on dit graces, & après un peu de conversation on fit porter des nattes dans l'Eglise où nous couchâmes, parce que l'air de ces Montagnes étoit trop froid pendant la nuit pour dormir sous la tente où nous avions soupé. Nous reposâmes fort bien pendant quelques heures, c'est-à-dire, jusqu'au point du jour que l'Evêque vint dire l'Office avec son Clergé, & ensuite la Messe. Nous déjeûnâmes & nous le remerciâmes, & lui de son côté nous fit bien des actions de graces de l'honneur que nous lui avions fait de loger chez lui, & de manger son bien. Il nous donna sa bénédiction, que nous reçûmes avec bien du respect : il le méritoit, car c'étoit un bon Prélat, qui quoique simple dans ses manieres avoit beaucoup d'esprit, parloit parfaitement les Langues Turque, Arabe & Syriaque, & vivoit d'une maniere très-édifiante.

Pendant qu'on amenoit nos chevaux, nous allâmes voir la Ville d'Eden. C'est plûtôt un Hameau qu'un Village. Les maisons sont dispersées & séparées les unes des autres par des jardins fermez de murailles de pierres seches. Les Habitans sont tous Chrétiens & très-honnêtes gens, fort charitables, bien unis les uns avec les autres, & assez à leur aise.

Nous partîmes d'Eden sur les huit heures du matin, & nous montâmes sur des montagnes si élevées, qu'il sembloit que nous fussions arrivez à la moyenne Région de l'air. En effet le Ciel étoit clair & serain au-dessus de nous, pendant que nous voyions au dessous des nuages épais qui se fondoient en pluye, & arrosoient la plaine.

Enfin après trois heures d'une marche fatiguante, nous arrivâmes aux fameux Cédres sur les onze heures. Deux Peres Capucins qui étoient de notre Compagnie, dirent la Messe au pied d'un de ces arbres, où ils trouvérent un Autel de pierre que l'on y a bâti depuis bien des années. Je m'étonnai que la tradition ne se fût pas avisée de dire que ces Autels, car il y en a plusieurs, étoient ceux où Adam, Abel & Caïn avoient offert des Sacrifices. Qui pouroit contester ce fait ? Il en faut bien passer d'autres qui ne paroissent pas mieux fondez. Quoiqu'il en soit, il y eut de nos Compagnons qui n'ayant point déjeûné firent leurs dévotions.

Nous dînâmes des provisions que l'Evêque

l'Evêque d'Eden nous avoit obligé de prendre chez lui, & après le repas nous employâmes quelque tems à considerer ces arbres & la beauté du lieu où ils sont plantés.

Nous en comptâmes vingt-trois. Des Voyageurs ont écrit qu'il étoit impossible d'en sçavoir le nombre au juste, & qu'on se trompoit toûjours en les comptant. C'est une erreur; nous les comptâmes tous tant que nous étions les uns après les autres, & nous trouvâmes tous le même nombre ; mais il faut du merveilleux & du mystere jusques dans les moindres choses, sans cela certains esprits ne seroient pas contens.

On prétend que ces arbres sont aussi vieux que le monde, & qu'ils ont supporté toute la fureur du Déluge sans être déracinés. Leur âge supposé fait voir qu'ils étoient déja bien anciens quand Dieu châtia le monde par ce terrible fleau, & que leurs racines étoient assez avant en terre pour les soutenir. Ceux qui restent, car selon les apparences il y en avoit un bien plus grand nombre, sont si gros, que six hommes se tenant par les mains ont peine à en embrasser un. Or quand nous supposerions que l'étenduë des bras d'un homme peut faire cinq à six pieds, cela ne leur donneroit que trente à trente-six pieds de circonference, qui ne me paroît pas une grosseur extraordinaire pour des arbres de six mille ans & plus.

On voit dans les Isles de l'Amérique des Gommiers qui ont vingt-six pieds de tour. Il y en avoit un de cette taille dans l'Habitation que les Jacobins ont au Marigot de la basse terre de la Guadeloupe; & le différend que ces mêmes Religieux eurent avec Mr. Hoüel Seigneur & Propriétaire de cette Isle, eut pour prétexte un arbre que les Sauvages appellent Acajou, & à qui les Espagnols, toûjours magnifiques dans leurs expressions, ont donné le nom de Cedre. Cet arbre avoit presque quarante pieds de circonférence. Je connois un Religieux Jacobin qui a fait travailler un Acajou au lieu nommé le Parc de la Guadeloupe, qui étant équarri, avoit onze pieds sur une face & neuf sur l'autre. Ainsi sans aller au Mont Liban, on peut trouver des arbres d'une taille gigantesque, & cependant on ne s'est jamais avisé de dire qu'ils sont aussi anciens que le monde.

Le passage du Roi Prophete au

Pseaume 103. ne conclud rien pour le fait dont il s'agit. Il est vrai qu'il dit en parlant des Cedres du Liban, que Dieu les a plantés: *Cedri Libani quas plantavit*. Mais est-ce là une raison qui prouve que Dieu a créé ou planté les Cedres du Liban d'une maniere plus particuliere que les autres arbres ? Point du tout. Dieu a créé ou planté tous les autres arbres aussi-bien que les Cedres du Liban. Il les a créez dans toute leur perfection, chargez de fleurs & de fruits, & il a mis dans les fruits la semence qui devoit reproduire l'arbre. Dans ce sens on peut dire que Dieu a planté tous les arbres, ceux-là même qui ne sont sortis de terre que depuis un moment, & dans ce sens il a planté les Cedres du Liban qu'on voit aujourd'hui. Mais que ces arbres soient les mêmes réellement qui sortirent du sein de la terre au premier ordre qu'ils en reçûrent de Dieu, c'est ce que le Prophete Roi n'a pas prétendu, & que le Passage qu'on allégue pour le prouver ne prouve point du tout.

On ne peut pas nier qu'ils ne soient très-vieux, leur grosseur & leur hauteur le prouvent assez; mais quand on supposeroit qu'ils n'ont été créés que d'un pied de diametre, ils devroient dans l'ordre naturel avoir à present plus de cent pieds de diametre, & toucher les nuës par leur cime.

Il faut convenir que les bois durs croissent plus difficilement que les mols ; mais outre que les Cedres ne sont pas aussi durs que bien d'autres bois qu'il y a dans les quatre parties du monde, on remarque que les arbres les plus durs sont en état à l'âge de cinquante ou soixante ans de donner des planches de plus d'un pied de largeur. Sur ce pied-là que ne devroit-on pas attendre des Cedres qui ne sont pas d'une dureté extrême, qui sont plantés dans une terre excellente, dans un climat temperé, & plantés, comme on le suppose, de la propre main de Dieu depuis un si grand nombre de siecles ?

Ce que j'admire le plus, c'est que les Turcs n'en ayent pas eu besoin : car tout superstitieux qu'ils sont, ils n'auroient pas fait plus de difficulté d'en abattre, que Salomon, qui en a fait couper une si grande quantité pour le Temple & pour son Palais.

L'écorce des Cedres est comme celle des Pins. Leurs feüilles & leurs fruits font presque de la même figure. Il vient fort droit, son bois est fort dur, & passe pour être incorruptible. Ses feüilles sont petites, étroites, rudes, bien vertes, elles sont rangées par bouquets le long des branches ; elles poussent au printems, & tombent au commencement de l'hyver. Ses fleurs ont des chatons vuides qui ne produisent aucuns fruits. Ceux qui naissent, & qui sont comme nos pommes de Pin, sortent des branches. Ils renferment des semences, qui tombant à terre quand elle est bien humectée, produisent l'arbre. Nous en vîmes quantité de jeunes aux environs des vieux, qui avoient besoin de beaucoup d'années pour approcher de la taille de leurs peres.

Il découle des premiers dans les grandes chaleurs de l'Eté, naturellement & sans incision, une raisine claire, transparente, tirant sur le blanc, qui se forme & s'endurcit. Nos Droguistes l'appellent en latin *Cedria*, & mal-à-propos quelques-uns la nomment Gomme de Cedre. On lui attribuë de grandes vertus.

Lorsqu'on en veut avoir une plus grande quantité, on fait des incisions le long de l'écorce, & il en sort une raisine transparante tirant sur le jaune, elle est friable & de bonne odeur. Elle a à peu près les mêmes vertus, quoique dans un degré inférieur, parce que l'arbre étant forcé de la laisser sortir, elle est mêlée de beaucoup de séve qui n'est pas assez cuite.

On apporte rarement en France de ces deux sortes de raisines. J'en achetai quelques livres sur les lieux pour faire des présens, & le Patriarche me donna une belle branche de ces arbres vénérables, & quelques médiocres morceaux de leur bois, avec de leurs fruits.

Toutes les branches du Cedre poussent du tronc, & s'étendent à la circonférence les unes au dessus des autres paralellement & en diminuant d'une maniere proportionnée qui les fait ressembler à différens étages de parasols, qui diminuent en diametre à mesure qu'ils s'approchent de la pointe de l'arbre. Les feüilles & les pignes s'élevent en haut, à la différence des feüilles & des fruits de nos arbres qui pendent en bas.

Ces arbres vénérables sont conservez avec autant de soin que les Chrétiens ont d'autorité dans le Païs. Il est défendu à tous les Chrétiens, sous peine d'excommunication, d'en rompre ou d'en couper aucune partie. La vieillesse ou la pesanteur des neiges en font tomber assez souvent des branches, les Voyageurs les peuvent emporter; mais les Chrétiens du Païs les apportent fidélement au Patriarche, qui les distribuë ensuite comme il le juge à propos.

Le lieu où ces grands arbres sont plantés est une plaine d'environ une lieuë de tour, posée sur le sommet d'une montagne, qui est presque toute environnée d'une chaîne d'autres montagnes si hautes, que leurs sommets sont toûjours couverts de neige. Elles semblent faire un croissant autour d'elle. Cette plaine est unie, l'air qu'on y respire est pur, & le Ciel toûjours serain. L'ouverture de ce croissant est fermée par un précipice affreux taillé à plomb par la nature, au pied duquel sort une grosse source, qui fait dans la suite une bonne partie de ce Fleuve des Saints qui passe dans cette vallée si agréable, qui a été la demeure de tant de Saints Solitaires.

Quand on regarde cette Vallée de la plate-forme où sont les Cédres, les Montagnes qui sont à ses côtés forment une perspective la plus agréable

& la plus diverſifiée du monde. Elle eſt étroite, mais elle a pour le moins trois lieuës de longueur : ſes côtes ſont des rochers qui laiſſent dans leurs crevaſſes des terres excellentes qui portent des arbres, qui rafraîchis continuellement par les fontaines qui coulent de toutes parts, & qui tombant en caſcades de rocher en rocher forment des colomnes d'eau, qui tantôt ſe joignant enſemble, tantôt ſe ſéparant, produiſent un murmure, qui ſe joignant au bruit que le vent excite dans les branches & les feüilles des arbres & des arbriſſeaux, forment une eſpece de concert harmonieux qui réjoüit l'oüie, en même tems que la vûë & l'odorat le ſont par la beauté du païſage, & par les odeurs que les plantes odoriférantes répandent de tous côtez.

Etant partis du lieu où ſont les Cédres, nous continuâmes notre route vers Becharraye qui eſt le principal Village du Mont Liban. Nous paſſâmes par de belles plaines ſituées ſur le ſommet de ces hautes Montagnes, dont nous oublions la hauteur en faveur des plaines qu'elles ſoûtenoient, dont le terrein eſt rempli de jardins, de Villages, de prairies, &

de plans de Mûriers blancs, pour nourrir les Vers à foye, dont on fait un grand commerce à Tripoli, parce que la foye qui en provient est estimée, & elle merite de l'être. Tout cet agréable Païs est arrosé d'une si grande quantité de fontaines & de ruisseaux, que la verdure y est continuelle.

1660.

Après avoir marché quelques heures dans ces plaines, nous détournâmes à gauche pour aller à Cannobin, & à mesure que nous descendions nous découvrions toûjours de nouvelles plaines, un peu moins grandes que les premieres, avec des Villages & des Haméaux entourez d'arbres, qui rendent la campagne fort agréable.

Nous passâmes auprès de Becharraye sans y entrer, & nous allâmes visiter la Chapelle dédiée à saint Elisée. Elle appartient aux Carmes Déchaussez. Ces bons Peres ont herité une partie de l'esprit de leur Seraphique Mere Ste Thérese, qui en avoit infiniment, & assurément ils l'on fait paroître dans le choix qu'ils ont fait. Après qu'ils eurent bien consideré ce desert, & vû ce qui les accommodoit mieux, ils se nicherent dans cet endroit, & sans le *Visa* du Patriarche ils l'ont conservé & le conservent encore aujourd'hui.

S v

C'étoit autrefois près de cette Chapelle où le Sieur de Châteüil Gentilhomme d'Aix en Provence a passé une grande partie de sa vie dans une austerité plus admirable qu'imitable. Il y est mort en odeur de sainteté chez les Chrétiens, & chez les Turcs mêmes qui ont une grande vénération pour son tombeau.

Il y a un peu au-dessous de ce petit Couvent un gros ruisseau qui tombant sur des rochers, fait un si grand bruit, qu'il semble que ce soit celui d'un grand orage.

Après avoir admiré la beauté affreuse de ce lieu, nous eûmes encore besoin d'une heure pour arriver au Monastere Patriarcal appellé Cannobin. Ce nom vient du mot *Cœnobium* qui signifie Couvent ou Monastere. On a tellement regardé ce Monastere comme le Chef de tous les autres, qu'on l'a appellé comme par excellence, le Monastere, comme les Romains appelloient Rome, la Ville simplement & par excellence, & que les Turcs appellent *Stamboul*, c'est-à-dire, la Ville, la Capitale de leur Empire.

Cannobin ou *Cœnobium* en Latin, & Monastere en François, est le Monastere Patriarcal où le Patriarche des

Maronites fait fa demeure. Quand on le voit, du plus loin qu'on le peut appercevoir, il femble qu'il foit fitué tout au fond de la vallée, & quand on y eft arrivé, on fe convainc par fes yeux qu'il n'eft pas à moitié de la côte, & qu'il y a encore bien du chemin à faire, avant d'arriver au fond de cette vallée, tant elle eft profonde.

Nous y arrivâmes à la fin, & nous y fûmes reçûs par les Evêques & par les Religieux avec une politeffe qu'il fembloit qu'on ne devoit pas trouver dans des Habitans d'un defert affreux, éloigné de toute focieté, & dont la vie auftere & pénitente infpiroit certaine rudeffe bien oppofée à la politeffe. Ils nous conduifirent dans une grande falle, & nous préfenterent d'abord dequoi nous rafraîchir, pendant que quelques Freres conduifirent nos montures dans une grande écurie, & aiderent nos valets à les décharger & à leur donner à manger.

D'autres Freres allerent avertir le Patriarche de notre arrivée. Il étoit caché dans une grotte peu éloignée, très-fecrette, & d'un accès difficile & bien couvert, où il fe retiroit à la pointe du jour, & d'où il ne revenoit que le foir; parce que les habitans de ces Montagnes étoient pour lors en guerre avec le Pacha de Tripoli, qui leur demandoit une grosse somme d'argent, qu'ils ne jugeoient pas à propos de lui donner, & le Pacha envoyoit souvent des Turcs pour enlever le Patriarche & le lui conduire, ne doutant point que quand il l'auroit entre ses mains, tous les Maronites ne vendissent jusqu'à leur derniere robbe pour le retirer de ses prisons.

Le Patriarche arriva demie heure après qu'on eût été l'avertir. Nous lui baisâmes la main avec respect, & il nous embrassa avec tendresse, & nous fit un compliment des plus polis. J'avois été chargé de lui faire celui de toute la troupe, je le fis en Arabe, ce qui lui plut beaucoup. Après ces cérémonies il nous conduisit à l'Eglise où l'on chanta le Salut, qui fut suivi des Litanies de la Sainte Vierge en Syriaque, du même ton qu'on les chante en Latin dans nos Eglises.

Etant sortis de l'Eglise le Patriarche nous fit passer dans une grande salle où le souper étoit préparé. Nous y trouvâmes une grande quantité de viandes, accommodées à la maniere du Païs, avec des fruits, des confitures au miel, & un bon nombre de cruches de terre fcellées avec du plâtre, pleines d'un vin excellent qui furpaffoit encore celui du bon Patriarche Noé.

Nous mangeâmes de grand appétit. Le Patriarche, les Evêques & les Prêtres qui étoient à table, ne ceffoient de nous exciter à bien manger & à bien boire. Nos taffes étoient remplies auffi-tôt qu'elles étoient vuides, & fi nous avions voulu les croire, nous aurions tenu table jufqu'au foir.

On apporta des taffes & des verres de criftal de toutes fortes de figures, fi belles & fi curieufes, qu'elles auroient dû parer un cabinet plûtôt que de fervir à table. On en préfenta à la fin une fi grande, que je crois qu'elle contenoit bien trois pintes. Elle effraya tellement nos Pelerins, que la plûpart fe leverent de table. Le Patriarche, les Evêques & les Prêtres qui nous preffoient de boire, ne nous en montroient pas l'exemple; au contraire ils étoient très - fobres. Quelques-uns ne bûvoient que de l'eau, & ce n'étoit que pour exercer l'hofpitalité dans la plus grande étenduë, qu'ils nous faifoient fi grande chere. Leur vie ordinairement eft extrêmement frugale; ils n'ufent que de légumes & de viandes très-communes;

1660.

ils jeûnent souvent & très-austerement, ils travaillent beaucoup, se levent la nuit pour chanter leur Office, & sont tous d'excellens modéles de la plus parfaite regularité.

Le Patriarche voyant que ses hôtes ne mangeoient plus fit desservir, & après qu'on eût dit Graces, il me fit asseoir auprès de lui, & on fut près de deux heures en conversation, où nous eûmes le tems de connoître la vivacité & la force de son esprit, aussi bien que de ses Evêques & de ses Prêtres.

On se sépara à la fin, & on nous conduisit chacun dans une petite grotte fort propre, où nous trouvâmes des nattes, & les couvertures que nous avions apportées avec nous.

Le Patriarche qui étoit alors, se nommoit Georges ; mais son nom n'étoit point sur son Sceau : Il y a toûjours ces mots en Latin & en Syriaque ; *Petrus Patriarcha Antiochenus*, parce que saint Pierre a tenu son premier Siege à Antioche. Ils sont écrits autour d'une Image de la Ste Vierge.

Ce Prélat étoit âgé d'environ cinquante ans ; il étoit grand, de bonne mine, d'un poil blond, hardi, d'une phisionomie heureuse & respectable.

Il avoit de l'esprit infiniment, des manieres polies & engageantes. Il étoit fort sçavant, & extrêmement régulier. Il ne sçavoit à la verité, que les Langues Arabe & Syriaque, mais il a toûjours auprès de lui des Prêtres qui ont étudié à Rome, qui sçavent les Langues Latine & Italienne.

1660.

Il est modestement habillé d'une robbe de drap minime, & coëffé d'un gros turban rond de toile de cotton bleuë. Autrefois il le portoit blanc, il a été obligé de prendre le bleu, depuis que les Turcs se sont rendus maîtres du Païs, & se sont appropriez le droit de porter seuls le turban blanc. Les Maronites ne laissent pas de le porter quelquefois, mais ils le portent de soye, au lieu que les Turcs le portent de toile, & encore ne se hazardent-ils pas de porter cette couleur dans les lieux où les Turcs sont absolument les Maîtres.

Quand le Patriarche est mort, les Archevêques & les Evêques s'assemblent & en élisent un autre. Ils choisissent celui d'entre eux qui a le plus de vertu, de merite & de talent pour gouverner les Peuples qui lui sont soumis. Après l'élection, ils envoyent le Scrutin au Pape pour en avoir la confirmation, & en obtenir le *Pallium*.

Tous les Prélats Maronites menent une vie fort réguliere & fort auftere, ils font habillez pauvrement, & n'ont pour tout revenu que ce que la terre leur donne par le travail de leurs mains. On ne voit point chez eux le fafte de nos Prélats d'Europe. Leurs ornemens font propres quoique pauvres. C'eft la vertu qui les orne, & non pas les étoffes riches, les broderies, l'or & l'argent. Ils n'ont que des croffes de bois, mais ce font des Evêques d'or. Auffi tous les Chrétiens ont pour eux un refpect infini, & une obéïffance aveugle à tout ce qu'ils leur ordonnent. Ils baifent les mains aux Archevêques, aux Evêques, & aux Prêtres, & les pieds au Patriarche. Ils révérent la dignité de leur caractere dans le merite de la perfonne. Ils les refpectent comme leurs Peres & leurs Superieurs, & leur maniere de vivre & de traiter avec eux eft une belle leçon pour ceux qui, comme nous, fe font émancipés à vivre d'une façon bien oppofée à ce que nos loix nous obligent de faire.

Le lendemain matin, le Patriarche célébra la Meffe Pontificalement. Il étoit assisté de quatre Evêques, deux à chaque coin de l'Autel. Il avoit un Maître de cérémonies, un Diacre, un Soûdiacre, deux Acolytes, & plusieurs Prêtres, qui étoient destinez à d'autres fonctions.

Les autres Religieux psalmodioient sans discontinuer, depuis le commencement de la Messe jusqu'à la fin. Ils étoient debout, & faisoient un croissant autour d'un gros pilier, placé au milieu du chœur, dont le dessus plat & large comme une table servoit de lutrin, & soûtenoit un grand Livre écrit en caracteres Syriaques.

Ce qu'il y a de commode dans cette écriture, c'est que dans quelque situation que l'on soit, à droite, à gauche, en face, ou derriere, on lit également bien, parce que l'écriture allant de haut en bas, elle presente toûjours ses caracteres : de sorte qu'on la peut lire de tous côtez.

La Messe finie, nous reçûmes avec respect la bénédiction du Patriarche, & nous allâmes l'attendre dans la grande salle. Il vint nous y trouver après qu'il eût achevé ses prieres. Nous lui fîmes nos remercîmens, & il y répondit avec toute la bonté imaginable, & nous convia à demeurer à Cannobin tout le tems que nous voudrions pour nous repofer, & pour voir ce qu'il y avoit dans le Païs, qui meritoit notre attention. Nous lui baifâmes la main, il nous donna fa bénédiction, & partit pour s'aller remettre en fûreté & en folitude dans fa Grotte fecrete.

On nous fervit enfuite un grand déjeûné, après lequel étant conduits par quelques-uns de ces Prêtres vénérables, nous allâmes voir le Monaftere & les environs.

Il eft fitué au milieu ou environ de la pente d'une des montagnes, que forme la Vallée des Saints, au milieu d'une forêt de grands arbres & d'arbriffeaux de toutes les efpeces, de jardins, de vignes, de fources, de ruiffeaux & de fontaines qui fe répandent de tous côtez.

Une partie du Couvent eft bâtie féparément de l'Eglife, & l'autre eft taillée dans le rocher vif, dans lequel on a pratiqué de petites grottes ou chambres pour les Religieux, & pour les Errangers.

L'Eglife eft belle & grande, elle eft toute taillée dans le rocher, l'entrée eft fermée par une muraille, dans laquelle eft la grande porte avec deux fenêtres, dans chacune defquelles il y à une grosse cloche, qui sert à sonner les Offices & à inviter les Peuples à y assister.

Ce sont les seules cloches que je sçache être dans tout l'Empire Ottoman. On dit que Sultan Salahhadin qui a conquis ce Païs, s'étant trouvé dans cette montagne, fut reçû des Religieux qui habitoient ce désert avec tant de respect & tant de bonnes manieres, qu'il les prit en affection, fit faire des réparations & des augmentations considerables à leur Eglise & à leur Monastere, leur donna en proprieté quantité de terres, & leur permit d'avoir des cloches & de s'en servir, comme on s'en sert dans les Païs Chrétiens. Pas un de ses successeurs n'a touché à ces donations & à ce privilege. Ils en joüissent paisiblement, & nous fûmes ravis d'entendre le son de ces deux cloches, dont les échos repetez dans toutes ces cavernes, ces rochers & ces forêts, font une harmonie merveilleuse.

Il y a dans la Sacristie un grand tableau de notre auguste Monarque Loüis XIV. Le Patriarche nous en avoit parlé en soupant, & nous avoit assuré qu'ils le conservoient avec respect, comme celui de tous les Princes Chrétiens, dont ils attendent leur délivrance, soit par lui ou par quelqu'un de ses successeurs, qu'ils le regardent comme leur plus puissant & plus zélé protecteur, & qu'ils font des prieres particulieres pour lui tous les jours à la Messe, & dans leurs Offices.

Le Sacristain nous fit voir quantité de Reliques, qu'ils conservent dans des coffres de marbre. Leur extrême pauvreté ne leur permet pas d'avoir des châsses d'or ou d'argent.

A une petite distance de l'Eglise, est la Grotte de Sainte Marine. Elle y fit une longue & très-sévere pénitence, pour un crime dont elle étoit innocente & incapable. Cette Sainte s'étoit retirée en ce Monastere en habit d'homme, & se nommoit Frere Marin. Une fille du voisinage du lieu où la Sainte alloit travailler, en devint si éperduëment amoureuse, qu'elle le sollicita au peché. Marin n'auroit eu garde d'y consentir, quand même il auroit été tel que la fille le pensoit. Cette malheureuse se voyant méprisée, s'abandonna à quelque autre homme, devint grosse, & mit au monde un fils que ses parens irritez porterent à l'Abbé du Monastere, lui disant que Marin en étoit le pere. Il auroit été bien facile à Marin de se justifier ; mais après l'avoir fait, il auroit été obligé de sortir du Monastere & de retourner dans le monde ; la crainte que son salut n'y fût pas aussi assuré qu'il l'étoit dans cette sainte retraite, lui fit prendre le parti de ne rien dire pour sa justification, il se prosterna aux pieds de son Superieur, écoûta la reprehension vive qu'il lui fit, & puis il fut chassé. Toute la grace qu'il pût obtenir à force de larmes & de prieres, fut d'être relegué dans une Grotte obscure, & d'y faire la pénitence affreuse qu'on lui imposa.

On lui donna aussi l'enfant dont on le croyoit pere, & il se retira dans cet antre sans autre nourriture, qu'un peu de pain qu'on lui jettoit comme à un chien. Dieu permit qu'une des chévres dont il avoit eu soin, venoit trois ou quatre fois le jour le visiter, & se faisoit traire pour nourrir l'enfant. C'étoit sa seule compagnie : car les Religieux ne le voyoient que très-rarement. Enfin ayant perseveré un nombre d'années dans cette retraite & dans cette sévere pénitence, il mourut. Les Religieux en étant avertis vinrent lever son corps pour l'enterrer ; mais ils furent étrangement surpris, quand ils reconnurent que celui qu'on avoit cru coupable & châtié comme tel, étoit une Vierge dont la vie étoit un exemple de la plus haute vertu. L'enfant que la Sainte avoit élevé dans toute la pieté dont son âge étoit susceptible, fut élevé dans le Monastere, où il fut dans la suite un parfait Religieux. La Grotte a été changée en une Chapelle, que l'on a beaucoup augmentée & embellie autant que le lieu & la pauvreté des Religieux l'a pû permettre. Plusieurs Patriarches y ont choisi leurs sepultures, leurs tombeaux sont un peu élevez, & l'on a dans tout le Païs une très-grande vénération pour cette Sainte, & pour le lieu de sa pénitence.

Nous allâmes delà au fond de la Vallée des Saints, d'où nous vîmes une infinité de Grottes, qui ont été les demeures de ces Saints Anacoretes, dont la vie fera l'admiration de tous les siecles à venir. Ce qui nous parut de surprenant, c'étoit de sçavoir comment ils avoient pû s'y aller loger. Elles paroissent inaccessibles de tous côtez, il semble qu'elles ne soient propres que pour des oiseaux, & qu'il faut des aîles pour y arriver, tant elles sont élevées au-dessus du fond de la Vallée, & taillées dans des précipices droits comme des murailles. Après y avoir bien pensé, nous crûmes qu'ils y descendoient des lieux qui font les moins impraticables, par des échelles ou par des cordes, & que c'étoit ainsi qu'ils se communiquoient les uns aux autres.

1660.

Les bords de la riviere nous parurent enchantez. Ce fleuve qui est d'abord formé par la grosse source, qui sort de dessous les cedres est continuellement augmenté par le nombre prodigieux de ruisseaux, & de fontaines qui tombent de la montagne, qui passent au pied des arbres & au travers des fentes des rochers, qui font des cascades naturelles, charmantes, & qui répandent un air frais qui fait oublier que l'on est dans un Païs très-chaud. C'est ce que nous experimentions, étant d'ailleurs à couvert des ardeurs du Soleil, qui ne peut pas pénétrer au travers des arbres touffus, dont ces montagnes sont toutes couvertes. Si on joint à cela le chant des Rossignols & d'une infinité d'autres oiseaux, il faut demeurer d'accord que ces lieux ont des agrémens infinis.

Nous passâmes une bonne partie de la journée dans cette affreuse & très-agréable solitude, nous la quittâmes même avec quelque regret, & nous remontâmes à Cannobin sur le soir.

Les Evêques & les Religieux nous continuerent leur bonne chere & leur politesse avec tant de profusion, que nous craignîmes de leur être à charge : de sorte que nous resolûmes de partir le lendemain matin, malgré tout ce que ces Prélats nous purent dire, pour nous obliger à demeurer plus long-tems avec eux.

J'oubliois à dire que nous étions partis de Tripoli avec des habits d'été; mais que nous avions suivi le conseil qu'on nous avoit donné de porter avec nous nos fourures. En effet, elles nous furent necessaires, & nous les prîmes quand nous fûmes aux cedres, où les montagnes toûjours chargées de neige rendent l'air si froid, que nous en eussions été incommodez.

Ce sont ces neiges qui ont donné le nom de Liban à ces montagnes, il vient de l'Hebreu Laban, qui signifie Blanc, & qui fait paroître ces montagnes de fort loin. Aussi les Arabes, les nomment Montagnes Blanches, ce qu'ils expriment par ce mot *Gebel la benan*.

Nous étions prêts à partir le lendemain matin, quand nous vîmes arriver une vingtaine de Soldats armez de bons mousquets. Leur figure nous fit peur. C'étoient des gens secs, halez, maigres, décharnez, les yeux bordez de noir, presque nuds. Ils entrerent d'un air féroce dans le parvis sans saluer personne. Ils nous regarderent attentivement un assez long-tems sans rien dire. Il est certain qu'ils nous auroient bien embarrassez, si nous les avions rencontrez dans ces sentiers étroits, où le moindre faux pas qu'auroit fait un cheval, l'auroit précipité avec son Cavalier dans des lieux où on auroit eu peine à trouver les plus grosses parties de leurs corps : car quoique nous fussions tous bien armez, ces gens accoûtumez à grimper les montagnes comme des chévres sauvages, auroient eu bon marché de nous s'il avoit fallu en venir aux mains.

Nous reconnûmes enfin que c'étoient des Drusses sujets d'un Prince de la famille *Hhameïdié*, dont le nom est *Serhhan ben Hhameïdié*, comme ceux qui sont auprès de Seïde sont sujets de la Maison de *Maon el Meddin*. C'étoit à la premiere de ces Familles que le Pacha de Tripoli en vouloit; mais les sujets de ce Prince sont des corps de bronze; il y avoit plus de deux mois qu'ils avoient abandonnez leurs Villages & leurs maisons, & qu'ils s'étoient retirez sur la cime des rochers, où ils couchoient exposez à toutes les injures de l'air sans en être incommodez. Ce sont des gens d'une force & d'une santé inalterables, souffrans sans peine les plus grandes fatigues, d'une grande sobrieté & d'un courage sans égal. Les Janissaires les plus braves & les plus aguéris ne leur feroient pas faire un pas en arriere. Ils se servent du mousquet & du sabre, avec une force & une adresse merveilleuse.

Lorsque la poudre leur manque, ils en font eux-mêmes. Pour cet effet, chacun d'eux porte dans un petit sac du soulfre & du salpêtre. Ils font promptement du charbon avec du bois de saule. Ils le pilent avec un bâton dans un creux de rocher, & y mettent la dose necessaire de soulfre & de salpêtre, & font ainsi leur poudre qui est très-bonne.

Ils n'étoient venus à Cannobin, que pour sçavoir des nouvelles du Patriarche de la part de leur Prince, & lui offrir leurs services en cas de besoin.

Leur arrivée nous avoit d'abord donné de l'inquiétude, nous avions pris nos armes, on se reconnut, on se parla, on nous fit déjeûner & boire ensemble, & nous reconnûmes que c'étoient de fort bonnes gens.

Dans le tems que nous allions partir, il arriva un Religieux de la Terre-Sainte que je reconnus, il s'en alloit à Damas avec deux hommes qui l'accompagnoient. La venuë de ce Religieux me détermina à faire le voyage de Damas avec lui. Je pris congé de ma compagnie, & comme le cheval que je montois & ceux de mes deux Valets étoient à moi, je me trouvai en état de satisfaire ma curiosité. Il n'y eut que mon Muletier qui témoignoit de la répugnance à me suivre; j'en avois pourtant besoin, car le mulet qu'il conduisoit portoit mon bagage. A la fin je le fis consentir. J'embrassai mes compagnons, ils partirent, & je demeurai encore tout ce jour à Cannobin, afin de donner le tems à mon nouveau compagnon de voir le Couvent de Cannobin, & de s'aller promener aux Cedres, où j'eus encore la complaisance de l'accompagner en chassant. Nous retournâmes assez tard à notre gîte, où nous fûmes reçûs avec les mêmes politesses.

Le jour suivant nous entendîmes la Messe, nous déjeûnâmes, nous pri-

T ij

mes des provisions, je donnai quelque argent au Procureur, nous fîmes nos remercîmens à nos bienfaiteurs, & nous montâmes à cheval.

CHAPITRE XXV.

Voyage du Mont Liban à Damas.

Nous traversâmes la Vallée des Saints, & par des sentiers étroits & difficiles, nous arrivâmes aux sommets de quelques montagnes, qui nous conduisirent à la fin à la plaine qui est au-delà des Cedres.

Mon compagnon étoit curieux, ses affaires ne le pressoient point, & les miennes ne me donnoient pas beaucoup d'inquiétude; de sorte que nous nous détournions souvent à droite & à gauche, pour considerer à loisir tout ce qui se presentoit à nôtre vûë, que nous jugions digne de notre attention.

Ce Païs est plein de montagnes. Il est vrai qu'elles ne sont pas toutes d'un accès difficile; mais il y a toûjours à monter & à descendre, & cela fatigue beaucoup.

Nous arrivâmes enfin à Baalbek, Ville ancienne située dans une plaine agréable de deux lieuës ou environ de largeur, sur une longueur à peu près égale : nous resolûmes de nous y arrêter tout le jour suivant, afin d'avoir le tems de bien examiner tout ce qu'elle renferme.

1660.

Les François l'appellent simplement Balbec, les gens du Païs la nomment Baalbeck, & ils ont raison, & nous devrions les imiter, il n'y a pas plus de peine à prononcer Baalbeck, que Balbec, c'est une économie qui ne convient qu'aux Génois, qui épargnent sur toutes choses, même sur les mots.

Elle a été autrefois plus considerable qu'elle ne l'est aujourd'hui, c'est ce qu'elle a de commun avec toutes les Villes de l'Empire Ottoman. Ce qu'il y a de plus remarquable est le Château. Quelques-uns tiennent qu'il a été bâti par Salomon. Ce sentiment est tout à fait opposé à la raison & à la vrai-semblance, comme la suite de ce discours le fera voir.

D'autres en font present au pere de Sainte Barbe, ou pour parler plus juste, sainte Barbare : car le mot Latin *Barbara* n'a jamais signifié Barbe, mais Barbare, & ceux-ci ont aussi peu de raison que les premiers.

T iij

Le sentiment le plus raisonnable & le mieux fondé, est que les Romains l'ont fait bâtir, ou du moins qu'ils ont fait ce qu'on y voit à présent, & qu'ils ne l'ont pas achevé. Les inscriptions Latines que l'on voit en quelques endroits le prouvent suffisamment.

Il est situé à l'entrée de la Ville, quand on y vient de Damas. Il est tout bâti de pierres d'une prodigieuse grandeur. La plûpart ont dix toises de longueur sur trois de largeur, & autant d'épaisseur, & comme on en voit encore quantité sur le chemin, qui selon les apparences étoient destinées pour cet édifice, c'est une marque qu'il n'a jamais eu toute sa perfection.

La face principale de ce Château est à l'Orient. Toutes les murailles sont doubles & fort épaisses, flanquées de grosses tours quarrées, cantonnées chacune de deux Tours rondes plus petites. Les portes de toutes ces Tours sont ornées de colonnes & d'autres membres d'architecture.

On trouve à l'entrée du Château une cour exagone, dont le côté opposé à la porte est ouvert, & donne entrée dans une seconde cour, au fond de laquelle il y avoit un grand corps de bâtiment, dont les ruines annoncent qu'il a été fort beau. Sa façade étoit ornée de colonnes. Il en reste encore neuf qui sont debout. Tout le reste ne fait qu'un grand amas de ruines, où il est impossible de rien comprendre.

Les côtez de la premiere cour sont bien plus entiers. Le devant & le côté droit ont des corps de logis grands, spacieux, bien ornez, bien bâtis. Le côté gauche étoit occupé par un Temple, dont la premiere partie ou la nef a vingt-cinq pas communs de longueur, & le chœur qui en a dix étoit rond. L'un & l'autre étoient ornez de colonnes de pierres d'ordre Corinthien, qui soûtiennent l'entablement. Ces colonnes séparent les arcades, dont les milieux ont des niches fort ornées. Le portique de ce Temple, qui regne tout autour est soûtenu par trente-quatre colonnes, dont les quatre qui sont des deux côtez de la porte sont d'ordre Corinthien, & les autres sont Ioniques. Le portail a été orné de quelques statuës dans des niches & de quantité de bas reliefs. Les Turcs qui ne peuvent souffrir ni statuës ni figures les ont gâtées, & presque entierement ruinées, aussi bien qu'un aigle & quelques autres figures qui étoient sur le portail. Autre preuve incontestable que cet édifice vient des Romains, ce qui en reste fait voir qu'il étoit de bonne main.

Les caves de ce Château sont plûtôt de grands magasins, où l'on conservoit les munitions de guerre & de bouche, que des caves. Elles ont cent cinquante pas de longueur sur vingt-cinq de large. Elles sont voûtées de pierres, avec de grands & larges soûpiraux, ce qui les rend claires & fort séches. Les fossez du Château étoient à fond de cuve, on en voit encore quelques vestiges ; mais ils sont presque comblez, ce qui n'empêche pas qu'il n'y passe encore un petit ruisseau d'eau.

Entre la Ville & le Château sont les ruines d'un petit Temple rond d'une parfaitement belle architecture, comme on le peut voir par ce qui en reste. Il étoit orné dehors & dedans de grandes colonnes qui soûtenoient l'entablement & la coupolle. Les entrecolonnes avoient des niches, des statuës, quantité d'ornemens de bas reliefs & d'aigles. Tout cela est fort ruiné. La coupolle est tombée & a rempli presque tout le vuide du Temple.

Les Chrétiens du Païs se sont mis en tête que ce Temple est la Tour où Sainte Barbe avoit été enfermée, il n'y a qu'à lire l'Histoire de cette Sainte dans les Auteurs qui en ont écrit, pour se convaincre qu'ils se trompent. Mais ils ont pour eux la tradition ignorante de leur Païs, & à cause de cela, ils ont ce Temple ruiné en singuliere vénération, & y vont faire leurs prieres.

Il y a une colonne fort haute & fort belle dans l'endroit le plus éminent de la Ville. Elle est encore toute entiere. On voit sur son chapiteau une petite base, qui marque qu'elle soûtenoit quelque statuë. Les Turcs l'ont abattuë & mise en pieces. Il est surprenant que la tradition ne dise pas que c'étoit la statuë de Sainte Barbe. Cela obligeroit les Chrétiens d'avoir du respect pour la colonne.

La Ville est grande & fermée de murailles, que le tems & le manque de réparations achevent de détruire; mais les maisons quoique très-anciennes ne laissent pas d'être en très-bon état. On voit qu'elles ont été bâties avec soin & avec goût, & par des gens qui aimoient l'Architecture, & qui en connoissoient les beautez. Je connoissois quelques Sensals de cette Ville, qui se firent un plaisir de venir nous chercher au Khan, où nous étions descendus & nous conduisirent chez-eux.

1660.

nous logerent, & nous traiterent avec magnificence. Ce fut par leur moyen que nous entrâmes dans plusieurs maisons de leurs amis, & que nous vîmes la disposition des appartemens, leurs distributions, leurs enjolivemens, leurs commoditez. Tout étoit dans l'ancien goût Romain.

Les Habitans de cette Ville sont Chrétiens Grecs. Ils y ont un Archevêque & plusieurs Eglises. Il y a aussi des Maures. Les uns cultivent les terres des environs, & les autres en plus grand nombre sont Tisserans en toiles de cotton, qu'ils envoyent à Damas & à Tripoli.

Le Païs est assez bon. Leur travail & leur commerce les met à leur aise, & ils y feroient bien davantage s'ils étoient moins exposez aux tyrannies du Pacha de Damas de qui ils dépendent, & du Soubachi qui est leur Gouverneur.

Il y a une belle source à un quart de lieuë de la Ville, qui après avoir fait tourner un nombre de moulins, se partage en deux branches, dont l'une passe au travers de la Ville, & l'autre se répand dans la campagne, & sert à arroser les jardins qui y sont en grand nombre.

Nous sortîmes de Baalbeck pour aller à Hhama, que le vulgaire appellent Aman. Nous y arrivâmes après avoir passé par de grandes campagnes, des montagnes, & avoir laissé à droite & à gauche des Khans, de petits Villages & quantité de jardins.

Cette Ville a été autrefois très-considerable, elle étoit située sur trois collines peu éloignées les unes des autres. Elle ne subsiste plus que sur deux de ces collines. Les édifices qui étoient sur la troisiéme, sont à present ruinez entierement aussi bien que le Château.

Il y a une riviere qui passe au pied de la Ville, dont on tire l'eau avec des roües à godets, que l'on partage ensuite dans la plûpart des maisons, & dans un réservoir public.

Il y a un Khan pour loger les Voyageurs qui est très-beau & très commode, avec des bains aussi propres que ceux de Tripoli.

La Ville est bien peuplée, les maisons assez propres. Elle est très-marchande. L'on y fait une grande quantité de futaines & des toiles de cotton bleuës & blanches, plus fines & plus larges que celles de Baalbeck, & qui par consequent sont beaucoup plus cheres, nous y couchâmes & y trouvâmes toutes les provisions dont nous avions besoin.

Nous en partîmes le jour suivant, & après avoir passé le pont de Cuftam-Pacha, nous allâmes à Khams. C'étoit autrefois une grande & belle Ville, qui a eu le sort d'une infinité d'autres de l'Empire Ottoman, c'est-à-dire, qu'elle est à present presque ruinée.

Les Turcs croyent qu'elle a été la patrie de Job, qu'ils mettent au nombre de leurs Saints Patriarches. Ils sont persuadez que la Mosquée de Khams est bâtie sur les fondemens de la maison de Job le plus patient des hommes.

En sortant de cette Ville ruinée, nous trouvâmes un Païs plat, qui ne nous parut pas trop bon, & qui ne laisse pas d'être cultivé, avec plusieurs Villages à droite & à gauche du grand chemin jusqu'à une montagne, dans laquelle on a taillé un chemin pour la commodité des Voyageurs.

Dès que nous eûmes franchi ce pas, nous découvrîmes la grande, belle & fertile plaine de Damas.

CHAPITRE XXVI.

De la Ville de Damas.

LA Ville de Damas est située dans une grande plaine toute environnée de montagnes, qui a huit à dix lieuës de longueur, sur cinq à six lieuës de largeur. Elle a une colline mediocre à son Orient. La plaine est d'une fertilité merveilleuse, parce qu'elle est arrosée par sept petites rivieres, & par quantité de ruisseaux dont les eaux se perdent dans la même plaine, après avoir porté daus les terres & les jardins qui y sont répandus de tous côtez une fécondité admirable.

On peut dire que ces jardins quoique rustiques, sont des lieux enchantez. Ils sont environnez d'arbres fruitiers, qui fournissent la Ville & celles des environs de toutes sortes de fruits, tant pour manger dans leur saison, que pour être conservez pendant toute l'année.

Les Caravannes portent de ces fruits à Seïde, à Barut, à Tripoli & aux autres Villes, & comme les Turcs, aussi bien que tous les autres Peuples qui y sont établis, aiment extrêmement les fruits, on ne peut s'imaginer la consommation prodigieuse qui s'y fait de pommes, de poires, d'abricots, de grenades, de raisins de plusieurs especes, de prunes, de pruneaux, de citrons, d'oranges, de limons, de figues d'Adam qu'ils appellent *Maouz*, & de tous les autres fruits que nous avons en France, & de quantité d'autres que nous n'y avons pas.

Le froment y est excellent. On en fait du pain blanc comme la neige, & des biscuits en forme de gros anneaux, qui se conservent fort long-tems. En un mot, on y trouve tout ce qui est necessaire au plaisir de la vie, & à très-bon marché.

Cette Ville passe pour une des plus anciennes du monde, & avec raison. Il seroit difficile de trouver la véritable éthimologie de son nom, cela est d'ailleurs peu important ; mais il faut remarquer qu'elle a été autrefois bien plus considérable qu'elle ne l'est aujourd'hui, quoiqu'elle le soit encore beaucoup. Elle a été deux fois ruinée par les Tartares. Elle a été le théâtre de la longue & cruelle guerre qui a été entre les Sultans de l'Egypte & les Turcs, qui s'en rendirent maîtres sous Selim premier du nom leur Empereur. Ils l'ont conservée jusqu'à present, & en ont fait un Begliargebit ou Gouvernement général de Province. Elle est située entre Antioche & Jerusalem, à distance presqu'égale de ces deux Villes, dont elle est éloignée d'environ cinquante lieuës. Elle est à quatre-vingt lieuës d'Alep, & à vingt de Barut.

Damas est environnée de murailles modernes, excepté du côté où saint Paul fut descendu dans une corbeille, qui sont encore les mêmes, & beaucoup plus fortes que les autres. Elles sont doubles presque par tout, avec des tours quarrées assez grandes, qui sont cantonnées de tours rondes plus petites.

Les maisons ne sont que de terre la plûpart. Elles paroissent peu au dehors ; mais les dedans sont toute autre chose. Les appartemens sont grands & bien ménagez, ils sont propres, bien meublez, lambrissez, plafonez & peints à la mode du Païs. L'or & l'azur n'y sont pas épargnez. Il y a très-peu de ces maisons qui n'ait une fontaine pour son ornement & sa commodité.

Il y a des Befeftins où l'on vend toutes fortes de marchandifes précieufes, comme pierreries, orfévries, draps d'or, d'argent, & de foye, & autres femblables.

Les marchez couverts y font en grand nombre ; ils font de pierres de taille bien voûtez, avec des ouvertures d'efpace en efpace, qui les rendent fort clairs.

Les côtez de ces Marchez couverts, auffi bien que les ruës, ont des banquettes relevées, qui fervent pour les gens de pied, & le milieu qui eft plus bas, fert aux charois & aux animaux. Cette précaution fait que le chemin des gens de pied eft toûjours propre, & qu'on peut aller en tout tems dans ces Marchez, fans être expofé aux injures de l'air.

Il y a un nombre confidérable de Khans grands & petits, pour loger les Marchands & les Voyageurs. Ils font très-bien bâtis, & tous fur le même modéle. Ceux dont j'ai parlé dans d'autres endroits, doivent faire connoître la figure & la difpofition de ceux-ci. Les magazins font à rez de chauffée, avec des galeries au-deffus, qui donnent entrée dans les chambres, qui dans ceux-ci ont chacune un petit dôme couvert de plomb.

Le Château est un grand quarré long, bâti de pierres de taille, taillées en pointes de diamant. Il est flanqué de quatorze tours quarrées, cinq sur chaque long côté, & deux sur chacun des petits, avec un fossé d'environ dix toises de largeur sur trois de profondeur, que l'on peut remplir de l'eau de la riviere qui passe dans la Ville, ou des ruisseaux qui en sont voisins.

La porte du Château est ornée en dehors de deux chaînes de pierres qui y sont attachées contre la muraille. La premiere a seize anneaux ovales, d'un pied & demi dans le grand diametre, sur un pied dans le petit. Ils ont environ deux pouces de diametre. Ils ont été taillez les uns dans les autres dans une même pierre. La seconde n'a que quatorze anneaux. Les Turcs regardent ces deux chaînes comme des chefs-d'œuvre de l'Art. Peut-être sont-ils en effet les chefs-d'œuvre de quelque Tailleur de pierres habile & patient; car il faut l'être beaucoup pour un tel ouvrage. J'ai vû de ces chaînes de bois dans plusieurs endroits; mais il faut convenir que celles de pierres sont bien plus difficiles à faire.

On ne permet l'entrée de ce Château que très-difficilement aux étrangers. Il faut pour en obtenir la permission, se déguiser, avoir des amis, & sçavoir la Langue du Païs. J'avois de amis à Damas, je sçavois les Langues qu'on y parle, & j'étois habillé à la Turque. J'y entrai sans difficulté. J'y vis en entrant un grand & spacieux corps de garde bien voûté & fort propre, dont les murailles sont toutes couvertes d'armes antiques & modernes en bon ordre, & fort bien entretenuës. Il y a devant la porte trois pieces de canon de fonte de douze pieds de longueur, fort belles & bien montées.

Un peu plus avant on voit un corps de logis appellé Cassaba, où l'on bat la Monnoye (on n'y travailloit pas alors) à côté duquel il y a un dôme assez vaste & tout ouvert, qui est soûtenu par quatre pilliers d'une grosseur si démesurée, que je crois qu'ils porteroient la coupolle de saint Pierre de Rome.

La grande salle du Conseil est au fond de la cour; elle est voûtée & peinte en or & en azur, avec quelques passages de l'Alcoran, qui regardent la Justice qu'on y rend. On l'appelle à cause de cela le *Divan*.

Les deux côtez de la cour sont des bâtimens assez propres, séparez les uns des autres par de petites ruës ; ils servent de logemens aux Officiers & aux Janissaires qui composent la garnison. Et comme ils sont voûtez & en terrasses, & appuyez la plûpart contre les murs du Château, ils leur servent de rempart. Au reste ces murs n'ont qu'environ une toise d'épaisseur, & les pierres de taille sont parpain.

Voilà tout ce que je pûs voir de ce Château, le reste est inaccessible.

En sortant du Château nous allâmes voir une Mosquée d'environ vingt pas en quarré, couverte d'un dôme revêtu de plomb. Ses murs sont incrustés de Mosaïque, avec des ornemens d'or & d'azur qui la rendent des plus brillantes. Elle est pavée de marbre, & l'on y voit le tombeau d'un Sultan d'Egypte appellé *Melek Dhabor*.

La maison du Desterdar ou Sur-Intendant des Finances de Damas n'en est pas éloignée. Elle est accompagnée d'une petite Mosquée, où le marbre, l'or & l'azur n'ont pas été épargnés. Aussi a-t'elle été bâtie par un Sur-Intendant des Finances qui a voulu faire une restitution à Dieu de ce qu'il avoit volé au monde. Elle eſt d'une Architecture Orientale moderne, qui ne laiſſe pas d'avoir bien du goût, de la délicateſſe & de la beauté.

Un Officier du Defterdar, ami de mes amis, nous fit voir tout ce qui eſt viſible dans la maiſon d'un Seigneur Turc. Les appartemens ſont grands, bien diſtribués, fort commodes, ornés & meublés magnifiquement. Ce qui la rend très-agréable, ce ſont des jets d'eau qu'il y a dans toutes les fenêtres. Elles ont des treillis de cuivre bien travaillés.

Ce fut par ces fenêtres que je vis ce que les Chrétiens peuvent voir de la grande Moſquée, & il fallut m'en contenter ; car il leur eſt défendu d'y entrer ſous peine de la vie.

La grande Moſquée de Damas étoit autrefois une Egliſe que l'Empereur Heraclius avoit fait bâtir à l'honneur de S. Zacharie pere de S. Jean-Baptiſte. On prétend que ce Saint Patriarche y eſt enterré, & que c'eſt pour cela que les Turcs ont une vénération particuliere pour ce lieu.

C'eſt un des plus beaux édifices qui ſoit dans l'Empire Ottoman. Cette Moſquée eſt conſtruite à la maniere de nos Egliſes, les Turcs n'y ont presque rien changé. Elle a trois cens pas de longueur sur soixante de largeur. Ses trois nefs sont soutenuës par des colomnes de marbre, de jaspe & de porphyre, & ses murailles incrustées de Mosaïques avec des ornemens d'or & d'azur. On y entre par douze belles portes, dont les ventaux sont couverts de cuivre cizelé. Elles sont ornées de très-belles colomnes. La porte principale donne sur un Parvis pavé d'un marbre blanc si poli & si éclatant, qu'il semble des glaces de miroir, & les côtés de ce Parvis ont des galeries ouvertes, soutenuës par deux rangs de colomnes de marbre, de jaspe & de porphyre, dont les ornemens sont fort délicatement travaillez. Ces galeries sont peintes & dorées, & ont des fontaines & des bassins de marbre, où les Turcs font leurs ablutions. Le respect qu'ils ont pour cette Mosquée va si loin, qu'ils ôtent leurs souliers avant d'entrer dans le Parvis. C'est dommage qu'on n'y peut pas entrer, la considérer à loisir, & en dessiner les beautés. Il est certain que les curieux & les habiles gens en seroient contents. Voilà ce que j'en ai pû voir & apprendre par des Mahométans de mes amis.

La Ruë droite est à présent un Bazar couvert. Nous y remarquâmes une fontaine adossée à un gros pilier. On prétend que ce fut là où S. Paul fut baptisé par Ananias, & où il recouvra la vûë. On appelle ce pilier la Colomne antique. On dit qu'Ananias a été enterré sous sa base, ou tout auprès.

Nous allâmes ensuite voir la maison de ce Judas chez qui S. Paul se retira pour être instruit dans la Religion Chrétienne. La petite chambre où cet Apôtre jeûna trois jours & trois nuits, a une porte assez grande dont les ventaux sont couverts de lames de fer attachées avec de gros cloux. Si la porte qu'on voit aujourd'hui est la même que celle qui y étoit du tems de l'Apôtre, ce lieu a plus l'air d'une prison que de toute autre chose.

En sortant de la Ville par la Porte appellée *Babel Cherki*, ou Porte Orientale, on voit les restes d'une Eglise que les Chrétiens avoient bâtie à l'honneur de Saint Paul; il n'y a plus que le clocher qui soit encore debout, entier & fort ancien. Les Turcs se sont servis du reste pour faire un Khan pour loger les Voyageurs.

A cent cinquante pas de cette porte

en suivant les foſſez, on trouve une groſſe tour quarrée, détachée & iſolée, ſur les murs de laquelle il y a deux Fleurs de Lys, & deux Lions taillez de relief, au milieu deſquels il y a une grande table de marbre, avec une inſcription en caractéres Arabes, que je n'eus pas le tems de copier, parce qu'il n'eſt pas permis de s'arrêter à conſidérer les murailles & les foibles fortifications de cette Ville ; & à trois cens pas plus loin on voit une porte murée, auprès de laquelle S. Paul fut deſcendu dans une corbeille, pour le tirer des mains des Juifs qui le vouloient faire mourir.

1660.

Vis-à-vis cette porte murée eſt la ſepulture de Georges le Portier, qui fut accuſé d'avoir favoriſé l'évaſion de S. Paul & d'être Chrétien, & pour ces deux cas il eut la tête coupée. Les Chrétiens du Païs le regardent comme un Martyr, & entretiennent une lampe allumée ſur ſon tombeau.

La maiſon vraïe ou ſuppoſée d'Ananias, eſt entre la porte Orientale & celle de S. Thomas, on y voit une Grotte où l'on prétend qu'il inſtruiſit ce grand Apôtre. Je ne vois pas quelle neceſſité il y avoit de ſe mettre dans un ſoûterrain pour lui donner des inſ-

1660.

tructions. Mais il a plû à la tradition de donner quelque relief à cette Grotte, en la faisant servir à un usage si saint. On voit dans le même endroit l'entrée d'un soûterrain, qui est à present bouché, par lequel on communiquoit à la maison de Judas. Les Turcs ont cette maison en vénération, & y avoient voulu faire une Mosquée; mais les Chrétiens du Païs assurent qu'ils n'en ont jamais pû venir à bout : de sorte que la Grotte est demeurée commune aux uns & aux autres. Si on n'y met ordre, elle se remplira de tests de pots de terre, qu'on y apporte avec du feu pour faire brûler de l'encens à l'honneur de cet Apôtre, que les Turcs respectent presque autant que les Chrétiens.

Deux jours après mon arrivée à Damas, je reçûs un Exprès de Seïde, avec la nouvelle de l'arrivée d'un Vaisseau de Marseille, & des Lettres qui m'apprenoient la mort de ma mere. Cette nouvelle m'affligea beaucoup, & j'aurois fort souhaité que le Vaisseau fût arrivé quinze jours plus tard, afin de me donner le loisir necessaire pour voir cette grande Ville. Il fallut songer à quitter Damas, & à retourner à Seïde où ma presence étoit necessaire nécessaire pour bien des raisons. Je serois parti dès le lendemain, si l'Exprès qu'on m'avoit envoyé ne m'avoit averti, que les chemins n'étoient pas sûrs, parce que les Drusses avoient pris les armes contre le Gouverneur de Seïde, & qu'ils arrêtoient & pilloient tout ce qui entroit ou sortoit de la Ville, & que par conséquent je devois attendre la commodité de quelque Caravanne.

1660.

Heureusement il s'en trouva une qui devoit partir dans deux ou trois jours. J'y trouvai quelques amis avec qui je m'associai, & en attendant le moment du départ, je continuai de visiter en courant ce qui me restoit à voir dans la Ville & aux environs.

J'allai à l'endroit où S. Paul fut renversé par terre, quand il venoit à Damas pour persécuter les Chrétiens. Ce lieu est presqu'au bout de la plaine sur le grand chemin d'Egypte, vis-à-vis un Village appellé *Conkhab*, qui signifie Astre ou Etoile, il est situé fort agréablement entre deux petites collines.

Il y a une Maladrerie hors de la Ville, où l'on met ceux qui sont atteints de la lépre. On tient qu'elle a été bâtie sur la maison de Naaman, ce Prince qui avoit été guéri de la lépre par le Prophete Elisée. Il y a aussi un Hôpital où l'on renferme les fols qu'on appelle le Morestan.

Il y a assez près delà un grand Village nommé *Sahalhié*, il est sur le penchant d'une colline, dont la vûë s'étend sur toute la campagne, qui est très-belle & très-diversifiée. La plûpart des Grands de Damas y ont des maisons de plaisance, qui sont belles & très-agréables, tant pour la vûë que pour les jardins dont elles sont accompagnées, & par les belles eaux qui coulent de toutes parts de cette colline.

Il y a un Hermitage de Derviches qui gardent avec respect la Grotte, où l'on dit que les sept Dormans dormirent depuis l'Empire de Decius jusqu'à celui de Theodose le Jeune. Si l'Histoire est vraïe, c'est à bon titre qu'on leur a donné le nom de Dormans ou de Dormeurs. Je ne crois pas que personne du monde le leur puisse contester.

La campagne que l'on trouve à deux lieuës de Damas, en tirant vers Baalbeck est extraordinairement séche. Il n'y tombe jamais de rosée. Les Turcs disent que c'est l'endroit où Caïn tua son frere Abel, & où ils faisoient leur. Sacrifices. Les Juifs nient le fait ; &

disent que cet execrable fratricide fut commis dans le territoire de *Beithima*, où croissent ces raisins excellens dont on fait la pance de *Damas*. Entre eux le débat, peut-être que les uns & les autres se trompent. Ce qui est vrai, c'est que ces raisins, quoique crus dans un Païs sec, sont fort beaux, fort gros & fort doux, & qu'ils n'ont qu'un seul pepin. Ils se conservent long-tems, parce qu'ils renferment peu d'humidité.

Les Juifs assurent que la sécheresse de ce terroir, est une suite de la malédiction que Nembroth attira sur lui, pour avoir entrepris de bâtir la Tour de Babel. Ce ne fut pas Nembroth seul qui entreprit l'édifice de cette Tour, il n'auroit pû en venir à bout avec sa famille, quelque nombreuse qu'on la puisse supposer. Tous les Peuples qui étoient venus de Noé & de ses trois enfans, formerent ce dessein quand la necessité les obligea de se séparer, pour aller s'établir & peupler les autres parties du monde. Leur dessein n'étoit pas de faire une Tour si haute qu'elle les pût garantir d'un second Déluge. Dieu avoit promis à Noé qu'il ne se serviroit plus de cet horrible fleau pour châtier les hommes, & il lui avoit donné, l'arc-en-Ciel, comme le gage de sa parole. Ce n'est pas à dire qu'il n'y eût point d'arc-en-Ciel avant ce tems-là; la maniere dont il se forme, a toûjours été la même avant le Déluge & après ; mais Dieu s'en servit pour assurer le Patriarche & ses enfans, qu'il se souviendroit de la parole qu'il lui donnoit toutes les fois qu'il verroit ce signe de sa clemence.

La vûë de ces Peuples qui étoient déja fort nombreux, fut de laisser un monument à la posterité, qui fit connoître qu'ils n'avoient tous qu'une même origine, & qu'ils descendoient d'un même pere ; mais comme ils n'avoient pas consulté Dieu avant de l'entreprendre, & qu'il entroit une vanité excessive dans ce dessein, Dieu confondit la Langue qui leur étoit commune à tous, & d'une seule Langue il en sortit soixante & douze selon quelques Ecrivains, & par cette multiplication de Langues, ils ne s'entendirent plus les uns les autres, & cette confusion les obligea de se séparer, & de se répandre de tous côtez. Ce fut ainsi que toute la terre se peupla, & que se formerent peu à peu ces différens Peuples qui l'habitent aujourd'hui, qui n'ayant tous qu'une même origine &

un même pere, sont à present si differens en mœurs, en coûtumes, en Religions, & même en configurations de visage, de taille, de couleurs & autres choses, qui sembleroient être une suite d'origines differentes, si la Foi & les Ecritures Saintes ne nous assuroient pas du contraire.

Le Village appellé *Jubar*, est à une demie lieuë de Damas, il n'est habité que par des Juifs sans mêlange d'aucune autre Nation. Ils y font voir une Grotte où ils disent que le Prophete Elie se cacha, lorsqu'il fuyoit la persecution de Jezabel. L'entrée de cette Grotte est un trou mediocre, par lequel on descend sept marches taillées dans le roc, qui conduisent dans une Grotte d'environ quatre pas ou dix pieds en quarré. Il y a trois petits enfoncemens comme des armoires ouvertes, où les Juifs entretiennent trois lampes allumées.

Il y a un autre trou par où les corbeaux lui apporterent à manger pendant quarante jours qu'il y demeura.

Les Juifs ont leur Synagogue auprès de cette Grotte. Ils ont eu assez d'esprit pour persuader aux Turcs superstitieux qu'ils mourroient s'ils entreprenoient de s'établir dans ce Village, &

par ce menſonge ils ont privé leur Grotte de l'honneur qu'ils n'auroient pas manqué de lui rendre.

La plaine où Abraham combattit & défit les cinq Rois qui emmenoient Loth & ſa famille, eſt proche.

A une lieuë de cette plaine, il y a une petite Ville ſituée ſur une montagne mediocre, qui n'eſt habitée que par des Chrétiens, ſans mêlange de Turcs ni de Maures. Ils ſe ſont imaginez qu'ils y mourroient au bout de l'année : ſoit que cette idée leur ſoit venuë d'eux-mêmes, ſoit qu'elle ſoit une pieuſe fraude des Chrétiens, ils ſont débaraſſez de ces hôtes importuns.

Il y a une Egliſe dédiée à Notre-Dame ſur l'endroit le plus élevé du Village. Elle eſt deſſervie par les Syriens. Les Turcs ont une grande dévotion à cette Egliſe, & la viſitent avec reſpect après s'être purifiez, comme quand ils entrent dans leurs Moſquées. Elle eſt grande, voûtée & bien bâtie. Il y a une niche ſur l'Autel, qui renferme une Image de la Sainte Vierge, qui dans de certains tems répand une huile miraculeuſe, dont on ſe ſert avec ſuccès pour guérir toutes ſortes de maladies.

Damas eſt une des Villes la plus

marchande de l'Empire Ottoman. Il y a des Manufactures de velours plein & cizelé, de satins, de taffetas, de damas, de brocards, de tabis, de moires, & d'autres étoffes unies, rayées & tabisées, des écharpes de soye, des toiles de cotton, de futaines, & autres especes de toiles de cotton.

Les Caravannes de la Mecque y apportent des drogues de toutes sortes, des épiceries, des marchandises de Perse & des Indes, & les Francs y portent des draps de soye, de laines & d'or, du papier, des bonnets, de la cochenille, de l'indigo, du sucre, & quantité d'autres marchandises qu'ils débarquent à Seïde, à Barut & à Tripoli. On les transporte de ces Echelles à Damas par les Caravannes.

Le Peuple de Damas est communément beau, blanc & bienfait. Ils ont tous de l'esprit, ils sont fins, adroits & fourbes ; mais ils vivent fort poliment avec ceux qui les sçavent ménager. Il y a un certain air de grandeur & même de liberté dans cette Ville, qu'on ne voit pas ordinairement dans les autres, aussi les Peuples y sont plus riches, & bien moins exposez aux tyrannies des Pachas. De quelque Nation ou Religion qu'ils soient, ils aiment à être bien vêtus, bien logez, bien meublez, & ils aiment leur liberté. Ils sont sujets du Grand Seigneur ; mais ils n'en sont point esclaves, & sçavent fort bien le faire sentir aux Pachas, quand ils veulent les traiter durement & trop despotiquement.

La plûpart des Chrétiens qui y demeurent sont Grecs. Il y a peu de Maronites & encore moins de Chrétiens Francs. Il ne laisse pas d'y avoir des Missionnaires Cordeliers de la Terre-Sainte, des Jesuites & des Capucins, qui y ont chacun leurs Maisons & leurs Chapelles domestiques.

Le Consul qui est à present à Seïde résidoit autrefois à Damas avec toute la Nation ; mais l'incommodité & les risques qu'il y avoit pour le transport de l'argent pendant trois journées d'un chemin dangereux, & souvent impraticable, à cause des courses des Arabes & des Drusses, a fait juger à propos de transporter le Consulat & le commerce principal à Seïde. Il y a pourtant toûjours quelques Marchands François à Damas, & souvent quelque Medecin & quelque Chirurgien qui y vont faire des experiences en gagnant de l'argent.

CHAPITRE XXVII.

Voyage de Damas à Seïde.

JE pris congé du Pere Président de l'Hospice de Terre-Sainte, du Pere Richelius Jesuite, & du Pere Aignan Capucin le 11. Août, & je fus attendre la Caravanne à un jardin hors de la Ville. Je m'y joignis quand elle passa. Elle n'étoit composée que de six Muletiers, qui conduisoient vingt mulets chargez de fruits & de marchandises, qui appartenoient à six Turcs de mes amis qui alloient à Seïde. J'avois avec moi mon Muletier & mes deux Valets, bien montez & bien armez. La compagnie de ces six Marchands m'étoit très-agréable, ils me prévinrent en toutes choses, & m'entretinrent avec tant de politesse de differentes choses pendant les trois jours que dura notre voyage, que je n'eus pas le loisir de m'ennuyer un moment.

Dès que nous eûmes passé la belle plaine de Damas, nous commençâmes à monter ou à grimper des montagnes pleines de mûriers, & nous arrivâmes enfin en un lieu appellé *Dahebié*, où

Départ de Damas le 12. Août 1660.

il y a un arbre prodigieusement grand & touffu, sous lequel nous nous établîmes & couchâmes cette nuit-là avec les précautions de gens sages, c'est-à-dire, avec nos armes auprès de nous, & deux de nos Muletiers qui se relevoient les uns après les autres, & qui veilloient pour nous avertir au moindre bruit qu'ils entendroient, afin de n'être pas surpris par les Arabes ou autres Voleurs, qui n'ayant point d'autre métier, sont fort allertes pour dévaliser les passans.

Le lendemain nous partîmes de grand matin. Nous trouvâmes encore des montagnes jusques vers le soir, que nous arrivâmes à *Maschara*. C'est un Village situé au fond d'une vallée. Il y a une source auprès de ce Village si abondante, qu'après avoir fait tourner plusieurs Moulins, elle se répand dans la campagne, où elle se joint à plusieurs autres ruisseaux, qui servent à arroser les jardins & les terres, qui sans ce secours seroient steriles, & qui sont d'un très-grand rapport. Sur le haut d'une colline voisine, il y a un étang où nous fîmes pêcher de très-bon poisson, nous trouvâmes dans ce Village tout ce qui nous étoit necessaire & à très-bon marché.

Nous en partîmes à la pointe du jour, & nous passâmes entre deux hautes montagnes que l'on voit de fort loin, quand on est en mer, d'où elles paroissent comme deux mammelles, c'est ce qui fait que les Matelots de Provence les ont appellées à l'imitation des Espagnols *Las Ponças*. Ce sont ces deux montagnes qui donnent la connoissance de Seïde, sans quoi il seroit assez difficile de découvrir au juste sa situation.

Delà nous descendîmes toûjours jusqu'à *Caffarmella* où nous couchâmes, & le lendemain nous arrivâmes à Seïde sur les dix heures du matin.

Comme j'y avois une maison, je fus descendre chez-moi dans le dessein de me reposer le reste du jour, étant extrêmement fatigué de ces trois jours de marche ; mais mon retour ayant été sçû, il fallut recevoir les complimens que mes amis & toute la Nation me vinrent faire sur la mort de ma mere. Je ne fus en liberté que sur les dix heures du soir ; mais j'étois tellement échauffé, que je ne pus dormir : de sorte que j'employai le reste de la nuit à faire des memoires pour envoyer à Marseille, & donner les ordres necessaires aux affaires que la mort de ma mere dont j'étois heritier, me donnoit. Heureusement le Vaisseau ne demeura à Seïde que vingt jours. J'envoyai une Procuration à mon cousin M. François d'Arvieux pour agir en mon absence, & j'écrivis à un autre que je chargeai de mettre ma sœur puînée dans un Couvent, & de m'envoyer le plus jeûne de mes freres, ayant déja son aîné avec moi depuis un an. Le Vaisseau partit, mes ordres furent executez de point en point. Mon plus jeune frere arriva au bout de six mois, & je connus d'abord que ma mere ne s'étoit pas donné beaucoup de soin à le faire élever comme il convenoit ; de sorte que je fus obligé de devenir son Gouverneur & son Précepteur tout à la fois. Il avoit de l'esprit & de la docilité. Je ne perdis pas mes peines, & j'en ai fait un honnête homme.

Je demeurai quatre années de suite à Seïde, où le commerce me mit en état de réparer les pertes que ma famille avoit faites.

J'ai dit ci-devant & fort succinctement, ce que j'avois vû chez les Arabes du Mont-Carmel, dans le court voyage que j'avois fait chez-eux, à l'occasion des Carmes Déchaussez ; mais je n'avois pas eu le tems de connoître cette Nation, qui faute d'être connuë passe parmi nous pour une des plus barbares & des moins accommodantes.

Je commençai à me désabuser de mes préjugez étant à Rama chez le Sieur Souribe. J'y vis un Arabe grand, noir & d'une mine fiere & menaçante. J'avouë qu'il me fit peur la premiere fois que je le vis. Il entra sans saluer personne, en nous regardant avec des yeux roulans, comme s'il avoit voulu nous dévorer.

Cet Arabe étoit en societé avec le Sieur Souribe, pour une cavale qui appartenoit à quatre associez, à raison de trois cens piastres par pied, c'est-à-dire, douze cens piastres pour la cavale entiere, à condition que les poulins qu'elle feroit seroient vendus, & le prix partagé entre les quatre associez.

Cette cavale étoit d'une race estimée. Le Sieur Souribe avoit sa généalogie & sa filiation de pere & de mere, à remonter jusqu'à cinq cens ans, sans qu'il y eût rien à dire. Voilà des preuves de noblesse, que bien des Nobles en France ne pourroient pas produire. Tous les actes étoient publics & dans la meilleure forme, & les témoins y avoient mis leurs sceaux. Le Sieur Souribe les conservoit avec soin dans ses archives, & il gardoit & nourrissoit la cavale, parce qu'il la montoit.

L'Arabe en question venoit de tems en tems voir la cavale dont il avoit un quart. C'étoit quelque chose de tout à fait plaisant de voir les caresses qu'il lui faisoit, il l'embrassoit tendrement, il la baisoit & s'entretenoit avec elle des heures entieres, comme les nourrices parlent à leurs petits enfans. Il sembloit que cette cavale l'entendoit : car elle lui faisoit des caresses en sa maniere & le regardoit avec des yeux doux, le léchoit & baisoit avec joye. Quand leurs entretiens étoient finis, l'Arabe venoit s'entretenir avec nous. Je goûtai ses manieres, & je m'y fis à la fin. Je remarquai qu'il avoit de l'esprit, de la politesse, du bon sens, qu'il raisonnoit solidement & avec agrément, & je le trouvai tout autre qu'il ne m'avoit paru au commencement.

Il me dit en parlant de leurs Coûtumes qu'il faisoit bon être de leurs amis, parce que quand il arrivoit quelque affaire fâcheuse, & qu'on se refugioit chez-eux, la Nation toute entiere périroit plûtôt que de livrer celui à qui ils auroient accordé leur protection. Vous voyez, me disoit-il, quand une fois nous avons lié avec une personne, les pointes des manches de nos chemises, nous & nos familles seroient déshonorez à jamais, si nous manquions de la défendre contre tous ses ennemis. C'est une loi établie parmi nous; il n'y a point d'Arabe tel qu'on se le puisse figurer, riche ou pauvre, qui ne choisît plûtôt de mourir que d'y manquer. Une infinité de gens de toutes sortes de Nations & de Religions, & ma propre experience m'ont appris que les Arabes étoient réellement tels que cet Arabe me le disoit. J'ai eu une infinité d'occasions de m'en convaincre, on le verra dans la suite de ces Memoires.

1660.

TRADUCTION FRANÇOISE des Lettres de Chevalerie de l'Ordre du S. Sepulcre de N. S. J. C.

FRere Eusebe Vallez de l'Ordre de la plus étroite Observance des Freres Mineurs de la Province de Milan, Lecteur en Theologie, Pere de Province & de l'Ordre, Commissaire Apostolique dans les parties d'Orient, Custode de toute la Terre-Sainte, & Gardien du sacré Mont Sion. A tous ceux qui verront, liront & entendront ces Présentes : Salut en Notre-Seigneur.

Nous apprenons dans les anciennes Histoires du tems, que les invincibles Heros, l'Empereur Charlemagne toûjours Auguste, Saint Loüis Roi de France, & plusieurs autres genereux Rois & Princes de la République Chrétienne, aussi grand zelateurs de la gloire de Dieu, que vaillans défenseurs de la Foi Orthodoxe, ayant voüé leurs personnes & leurs biens au Dieu immortel, créérent en divers tems une quantité de braves Chevaliers pour délivrer Jerusalem des Infidéles Sarasins, & garder dans une entiere liberté le Glorieux Sépulcre de Notre-Seigneur Jesus-Christ ressuscité. La dignité de cet Ordre de Chevalerie fut dans sa grande splendeur, dans le tems qu'entre les autres expéditions des Princes Chrétiens contre ces Infidéles, le Duc Godefroy de Boüillon de glorieuse mémoire, avec une armée de plus de trois cens mille combattans que le Pape avoit croisez, ayant pris d'assaut cette sainte Cité, tué une partie des ennemis, & mis l'autre en fuite, l'an de l'Incarnation de Notre-Seigneur mille quatre-vingt-dix-neuf : il fut proclamé Roy de Jerusalem par ses troupes, qui d'un commun accord & avec une joye extrême contenterent le desir ardent qu'il avoit de garder ce précieux monument. Ce fut alors qu'il renouvella l'Ordre sacré du Glorieux Sépulcre de Notre Seigneur Jesus-Christ, sous certaines Regles & Constitutions, & que plusieurs personnes de grande qualité ayant été créés Chevaliers, armés & marqués de cinq Croix rouges sur un Ecu d'argent, il leur ordonna, avec obligation de les porter sur leurs habits, tant à la guerre qu'à la Cour des Rois & des Princes, & dans toutes les Assemblées des Fidéles (ainsi qu'il appert dans le vingt-neuviéme chapitre de ses Ordonnances) & comme les Rois Très-Chrétiens ont été les Fondateurs de cet Ordre, ils en furent toûjours aussi les Grands Maîtres & les Protecteurs ; mais (pour notre malheur) la Sainte Cité fut reprise par les Infideles, les Catholiques chassés de l'Asie, & cette sacrée Milice du Saint Sepulcre, qui l'avoit jusqu'alors gardée, fut comme éteinte, & demeura assoupie jusqu'en l'an de Notre-Seigneur 1313. que le dévot Robert Roy de Naples & de Sicile, acheta ces Saints Lieux avec de grans

1660.

des sommes d'argent du Sultan d'Egypte, & avec beaucoup de peine obtint la permission aux Religieux de S. François de demeurer dans le Couvent du Sacré Mont-Sion, & dans le Temple du Glorieux Sépulcre de Notre-Seigneur Jesus-Christ. Ensuite le Pape Alexandre VI. voulut que la faculté de créer ces Chevaliers fût réservée dorénavant au Saint Siége Apostolique (tant pour renouveller cet Ordre dont on avoit quasi perdu le souvenir, que pour augmenter la dévotion des Fidéles Chrétiens, & exciter leurs desirs au recouvrement des Saints Lieux,) l'An de l'Incarnation 1496. & le quatriéme de son Pontificat. Il conféra cette faculté au Gardien du Sacré Mont-Sion & à ses Successeurs, en qualité de son Vicaire Général, avec pouvoir de créer, ordonner & instituer des Chevaliers du Saint Sépulcre, qui fut confirmée & approuvée par le Pape Leon X. l'an de N. S. 1518. ce qui réüssit avec tant de bonheur, que depuis alors on en reçut une très-grande quantité, comme on en reçoit encore à présent, dans le nombre desquels le Sieur LAURENT ARVIEUX voulant être admis, est comparu personnellement pardevant Nous, & après avoir exposé le desir qu'il en auroit, il Nous a supplié de le vouloir honorer des marques victorieuses de cet Ordre. Sur quoi ayant égard à sa priere & à sa dévotion, étant pleinement informé de sa pieté, de toutes les qualitez requises par les anciennes Loix à un veritable soldat de Jesus-Christ, du zele qu'il a pour la gloire de Dieu, pour la défense & augmentation de la Foi Catholique, & de son affection singuliere envers les Saints Lieux & notre Religion Séraphique. De notre pouvoir & autorité Apostolique Nous l'avons armé, créé & institué, l'armons, créons & instituons par ces Présentes, que Nous avons aussi marqué & décoré solemnellement de cinq Croix rouges selon la coûtume, ainsi que nous le nommons, déclarons & publions, pour joüir de tous les privileges, indults, immunitez, graces, exemptions, libertez, commoditez, droits & prérogatives dont joüissent & joüiront à l'avenir les autres Chevaliers de cet Ordre : En témoignage de quoi Nous lui avons expédié les Présentes signées de notre propre main, & scellées du Sceau du Glorieux Sépulcre de N. S. J. C. sur queuë pendante. Donné à Jerusalem dans notre Couvent de S. Sauveur le premier jour d'Avril, l'année mil six cens soixante. Fr. Eusebe, comme dessus de main propre. Lieu † du Sceau.

LES PRIVILEGES DES Chevaliers du S. Sépulcre de N. S. J. C. concedés par les Princes, Rois, Empereurs Chrétiens, & par nos SS. Peres les Papes, qu'on garde en Original dans les Archives du Mont-Sion de la maniere qui suit.

Quaresmius, de elucidatione Terræ Sanctæ. Tom. 1. lib. 2. p. 652.

I. Que ces Chevaliers doivent preceder tous les autres, de quelque Ordre & Milice qu'ils soient.

II. Que ces Chevaliers pourront légitimer les enfans qui ne seront point nez dans un légitime mariage, changer le nom de Baptême, & leur donner des Armoiries.

III. Ils pourront créer des Notaires.

IV. Etant mariez ou non, ils pourront posseder & tenir des biens de l'Eglise, étant destinez à la défense de la Foi de J. C.

V. Ils seront exempts de la garde & du logement des Soldats en tems de guerre, sans que personne les y puisse contraindre.

VI. Ils feront exempts par tout de toute sorte de tributs, gabelles & impôts, tant du vin, de la biere, que de toute autre chose.

1660.

VII. Il leur est permis de couper la corde d'un corps qu'ils trouveront pendu sur le chemin, & de le faire ensevelir.

VIII. Ils pourront s'habiller de toute sorte d'étoffes de soye, & des habits dont les autres Chevaliers & les Docteurs ont accoûtumé d'être habillés, avec droit d'être appellez de l'un & de l'autre nom, & joüir des mêmes privileges, immunitez, prérogatives, prééminences, dont les autres Chevaliers ont accoûtumé de joüir.

En foi & témoignage de quoi Nous avons fait écrire les Présentes signées de notre propre main, scellées du Sceau du S. Sépulcre de N. S. J. C. Donné à Jerusalem dans notre Couvent de S. Sauveur le premier jour du mois d'Avril, l'an de N. S. mil six cens soixante.

Fr. Eusebe Gardien du Sacré Mont-Sion.

Lieu ✝✝✝ du Sceau.

ORDONNANCES

DU ROY DE JERUSALEM, Grand-Maître, Chef & Souverain de l'Ordre du S. Sépulcre de la Résurrection de N. S. J. C. & des Princes & Empereurs de France, qui ont succedé à cette Dignité.

I. AU nom & à l'honneur de Dieu, Pere, Fils & S. Esprit, de la Bien-heureuse Vierge Marie sa Mere, des Anges, des Arcanges, des Patriarches, des Prophetes de Dieu, Apôtres, Evangelistes, Saints Disciples, tous les Saints & les Saintes, & de tous les Esprits de la Cour céleste.

II. Soit notoire & manifeste à tous, les très-excellens & très-illustres Princes, aux Nobles, aux Soldats & au Peuple Chrétien, que l'An de l'Incarnation de Notre-Seigneur Jesus-Christ mil quatre vingt-dix-neuf, les Très-Illustres, Invincibles & Sérénissimes Princes S. Charlemagne Empereur & Roi de toute la France; Loüis VI. appellé Sage & Pieux; Philippe dit le Vaillant, le Sage & le Conquérant; le très-saint & magnanime Loüis ; le Duc Godefroy de Boüillon, & plusieurs autres grands Princes & Rois Chrétiens, qui ayant acquis la Couronne dans leurs Empires & Royaumes, voüerent leurs personnes & leurs biens, avec promesse de les employer à la guerre d'outremer pour subjuguer & détruire la perverse & tyrannique Nation des Infideles Sarasins, & de mettre sous leur puissance & autorité le Royaume de Jerusalem, avec les Terres & les Païs de sa domination, pour augmenter la Foi Chrétienne & l'Etat de l'Eglise Catholique Apostolique, aussi bien que les autres Eglises Chrétiennes, pour les mettre à couvert de leurs oppressions & de leurs vexations, prenant en leur défense & en leur protection les Prelats de l'Eglise, les pauvres, les veuves, les orphelins & tous les autres Chrétiens, & s'opposant à toutes les attaques de leurs ennemis.

III. Soit aussi connu de tous que Nous susnommés ayant accompli nos promesses avec beaucoup de soin & de diligence, Nous avons acquis par l'assistance de Dieu le Royaume de Jerusalem & les Païs des Sarasins ; & par plusieurs signalées victoires que

Nous avons remportées contre eux, Nous avons augmenté la Foi Chrétienne, qui Nous a fait donner avec justice la qualité de Rois Très-Chrétiens par tous les Princes & Peuples de la Chrétienté, lorsque Nous sommes revenus à notre Royaume de France, & à toutes les autres Terres de notre domination : & tous les autres Royaumes & Princes Chrétiens nos amis, qui Nous ayant assistez de leurs richesses & de leurs Soldats pour accomplir nos vœux & les guerres que Nous avions auparavant commencées, ont eu, comme Nous, la même part à l'honneur & à la gloire qui leur étoit justement dûë.

IV. Et pour l'obéïssance & la révérence que nous devons à notre Saint Pere le Pape, au Saint Siege Apostolique, Vicaire de Dieu en ce monde, & Evêque de la grande Cité de Rome ; nous avons reçû avec respect, en memoire de la Passion de Notre-Seigneur Jesus-Christ, les croix dont ils nous ont marquez, aussi-bien que nos Soldats, en l'honneur de ses cinq Playes, tant pour nous fortifier contre les Infidéles, que pour nous faire connoître morts ou vifs par le peuple Chrétien dans leurs païs. Nous avons résolu

solu ensuite d'instituer l'Ordre de Chevalerie du Saint Sepulcre dans la Ville de Jerusalem, en l'honneur & révétence de la très-sainte Resurrection de Notre-Seigneur Jesus-Christ, ayant à notre nom de très-Chrétien, la premiere dignité de cet Ordre, voulant porter en cette qualité les cinq croix rouges en l'honneur des cinq playes de Notre-Seigneur Jesus-Christ sur nos habits, tout de même que nous les avons donné à une grande quantité de Chevaliers, que nous avons créez contre les Infidéles, qui à leur aspect se sont enfuïs, & n'ont jamais pû resister à la force de leurs armes victorieuses.

V. Et afin que les Chevaliers, les autres Soldats & Voyageurs au Royaume de Jerusalem, qui se sont comportez vaillamment dans notre service & dans nos armées contre les Infidéles, pour l'augmentation de la foi de Jesus-Christ, pour la défense de l'Eglise Catholique, Apostolique, Romaine, & des autres Eglises Chrétiennes, soient traitez favorablement, & puissent s'en retourner contens; Nous leur avons accordé les mêmes autoritez, prééminences, privileges & droits dont nos Officiers & Domestiques joüissent. Ils ne seront obligez à aucunes contributions ni exactions sur toutes les choses qu'ils acheteront & transporteront; ils ne supporteront aucunes charges, subsides, ni tribut quelconque pour raison de domicile, qu'ils auront dû ou qu'ils devront, pour aucune cause que ce soit, dans toutes les terres de notre dépendance; Ils pourront passer francs, libres & exempts de toute imposition, avec leurs hardes, armes & chevaux, afin d'exciter dans le cœur de nos sujets le desir de faire le même voyage, & nous accompagner dans nos conquêtes & entreprises contre ces Infidéles.

VI. Nous avons voulu & voulons que ceux qui voudront joüir des franchises & privileges de cet Ordre, soient obligez de faire le même voyage, & de donner leurs services pour l'augmentation de la Foi de Jesus-Christ, pour la défense de l'Eglise Apostolique & des autres Eglises Chrétiennes, & de se faire recevoir dans ledit Ordre par Nous, ou par notre Lieutenant en notre absence, qui lui donnerons la Croix dans l'Eglise du S. Sepulcre de Jerusalem: & pour cet effet, après qu'ils auront produit les attestations authentiques de l'Evêque & du Curé de la Paroisse du Diocese où ils seront nez, & qu'ils Nous auront paru ou à notre Lieutenant, de leur Religion Chrétienne & Catholique, naissance légitime & non bâtards ; qu'ils n'ont jamais été atteints ni convaincus d'aucuns crimes ni vilains cas, & qu'ils n'ont jamais été diffamez ni deshonorez en jugement, ni dehors ; ils confesseront leurs pechez, & recevront le Saint Sacrement de l'Eucharistie de la main du Prêtre qui fera l'Office Divin dans l'Eglise du Saint Sepulcre le jour de leur reception, ou Nous, ou notre Lieutenant l'honorerons du Collier de l'Ordre, avec les cinq Croix, après qu'ils auront prêté le serment de garder & observer fidélement les Statuts & Ordonnances qu'on leur prononcera, & qu'ils auront payé au trésor du Saint Sepulchre la somme de trente écus couronnez pour le passage & aumône, qui doit être appliquée au service des pauvres Pelerins, aux pauvres Soldats abordans ausdits lieux, & aux malades de l'Hôpital du Saint Sepulcre, de la Ville de Jerusalem, & de ceux de S. Lazare.

VII. Que nos Sujets Voyageurs

joüiront des mêmes franchises & libertez amplement déclarées en notre Ordonnance ci-dessus, ils payeront la somme de cinq écus couronnez, pour être employez en aumônes, & seront obligez de garder & observer les mêmes Constitutions.

VIII. Nous avons ordonné & ordonnons, que dans l'Eglise du Saint Sepulcre de Jérusalem, & dans toutes les autres Eglises qui lui sont dédiées, ou qui le seront à l'avenir, par Nous, ou par les autres Rois & Princes Chrétiens, tant dans notre Royaume de France, terres de notre domination, que par tout ailleurs, on y célébrera les Offices en l'honneur du Saint Sepulcre, en la maniere suivante. Que tous les Dimanches du mois, les Prêtres avec les cérémonies en tel cas accoûtumées, chanteront une Messe, & diront quatre Messes basses en l'honneur des cinq playes de Notre-Seigneur Jesus-Christ, où Nous ou notre Lieutenant en notre absence, avec tous nos Chevaliers & Voyageurs assisteront.

IX. Que notre Lieutenant, nos Chevaliers & Voyageurs seront obligez d'assister tous les jours à la Messe, de reciter les Heures de la Sainte

Croix, & de donner quelques aumônes.

X. Que les jours des Fêtes Annuelles de la Conception, de la Nativité, Annonciation, Purification & Assomption de la Bienheureuse Vierge Marie, on célébrera des Messes chantées en Latin, on fera des Processions, auxquelles Nous ou notre Lieutenant seront obligez d'assister, aussi-bien que les Chevaliers & Voyageurs, & d'y recevoir le Saint Sacrement, afin que nous soyons en état de grace & agréables à Dieu, & que nous puissions vaincre les Infidéles.

XI. Que Nous ferons dire tous les jours des Messes, & donnerons l'aumône. Les Chevaliers en donneront seulement tous les Vendredis de chaque semaine en l'honneur de la Passion de Notre-Seigneur Jesus-Christ. Nous reciterons les Heures de la Sainte Croix, & le soir nous ferons chanter les Vêpres des Morts, & nous prierons Dieu pour les Rois, les Princes & tout le peuple Chrétien, afin qu'il lui plaise de nous donner toûjours la victoire contre les Infidéles, pour l'augmentation de la Foy, & la défense de l'Eglise Catholique, Apostolique & Romaine.

XII. Que notre Lieutenant, les autres braves Chevaliers & dévots Voyageurs de cet Ordre seront obligez de jeûner les tems de l'Avent & du Carême, les Quatre-Tems de l'année, les Rogations, les veilles desdites Fêtes Annuelles de la Vierge, en l'honneur de Dieu & de la Vierge Marie sa Mere, en consideration de la pénitence qui nous est ordonnée & au peuple Chrétien, pour obtenir de Dieu le pardon de nos pechez, afin que nous surmontions les tentations du Diable, & revenions victorieux de nos entreprises contre les Infidéles.

XIII. De notre science certaine nous avons déliberé & ordonné, que le jour & fête du Saint Sacrement on dira trois Messes dans l'Eglise du Saint Sepulcre de Jerusalem, à sçavoir la premiere en Langue Syriaque, la seconde en Langue Grecque, & la troisiéme en Latin, & que l'Office Divin y sera célébré avec les mêmes cérémonies accoûtumées. Le même Service se fera en Latin dans les autres Eglises, que Nous & nos amis auront édifiées en l'honneur du S. Sépulcre dans le Royaume de France, & dans les autres Terres de notre domination, avec des Processions pour marquer l'honneur, le respect, la foi & la croyance que Nous & tous les Peuples Chrétiens avons au Saint Sacrement de l'Eucharistie.

XIV. Que tous les ans, au jour du Dimanche des Palmes ou des Rameaux, sera élu par Nous, ou notre Lieutenant en notre absence, un Prêtre, qui étant monté sur une ânesse & accompagné de douze autres Prêtres, de ceux qui sont destinez à faire l'Office Divin dans l'Eglise du S. Sépulcre, lequel fera son entrée dans la Ville de Jerusalem, & que Nous, notre Lieutenant, nos Chevaliers Voyageurs, avec le Peuple Chrétien de cette Ville, irons au devant de lui pour le recevoir benignement, & le suivre jusques dans l'Eglise du Saint Sépulcre avec humilité, dans laquelle ce Prêtre & les autres qui l'auront accompagné feront l'Office Divin en memoire de l'entrée que N. S. J. C. fit en présence de ses Disciples dans la Ville de Jerusalem, & du bon accüeil que ses Habitans lui firent par tant de témoignages de joïe qu'ils lui donnerent sur son avenement & sur son entrée.

XV. Et le Jeudy suivant le Divin Office sera dit & celebré dans l'Eglise du S. Sépulcre par ledit Prêtre élû & les autres, avec les cérémonies, pendant que Nous & notre Lieutenant préparerons leur repas avec du pain, du vin & du poisson dans la maison du saint Cenacle de notredite Ville de Jerusalem, dans laquelle nous les recevrons benignement, nous laverons leurs pieds, les baiserons avec toute humilité, & leur donnerons charitablement des aumônes. Et après que le Prêtre élû & les autres auront rendu Graces à Dieu, & nous auront annoncé son saint Evangile, ainsi qu'il fit à ses Apôtres, nous prendrons notre réfection dans le même Cenacle, avec notre Lieutenant, nos Chevaliers & Voyageurs; & ensuite nous donnerons des aumônes considérables, en or, argent, habillemens & vivres à tous ceux qui seront malades dans les grands Hôpitaux, & à tous les autres Pauvres qui seront en indigence & necessité, en considération de la sainte Cene que N. S. J. C. fit à ses Disciples dans ce même jour, & dans la même maison du saint Cenacle.

XVI. Que le Prêtre élû, & les autres susnommés qui l'auront accompagné en entrant dans la Ville de Jerusalem, se retireront au Mont des

Olives, & y passeront toute la nuit du Jeudi au soir en prieres & oraisons, en commémoration de la Priere que N. S. J. C. fit en ce même lieu.

XVII. Et le jour du Vendredi Saint ledit Prêtre élû lira l'Evangile de la Passion de N. S. J. C. dans l'Eglise du S. Sépulcre, laquelle sera expliquée à Nous, à notre Lieutenant, aux Chevaliers, Voyageurs, & à tout le Peuple Chrétien, & ensuite il fera l'Office Divin en Langue Latine avec les autres Prêtres susdits, auquel nous serons obligez d'assister, aussi bien que de ne prendre aucun aliment jusqu'après que l'heure dans laquelle N. S. J. C. pendant en croix rendit l'esprit, soit passée.

XVIII. Que depuis ce jour du Vendredy jusqu'au lendemain à midi, quatre Chevaliers de notre Ordre garderont fidélement le Sépulcre de N. S. J. C. en mémoire de ce que son Corps y fut gardé cette nuit-là par les Infidéles Juifs.

XIX. Que tous les Prêtres Caldéens, Grecs & Latins prieront Dieu sans discontinuer dans l'Eglise du S. Sépulcre pendant toute la nuit du Vendredi Saint pour l'augmentation de la Foi & la défense de l'Eglise Catholique-Apostolique, & des autres Eglises Chrétiennes contre ces Infideles.

XX. Nous avons encore ordonné & ordonnons de continuer les aumônes pour tirer de prison les Chevaliers Voyageurs & autres Peuples Chrétiens, qui étant venus de notre Royaume de France & autres Terres de notre Domination, aussi bien que du Païs des Princes Chrétiens nos amis, pour servir avec Nous contre les Infideles, y ont si bien fait leur devoir qu'enfin ils ont été pris & détenus prisonniers par ces Infidéles, & de prier encore lesdits Princes, les Reverends Archevêques, Evêques, Abbez, & les autres Bénéficiers, tant de notre Royaume, des Terres de notre Domination, que dans celles qui appartiennent aux autres Princes de la Chrétienté, de vouloir contribuer la quatriéme partie du tiers des revenus de leurs Bénéfices pour le rachat de ceux qui seront prisonniers pour la gloire de Dieu, & pour leur donner quelque récompense de leurs travaux & des combats qu'ils ont donnez pour la Foi, pour la défense des Eglises Chrétiennes & de leurs Prelats.

XXI. Nous avons encore supplié

les très-Saints Pontifes de la grande Cité de Rome, qu'il leur plaise de conceder des Indulgences à tous les Princes nos amis, & au Peuple Chrétien, qui donneront leurs aumônes pour le rachat des pauvres Captifs nos sujets, ou ceux desdits Princes, & à ceux qui voudront venir visiter le S. Sépulcre, & nous suivre dans les entreprises que nous ferons contre les Infideles pour les exterminer.

XXII. Nous avons encore établi & ordonné pour bonnes considérations, que les Chevaliers du S. Sépulcre prendront la charge d'aller faire le rachat des prisonniers, avec le sauf-conduit du Soudan de Babylone ou de ses Lieutenans, auxquels Chevaliers on délivrera pour cet effet les deniers provenans des aumônes, desquels ils seront tenus de rendre compte dans la Ville de Jerusalem à notre Lieutenant & à la Communauté des Chevaliers de cet Ordre & Voyageurs du Saint Sépulcre.

XXIII. De notre science & pure volonté, Nous avons nommé, élû & constitué les Chevaliers de notre Ordre du S. Sepulcre Receveurs, Administrateurs des revenus, provenus, aumônes & fondations susdites, &

qu'en leur abſence les Voyageurs en ayent l'adminiſtration & le commandement, auſſi bien que des autres fondations que Nous ou nos amis aurons fait dans les Egliſes du Royaume de France, Terres de notre Domination, & de toutes les aumônes, dons & conſtitutions des autres Princes, pour le rachat & délivrance deſdits Chevaliers & Voyageurs du Peuple Chrétien, qui ſont ou ſeront détenus dans la puiſſance, domination, & dans les priſons des Infidéles, pour être leſdits revenus diſtribuez reſpectivement & fidelement aux Prêtres qui celebrent l'Office Divin dans l'Egliſe du S. Sepulcre, & aux Pauvres qui abordent & demeurent dans les Hôpitaux du S. Sepulcre, de S. Jean & de S. Lazare, & dans les autres Hôpitaux qui ont été fondez par les autres Princes nos amis, par les anciens, par le Peuple Chrétien en l'honneur de Dieu, de ſes ſaints Apôtres, & autres Saints, tant dans notre Royaume de France, Terres de notre domination, que dans celles de nos amis: de la recette & emploi deſquels revenus les mêmes Chevaliers & Voyageurs, ſeront obligez de rendre compte tous les ans le lendemain de la Fête du S. Sacrement dans notre Chambre du Conseil de la Ville de Jerusalem, & pour ce sujet lesdits Receveurs & Administrateurs seront obligez de s'y présenter en personne, ou de leur en envoyer un compte & memorial fidéle & veritable.

XXIV. Que le Clerc du trésor du S. Sepulcre, tiendra un bon & fidéle regiftre des comptes qu'on lui aura rendus, gardera leurs papiers & memoires, & recevra le reste des deniers s'il y en a. Il dressera les quittances & décharges des Administrateurs absens & presens, qu'il fera signer & arrêter par nous ou par notre Lieutenant, en cas d'absence, pour leur être délivrées.

XXV. Nous avons encore voulu & voulons que cent Chevaliers de cet Ordre, qui résideront dans notre Royaume de France, terres de notre domination, ou dans les autres Royaumes appartenans à nos amis, viennent & comparoissent en Jerusalem dans la Chambre du Conseil, qui soient en bonne disposition, force & vertu pour faire ce voyage, pour nous suivre & assister, nous ou notre Lieutenant, entendre les causes & les raisons qu'on alleguera au Conseil, pour les affaires de la guerre contre les Infidéles, à l'augmentation de la Foi & défense des Eglises Chrétiennes, tant Latines, Grecques, que des autres Langues; pour l'administration, fondations & aumônes qu'on y proposera, pour prendre là-dessus des conclusions valides, & des résolutions bonnes & sages pour tout ce qu'on aura à faire.

XXVI. Nous avons aussi ordonné & ordonnons, qu'un Chevalier de cet Ordre sera élû pour envoyer en qualité d'Ambassadeur vers le Soudan de Babylone, & le prier de permettre qu'il y demeure trois ans entiers, pour avoir nouvelle, & s'enquerir soigneusement de quelques Chevaliers & Voyageurs, ou autres Chrétiens prisonniers du Soudan ou de ses Soldats, & d'en procurer le rachat par or & par argent, que nous lui envoyerons par d'autres Chevaliers, sous le sauf-conduit & protection du Soudan, s'il n'aime mieux les échanger contre les Infidéles, qui ont été pris ou qui le seront par nous ou nos Sujets en guerre ou autrement, que nous mettrons en liberté, pourvû qu'il y mette aussi les nôtres.

XXVII. Et lorsque notre Chevalier Ambassadeur sera pleinement informé s'il y a de nos prisonniers détenus chez le Soudan ou chez ses gens, il nous en avertira par ses Lettres, & il nous envoyera un rôle veritable de leurs noms & des lieux où ils sont détenus. Il envoyera des saufs-conduits du Soudan, afin que lesdits Chevaliers & Voyageurs captifs puissent revenir en assurance.

XXVIII. Que ledit Ambassadeur & Chevaliers feront apparoître par Certificat de la Redemption des prisonniers, à nous ou à notre Lieutenant en cas d'absence, quelles sommes ils ont payé pour leur rachat; à qui, en quel lieu; & pour cela, ils representeront au moins les copies de leurs Lettres de liberté, dont nous voulons envoyer les Memoires aux Rois & Princes Chrétiens, aux Seigneurs, Archevêques, Evêques, Abbez, & autres Beneficiers de notre Royaume de France, & autres Païs, tant de notre domination, que de celle de nos amis, afin qu'ils reçoivent les glorieux fruits de leurs saintes aumônes, & qu'ils soient incitez à les continuer dans le tems à venir.

XXIX. Que nous voulons & entendons de porter tous les jours les cinq croix de l'Ordre du S. Sepulcre appliquées sur nos habits, & que les Chevaliers & Voyageurs seront obligez aussi de les porter à la guerre, dans les Cours des Princes, dans les assemblées des Princes, des Peuples Chrétiens, & par tout ailleurs où ils iront.

XXX. Que lesdits Chevaliers ne seront pas obligez en aucune façon d'aller à la guerre contre les Princes Chrétiens; mais ils leur seront favorables, à moins qu'ils ne fussent excommuniez par l'autorité de Dieu & de nos Saints Peres les Papes, bannis de l'Eglise Catholique, & leurs Royaumes donnez en proye aux gens de guerre; lequel cas avenant lesdits Chevaliers prendront les armes contre ces Princes, & seront à l'exemple de Dieu, protecteurs du droit des pauvres, des veuves, des orphelins, & des étrangers contre leurs oppressions & vexations.

XXXI. Nous donc, pour les bonnes raisons, considerations & causes legitimes à ce mouvant, voulons & entendons que ces Ordonnances soient exactement observées de point en point & sans aucune omission, ainsi que nous l'avons sagement deliberé; en témoignage de notre volonté avons promis & juré par notre foi, & notre loi sur les Saints Evangiles d'en observer entierement le contenu, ordonnant à nos Successeurs les Rois de France, Chefs de l'Ordre du S. Sepulcre, de les observer selon leur teneur, chargeant leurs consciences des contraventions qui y seront faites, & s'ils ne les font garder & accomplir par les Chevaliers de cet Ordre, aussi bien que par les Voyageurs de la Ville de Jerusalem, dans l'obligation portée par nos Ordonnances, lesquelles voulons être mises & fidélement gardées dans le tresor du S. Sepulcre. Nous voulons encore qu'il soit envoyé des mémoires & des copies de leur contenu, tant dans notre Royaume de France, terres de notre domination, que dans celles des autres Princes pour être par eux vûës, visitées & fidélement observées, tout de même que si elles étoient dans ledit tresor: Les suppliants très-humblement qu'il leur plaise d'accomplir notre bonne volonté & nos bons desirs en l'honneur de Notre-Seigneur Jesus-Christ, qui voit clair dans nos cœurs, qui les conserve en sa protection & possession, & donne le commencement & la fin à nos vies. Et afin que nosdites Ordonnances soient mieux reconnuës, gardées & observées à perpetuité, nous voulons & commandons qu'el-

1660.

les soient munies & fortifiées du sceau de nos armes, parties des cinq croix dudit Ordre. Données & déclarées par nous dans la Ville de Jerusalem, le premier jour de l'heureux mois de Janvier, de l'an de la Nativité de Notre-Seigneur Jesus-Christ mil quatre-vingt & dix-neuf.

Il paroît par les termes de ces Ordonnances, qu'elles ont été écrites en vieux Gaulois, & qu'elles ont été traduites en Latin de mot à mot dans Jerusalem, pour les rendre intelligibles à toutes les Nations ; il y a des mots & des periodes entieres, qui semblent avoir été omises en les transcrivant, que j'ai laissé de même ; on peut connoître par le langage & par les termes de ces Ordonnances, que les Rois de France ont toûjours été Grands-Maîtres de cet Ordre, & que les autres Rois & Princes qui s'en attribuent la qualité, ne la peuvent pas prendre avec justice.

DE LA D'EPENSE QU'ON FAIT
au voyage de la Terre-Sainte, avec le Catalogue des Saints Lieux, les Certificats qu'on donne aux Pelerins, & les Provisions des Procureurs de Terre-Sainte.

Rôle de la dépense que j'ai faite à mon voyage de Terre-Sainte.

Au Bateau qui m'a porté de Seïde à Jaffa, piastres, 2
Entrée des Pelerins à Jaffa, 14
A l'entrée de la porte de Jerusalem, 2 40
Au Mont Sion donné aux Derviches, 10
A l'entrée du S. Sepulcre, 22
Pour le passage de la Chevalerie, 100
Voiture pour aller en Bethanie, 1
Voiture pour aller au Jourdain & revenir, & pour ma part de ce qu'il a fallu donner pour l'escorte, 15
Voiture pour aller à Bethléem, 1
Voiture pour aller à Hebron, 2
Voiture pour aller à S. Saba, 1
Voiture pour aller au désert de Saint Jean, 1
A l'escorte pour ma part en diverses fois, 5

1660.

Aux Truchemans de Bethléem pour ma part, 3
En chapelets, croix, & autres ouvrages, 20
Pour me faire marquer fur le bras, 8
Aux Truchemans du Couvent, 2 40
En menuë dépenfe donnée en diverfes fois aux vifites des Saints Lieux, 10
Pour l'aumône du Couvent, 40
A la fortie de Jaffa, 14
Au Bateau de Jaffa en Acre, 1
Voitures pour aller à Nazareth & revenir, pour les caffars & ma part de la dépenfe, 15
Aumône à Nazareth, 10
Aumône au Mont-Carmel, 5
Au Bateau d'Acre à Seïde, 1

Ce font des piaftres Abouquelbs, ou Lions de Hollande de 54. f. piece, qui valent en monnoye de France la fomme de 825. livres 10. fols.

CATALOGUE DE TOUT
ce que l'on montre aux Pelerins au Voyage de la Terre-Sainte.

Dans Jerufalem.

L'Eglife de S. Sauveur.
Le lieu où Notre-Seigneur s'apparut

aux femmes après sa Resurrection.

1660.

L'Eglise de S. Thomas Apôtre.
L'Eglise de S. Jacques.
L'Eglise de S. Pierre.
L'Eglise de S. Jean l'Evangeliste.
L'Eglise & la Maison de Zebedée.
La Maison du Pharisien chez qui Notre-Seigneur mangea.
La Piscine probatique.
Le Temple de Salomon.
Le Temple des Filles.
La porte Specieuse.
La porte S. Etienne.
La porte dorée.
La Maison d'Anna.
L'Olivier d'Anna.
L'Eglise sur la Maison de S. Joachim & de Sainte Anne.
Le lieu de la Flagellation.
Le Palais d'Herodes.
Le Palais de Pilate.
Le Prétoir où Notre-Seigneur fut enfermé.
L'arc de Pilate ou de l'*Ecce Homo*.
Le lieu où l'on prit Simeon le Cyreneen.
La Maison du mauvais Riche.
La Maison du Lazare le Lépreux.
Le lieu où N. D. rencontra N. S. portant sa Croix.
La porte Judiciaire.

La colonne où l'on affichoit les Arrêt[s]
 de mort.
La Maison des Abyssins.
Le lieu du Sacrifice d'Abraham.
Le buisson où étoit attaché le mouto[n]
 qu'il sacrifia.
L'Auberge des Chevaliers.
La Maison des Grecs.

Aux environs de la Ville.

La vallée de Josaphat.
Le jardin des Olives.
Le torrent de Cedron.
Le lieu où Notre-Seigneur envoya huit
 de ses Apôtres.
Le lieu où il en laissa trois allant prier.
La Grotte où Notre-Seigneur pria &
 sua sang & eau.
Le lieu où Notre-Seigneur fut baptisé,
 trahi & pris par les Juifs.
Les vestiges des pieds de Notre-Sei-
 gneur dans le Cedron.
La Maison de Caïphe.
La prison de Notre-Seigneur dans cet-
 te Eglise.
La pierre qui fermoit le S. Sepulcre.
Le lieu où S. Pierre & les Soldats se
 chauffoient.
Le lieu où le coq chanta.
La Grotte où S. Pierre pleura sa faute.

Le Mont Sion.
Les Cenacles.
Les sepultures de David, Salomon, &c.
La Maison de S. Jean l'Evangeliste où
 Notre-Dame mourut.
Le lieu où les Juifs vouloient enlever
 son corps.
Le cimetiere des Chrétiens.
Les ruines du Palais de David.
L'Eglise du sepulcre de la Vierge Ma-
 rie dans la vallée.
Le sepulcre de S. Joseph.
Le sepulcre de S. Joachim.
Le sepulcre de Sainte Anne.
Le sepulcre de Josaphat.
La Grotte de S. Jacques le Mineur.
Le sepulcre de Zacharie.
La Grotte de Jeremie.
Le lavoir de Siloé & les piscines.
La fontaine du Lion ou de la Vierge.
Le champ Hhac-eldama acheté des
 trente deniers.
Le lieu où le Prophete Isaïe fut scié.
Le puits de Nehemie où le feu saint
 fut conservé.
Le lieu où S. Etienne fut lapidé.
Le pont du torrent de Cedron.
Le chemin couvert qui va au Temple.
Le Mont des Olives.
Le jardin de Gersemani.
Le lieu où Notre-Dame laissa tomber sa

ceinture à l'Assomption.

Le lieu où S. Thomas la vit montant au Ciel.

Le lieu où Notre-Seigneur pleura sur la Ville de Jerusalem.

Le lieu où les Apôtres composerent le *Credo*.

Le lieu où Notre-Seigneur composa le *Pater*.

Le sepulcre des Prophetes.

Le lieu où Notre-Seigneur prédit le Jugement.

Le lieu d'où Notre-Seigneur monta au Ciel.

Le Village de Bethphagé.

La Grotte de Sainte Pelagie.

Le sepulcre des Juges.

Le sepulcre des Rois.

La fontaine de Gion, où Salomon fut proclamé Roi.

Dans l'Eglise du S. Sepulcre.

Le lieu où Notre-Seigneur s'apparut à la Vierge.

La colonne de la Flagellation.

La prison de Notre-Seigneur.

La Chapelle de S. Loüis.

Le lieu où les vêtemens de Notre-Seigneur furent joüez.

Le lieu où la sainte Croix fût trouvée.

La Chapelle de Sainte Helene.
La colonne où Notre-Seigneur fut couronné d'épines.
Le Mont de Calvaire.
Le trou où la Croix fut élevée.
Le lieu où Notre-Seigneur fut crucifié.
Les sépultures de Godefroi & de Baudoüin.
La pierre d'onction.
Le S. Sepulcre de Notre-Seigneur.
Le lieu où Notre-Seigneur s'apparut à la Magdelaine.
Le sepulcre de Joseph d'Arimathie.
La sépulture de Rachel.
La Cité de Bethléem.
La cîterne de David.
Le champ des pois.
Le Village de Rama & des Innocens.
L'Eglise de Bethléem.
L'Eglise de Sainte Catherine.
L'Ecole de S. Jerôme.
La Grotte où Notre-Seigneur naquit.
Le lieu où étoit la Crêche.
Le lieu où les Rois l'adorerent.
La Grotte de S. Joseph.
La Grotte des Innocens.
La chambre de S. Jerôme.
Le sepulcre de S. Jerôme.
Le sepulcre de Sainte Paule & d'Eustochium sa fille.
Le sepulcre de S. Eusebe.

Tome II. Y

La Grotte où la Vierge épancha du lait.
La Maison de S. Joseph.
La Ville des Pasteurs.
Le lieu où l'Ange leur annonça la Naissance de Jesus-Christ.
Le Monastere de Sainte Paule & d'Eustochium sa fille.

Au voyage d'Hebron.

La fontaine scellée, *Fons signatus.*
Le jardin de Salomon, *Hortus conclusus.*
La Grotte où sont les sepulcres des Patriarches.
Le champ Damascene où Adam fut créé.
Le lieu où Caïn tua Abel.
La Grotte où Adam habita après son peché.

Au voyage de S. Saba.

Le Monastere de S. Saba.
Les deux Tours.
Les Grottes des anciens Moines.
Le Mont Engaddy.
La Montagne des François.

Au voyage du Désert de S. Jean & des montagnes de Judée.

La fontaine de S. Philippe.

Le Défert & la Grotte de S. Jean-Baptifte.
Le lieu où nâquit S. Jean-Baptifte.
La Maifon de Zacharie.
La chambre où Notre-Dame vifita Sainte Elifabeth.
L'Eglife de Sainte Croix.

Au voyage de Bethanie.

Le Figuier où Judas fe pendit.
Le Figuier que Notre-Seigneur maudit.
La Maifon de Simeon le Lépreux.
La Maifon de S. Lazare.
Le fepulcre de S. Lazare.
La Maifon de Sainte Marthe.
La Maifon de Sainte Magdelaine.
La pierre où Notre-Seigneur s'affit.

Au voyage du Jourdain.

La fontaine de S. Jacques.
Le champ Rouge où le Samaritain fut bleffé.
La Ville de Jerico.
La Maifon de Zachée.
La Montagne où Notre-Seigneur jeûna.
Le lieu de la tentation au fommet de la montagne.
La Fontaine du Prophete Elifée.

Le Fleuve du Jourdain.
L'endroit où Notre-Seigneur fut baptisé.
Le Couvent de S. Jerôme.
La Mer Morte.
Les ruines d'une des cinq Villes brûlées & abîmées.
Le sepulcre de Moïse au-delà du Jourdain.

De Jerusalem à Rama.

Emmaüs Village.
La sepulture de Samüel à Ramathaim Sophim.
La vallée du Terebinthe où David tua Goliath.
Anatoth Patrie de Jeremie.
Le Village du bon Larron.

A Lidde.

L'Eglise au lieu où S. Georges mourut.

A Gaza.

Les ruines du Temple de Samson.
Le lieu où il porta les portes de la Ville.
Le champ où il lâcha les Renards.
La Ville d'Ascalon.

A Jaffa.

1660.

La Maison du Corroyeur où logeoit S. Pierre.
La sepulture de Jaffet à Aliben-aalam.

Dans la Samarie.

Césarée de Palestine.
La Ville de Sichem.
Le lieu où S. Jean-Baptiste fut décolé.
Le puits de Jacob.
Le puits de la Samaritaine.

Au voyage de Nazareth.

Le Village de Saphouri Patrie de Sainte Anne.
La Ville de Nazareth.
La Grotte & la Maison de Notre-Dame.
L'Eglise ruinée.
La Maison de S. Joseph.
La Maison de S. Joachim.
La Fontaine de Notre-Dame.
La Synagogue où Notre-Seigneur expliquoit Isaïe.
La table des Apôtres.
Le précipice où les Juifs vouloient jetter Notre-Seigneur.

L'impression des genoüils de la Vierge sur le roc.
Les vestiges des pieds de Jonas.
Le Village de Reyna.
Cana de Galilée.
La Maison où l'eau fut changée en vin.
Le puits où les cruches furent remplies.
Le champ où les Apôtres égrenoient du bled.
Le Mont des Beatitudes.
Le lieu où Notre-Seigneur multiplia le pain aux 5000. hommes.
Saphet.
Capharnaüm.
Bethsaïda.
Corozaïm.
La Ville de Tyberia.
Le Lac ou Mer de Galilée.
L'Eglise de S. Pierre.
Les ruines du Château.
Les Bains d'eau chaude & minerale.
Le Bourg d'Aain Ettuyar.
Le puits où Joseph fut descendu.
Le lieu où Joseph fut vendu par ses freres.
Le Mont Thabor.
Les trois Tabernacles.
Les ruines d'une belle Ville.
La plaine d'Esdrelon.
Le torrent de Cisson.
Le Mont Hermon.

Le Village de Naïm.
Les Montagnes de Gelboé.
La Fontaine des Apôtres.

Au Mont-Carmel.

Le Couvent des Carmes.
La grande Grotte où S. Elie prêchoit.
La Grotte de S. Elisée.
La Grotte où S. Elie couchoit.
La premiere Eglise dédiée à Notre-Dame.
Les ruines du Monastere bâti par S. Loüis.
Les ruines du Fort S. Loüis.
Le champ des Melons.
La Fontaine d'Elie.
L'ancien Couvent des Carmes.
Le lieu où Elie fit le Sacrifice.
La butte où il tua les 450. Prophetes de Baal.

A Tyr & Sidon.

Le Puits de Salomon.
Le lieu où Notre-Seigneur se reposa entre Tyr & Sidon.
Sarepta.
Les Grottes d'Elie.
Le sepulcre de Zabulon.

Ceux qui voudront voir ce que j'ai écrit de tous ces lieux en particulier, chercheront leurs noms dans la Table

Alphabetique des Matieres, qui fera à la fin du Livre, qui les renvoyera à la page & au Chapitre où il en fera traité.

Il me reste encore à mettre ici la copie du Certificat du Pere Gardien de Jerufalem, & de celui du Pere Vicaire du Mont-Carmel, avec la Procuration que j'avois pour prendre foin des affaires de Terre-Sainte, fans garder aucun rang pour les dattes, m'attachant feulement à ce qui fait pour un même fujet : car je mets de fuite plufieurs chofes qui fe font faites en divers tems, comme fi je les avois vûës ou faites dans un feul voyage, pour ne rien laiffer à dire de tout ce qui doit être dans un même endroit, & qu'il faudroit chercher ailleurs, ce qui interromproit l'ordre que je me fuis propofé d'obferver.

Certificat du Pere Gardien de Jerufalem.

EUfebes Vellés, de la plus étroite Obfervance des Freres Mineurs de la Province de Milan, Lecteur en Theologie, Pere de Province & de l'Ordre, Commiffaire Apoftolique dans les parties d'Orient, Cuſtode de toute la Terre-Sainte, Gardien & Serviteur du ſacré Mont-Sion. A tous ceux qui verront, liront & entendront ces Preſentes: Salut en Notre Seigneur.

1660.

Nous certifions & atteſtons que Meſſire Laurent d'Arvieux de Marſeille, Chevalier de l'Ordre du S. Sepulcre, eſt venu en cette Sainte Ville de Jeruſalem, & qu'il a viſité dévotement les Saints Lieux de la Terre-Sainte: à ſçavoir, le glorieux Sepulcre de Notre-Seigneur Jeſus-Chriſt: Le Mont du Calvaire où notre Sauveur nous a racheté mourant ſur la Croix: Le Mont des Olives, d'où il monta au Ciel à la dextre de ſon Pere: Le Mont-Sion très-inſigne & très-auguſte par l'inſtitution du S. Sacrement de l'Euchariſtie, par la Miſſion du S. Eſprit, & par pluſieurs autres Myſtéres de notre ſalut, qui y ont été operez: La Vallée de Joſaphat, ornée du monument de l'Aſſomption de la Vierge Marie Mere de Dieu, & vénérable par pluſieurs Myſteres de la Paſſion de Notre-Seigneur: Bethanie honorée par la demeure de Notre-Seigneur & par la reſurrection de S. Lazare: La quarantaine ſanctifiée par le jeûne de Notre-Seigneur Jeſus-Chriſt: Le fleuve du Jourdain consacré par son Baptême; comme aussi la Sainte Créche de la Nativité de Notre-Seigneur Jesus-Christ à Bethléem de Judée Cité de David : La Montagne de Judée annoblie par la Visitation de la Mere de Dieu, par la Nativité & par le Desert de S. Jean-Baptiste : Emmaüs illustre par l'Apparition de Notre-Seigneur, & encore Nazareth célébre par la Maison où l'Incarnation du Verbe Eternel fut annoncée par l'Ange à la Vierge Marie : Le Mont Thabor embelli non-seulement par la nature; mais encore par le témoignage des Peres sur la glorieuse Transfiguration : Le Mont des Beatitudes décoré par les admirables paroles de Notre-Seigneur : La mer Tiberiade illustre par la vocation de quelqu'un des Apôtres, & par celle de S. Pierre à être le Chef de l'Eglise, & generalement tous les Saints & Pieux Lieux de Judée & de Galilée, qui sont ordinairement visitez par nos Religieux, & par les fidéles Pelerins, dans lesquels ayant confessé humblement ses pechez, il y a aussi reçû plusieurs fois la sacrée Communion. En témoignage de quoi nous lui avons fait expedier ces Presentes signées de notre main & scellées du grand sceau de notre Office. Donné en notre Couvent de S. Sauveur dans la Sainte Cité de Jerusalem, ce jourd'hui 30. du mois de Mars l'an de Notre-Seigneur M. DCLX.

1660.

Frere Eusebe comme dessus de main propre.

Le Lieu ☩ du Sceau
Du S. M. Sion.

Certificat du Reverend Pere Vicaire du Mont-Carmel.

FRere Agapite de Sainte Marie, Vicaire des Carmes Déchaussez dans le S. Mont-Carmel. A tous ceux qui verront & liront ces Presentes Lettres : Salut éternel en Notre-Seigneur.

La dévotion à la Sainte Vierge Marie du Mont-Carmel a fait de si grands progrès dans l'Eglise Militante, qu'il n'y a pas eu même de Païs si éloignez, dont les Fidéles de Jesus-Christ remplis de pieté & de dévotion ne viennent continuellement à ce Sacré Mont, pour y visiter les Saints Lieux qui s'y trouvent. Au nombre desquels doit être admis avec justice, Messire Laurent d'Arvieux François de Nation, Chevalier de l'Ordre du S. Sepulchre, lequel mû de la même dévotion a visité la Chapelle de la Sainte Vierge, qui lui fut dédiée dès son vivant, & sept ans après l'Ascension de Notre-Seigneur, & encore la maison de notre S. Hermitage, dans laquelle il a assisté dévotement à la Messe. Il a visité encore la Grotte où le S. Prophete Elie fit descendre le feu du Ciel, dont furent brûlez deux Capitaines Cinquanteniers avec leurs Soldats, & dans laquelle il se tenoit caché pendant la persecution du Roi Achab & de la Reine Jezabel ; comme aussi la Caverne appellée vulgairement Khïdr, où ce S. Prophete prêchoit au Peuple. Il a passé outre même jusqu'au lieu appellé le Sacrifice d'Elie, où ayant offert ce célébre Sacrifice approuvé par les signes du Ciel, à la confusion des faux Prophetes qui y furent tuez, il y réduisit le Peuple errant au culte du vrai Dieu. Il a vû au surplus la Fontaine que S. Elie obtint par ses prieres, auprès de laquelle habitoient nos premiers peres, & principalement S. Brocard, auxquels S. Albert Patriarche de Jerusalem donna la premiere Regle qu'ils devoient observer. Comme aussi tous les autres Saints Lieux qui sont auprès de notre habitation. En témoignage de quoi lui avons donné ces Presentes Lettres signées de notre main & bullées du sceau de notre Office. Fait au S. Mont-Carmel le 10. jour du mois de Juin l'an de Notre-Seigneur 1664. F. Agapite de Sainte Marie Vicaire comme dessus.

Lieu † du sceau.

Je n'ai pris les Lettres qu'au cinquiéme voyage que j'ai fait au Mont-Carmel, les autres précedents n'ayant été que pour travailler au rétablissement & au repos des Religieux.

Procuration du Reverend Pere Gardien de Jerusalem, servant de Provisions pour être Procureur de la Terre-Sainte à la Ville de Seïde.

FRançois-Marie de Politio, de l'Ordre de l'Observance Reguliere, Pere de la Province du Val de Mazare, Lecteur Jubilat, Conseiller & Qualificateur au Tribunal de la Sainte Inquisition dans le Royaume de Sicile, Custode de Terre-Sainte, Commissaire Apostolique dans les Parties d'Orient, Gardien & Serviteur du sacré

Mont-Sion. A notre bien amé en Jesus-Christ Messire Laurent d'Arvieux François de Nation, Chevalier de l'Ordre du S. Sepulchre : Salut éternel en Notre-Seigneur.

La possession & la proprieté des choses temporelles nous sont si expressément défenduës par l'Institut que nous suivons, & par la profession que nous faisons de la pauvreté évangelique, que nous ne pouvons sans injustice lui faire cette violence, de tenir les biens provenans des aumônes que les Fideles offrent liberalement à nos Freres, ou par délegats dans les Actes de leur derniere volonté, ou par tel autre moyen que leur pieté & leur dévotion peuvent leur inspirer de prendre, ni moins agir pour cet effet, en jugement au-dehors. Neanmoins comme nous ne pouvons pas nous passer des necessitez de la vie, ni nous opposer aux pieuses intentions de ceux qui veulent nous donner; les Souverains Pontifes par une affection toute paternelle voulant pourvoir aux necessitez des Religieux, & au repos de leurs consciences, afin qu'ils pussent joüir des biens presens ou avenir, dont l'usage peut tenir lieu de proprieté envers cet Ordre ou ses Religieux, tant en soi qu'en l'Eglise Romaine, & qu'ils puffent les recevoir, ordonnerent par l'autorité Apostolique, que pour une plus pure observation de cette Regle, qu'on nommeroit & établiroit des Procureurs Apostoliques pour agir, en ce qui regarde les droits, la proprieté & la possession des choses susdites, & attribuerent l'institution & la nomination de ces Procureurs à l'Ordre & aux Superieurs pendant le tems qu'ils en prendront le soin. Et nous (quoique d'un merite inégal) à qui touche de prendre le soin du spirituel de tout cet Orient, & de nommer, établir & instituer des semblables Procureurs ou Syndics, tant de nos Couvents que de tous les autres lieux qui sont commis à notre soin : Etant pleinement informez de l'attachement que vous avez à notre Religion Seraphique, & particulierement à la famille de Jerusalem, de l'autorité Apostolique qui nous est commise en ces quartiers, vous avons nommé & constitué, & par ces Presentes vous declarons, constituons & approuvons notre Procureur Syndic pour recevoir, transiger, compromettre, acheter, vendre, permuter, aliener, & faire generalement tout ce que vous jugerez necessaire pour la con-

—servation des Saints Lieux, & pour le bien des Freres de la Famille de Terre-Sainte. Et pour reconnoître en quelque façon votre bonne volonté & generosité, nous vous recevons & aggregeons dans notre Congregation & Confrairie, avec toute votre famille, & vous & vos parens, & vous donnons part pendant la vie & après la mort à tous nos biens spirituels, comme prieres, suffrages, divins offices, jeûnes, abstinences, pénitences, disciplines, prédications, leçons, méditations, & à toutes les autres œuvres pieuses, qui se font & feront en Terre-Sainte, tant par nous que par tous les Religieux soûmis à notre Jurisdiction. Voulans en outre que vous usiez & joüissiez de toutes les graces, faveurs, Privileges & Indulgences qui ont été impetrées jusques aujourd'hui pour tels & semblables Procureurs, ou qui pourroient leur être accordées. En témoignage de quoi nous avons fait expedier ces Presentes signées de notre main & bullées du grand sceau de notre Office.

Donné dans la Sainte Cité de Jerusalem, au très-célébre Couvent de S. Sauveur le huitiéme jour du mois de Mai l'an M. D. C. LXV.

F. François-Marie de Politio Gardien du S. Mont de Sion. Lieu |†| du Sceau du S. Mont de Sion.

Comme toutes les autres Procurations que j'ai eu par ci-devant, ne m'ont été données que par des Préfidens de Terre-Sainte, & qu'elles font toutes d'une même teneur, je n'ai mis que la copie de celle-ci, à caufe qu'elle eft d'un Gardien, & les autres ne font que de celui qui tient fa place, lorfqu'il n'y en a point encore d'élû, comme il arrive fouvent, & on les appelle alors des Peres Préfidens.

Fin du fecond Volume.

TABLE

DES MATIERES
du second Volume.

A

Ain-Eſtujar. Deſcription du Château. Politeſſe du Soubachi pour l'Auteur, Page. 277

Abou-Nauſſl. Son Hiſtoire, 358 *& ſuiv.*

Avis aux Pelerins, 116

Anatoth Patrie du Prophete Jeremie, 102

Animaux tuez & cuits ſur le champ très-tendres, 86

Architectes Turcs excellent dans la conſtruction des dômes, 101

Arabes que les François mettent en fuite ſous le Cap Blanc, 7

Arabes de Chouiffet, diſtinction de leur Famille, 232 *& ſuiv.*

Arabe qui avoit une cavalle en ſocieté avec le Sieur Souribe. Hiſtoire, 469

Argenterie & ornemens du S. Sepulchre en grande quantité, & comment on la conſerve, 148

Arrivée de l'Auteur à Jaffa, après avoir été pillé par un Corſaire Chrétien, 93

Aſcalon Ville de Paleſtine ruinée. Sa deſcription, 71 *& ſuiv.*

Aſſalan Secretaire du Pacha de Gaza Son Hiſtoire, 43

Aumônes qu'on envoye à Jeruſalem, d'où elles

DES MATIERES.

viennent, 151
L'Auteur, son voyage de Seïde à Gaza, 5
L'Auteur tombe malade en allant de Rama à Seïde, charité des Turcs pour lui, 85
L'Auteur est reçû Chevalier du S. Sepulchre. Cérémonies & obligations des Chevaliers, 160 & *suiv.*
L'Auteur gagne un Derviche qui lui fait voir bien des choses, 168
L'Auteur retourne à Seïde, 456

B

*B*ains publics à Gaza. Ordre qui s'y observe, 51
Bains & étuves à Barut, 353
Balbec Ville, sa description, 437 & *suiv.*
Barbe (Sainte Barbe) ou plûtôt Barbare, 437
Barut Ville, sa description, 335 345
Baseçein, Bazar ou Marché de Gaza, sa description, 52
Bethléem Ville, Eglise, leur description, 216
Bethulie Ville ruinée. Origine des Drusses. 243
Becharaye principal Village du Mont-Liban, 416 & *suiv.*
Bitume de la Mer Morte, 196
Botri, lieu où les Espions de Moïse prirent la grappe de raisins, 146

C

*C*affar ou droit de passage, 18
Caïfa ou Hheïfa Ville ancienne. Sa description, 10
Campon Marchand François, son vœu d'aller à Jerusalem. Raison qu'il eut de le faire commuer, 73 & *suiv.*
Cana Ville, à present Village. Sa descrip-

tion, 274
Candelabre prodigieux dans le chœur des Grecs à Jerusalem, 115
Cannobin Monastere Patriarchal des Maronites, sa description, comment l'Auteur y est reçû, 418 & *suiv.*
Cap Rouge, sa description, 381
Capucins, leur Couvent à Barut, & des autres Francs, 351
Caravannes de la Mecque, leur trafic à Damas, 463
Carmel, Montagne, sa description, 286 & *suivantes.*
Carmes, leur origine, 297 & *suiv.*
Carmes du Mont Carmel, leur accommodement avec les Arabes, 13
Caroubes, fruits dont S. Jean se nourrissoit avec du miel sauvage & des sauterelles, 250
Castel Pisano, Citadelle de Jerusalem. Sa description, 108
Caverne double, sepulture des anciens Patriarches, 238 & *suiv.*
Cedres du Liban, leur nombre & leur description, 408 & *suiv.*
Cérémonies qui se font dans l'Eglise du S. Sepulchre, 131
Cérémonies du Vendredy, & pénitences des Pelerins, 134
Cérémonies du prétendu feu saint des Grecs, 139
Cesarée de Palestine, Ville ruinée, sa description, 15
Chaines de pierres à la porte du Château de Damas, 449
Champ Rouge, ou *Adomim*, description de ce lieu, 186 & *suiv.*
Champ des pois petrifiez, 223
Chapelle de S. Elie au Mont-Liban, 417
Château de Damas. Sa description, 450
Château Pelerin ou Pelegrin. Sa description, 12

DES MATIERES.

Châteüil Gentilhomme Provençal, sa vie & son tombeau, 413
Chœur de l'Eglise du S. Sepulchre qui appartient aux Grecs, 127
Citerne des trois Rois, 220
Cloux dans le Temple de Salomon, qui marquent la durée du monde, 211 *& suiv.*
Commerce de Barut, 343
Compte & aumônes des Pelerins avec les Peres de Jerusalem, 256
Consul François de Seïde, sa reconnoissance pour le Pacha de Gaza, 2.
Cordeliers, ou Peres de la Terre-Sainte. Leur Couvent à Rama, 26
Corsaires Chrétiens prennent l'Auteur auprès d'Acre, 83
Corsaires qui viennent à Caïfa. Leurs manieres, 11
Coûtume des Pelerins quand ils apperçoivent la Sainte Cité, 104
Couvent de S. Sauveur, sa description, 110
Couvent & cloches de Cannobin. Raisons de ce privilege, 426 *& suiv.*
Crane prétendu d'Adam qui a donné le nom au Calvaire, 121

D

*D*Amas Ville considerable. Sa situation & sa description, 445 *& suiv.*
Damour riviere, 330
Dépense que les Pelerins font au voyage de la Terre-Sainte, & les choses qu'on leur montre, 499 *& suiv.*
Derviche de Seïde, bon homme & fort accommodant, 324
Description particuliere de la Chapelle du S. Sepulchre, 122

Desert de S. Jean, 248
Desert de S. Saba, 241
Dévotion des Orientaux pour les Saints Lieux, 130
Dévotion des Juifs pour la Vallée de *Gehennam*, 175
Dévotion des Turcs, & autres quand ils passent devant le Carmel, 315
Dévotion d'une Princesse Arabe à la Sainte Vierge, 315
Dévotion des femmes Turques à la Mosquée près de Barut, 34 & *suiv.*
Differend des Carmes avec l'Emir Turabeye accommodé, 312 & *suiv.*
Diné des Pelerins le Vendredy Saint au S. Sepulchre, 134
Druses, reste des anciens Croisez, 433 & *suiv.*

E

Eau douce où elle se prend à Tartoura, 14
Eglise des Chrétiens à Barut, 351
Eglise de S. Jean à Gaza, à present la principale Mosquée. Sa description, 49
Eglises de la même Ville. Sentimens des Grecs sur quelques lieux, 50
Elbir, ou le Puits Village. Tradition des Chrétiens & avis de l'Auteur sur les traditions de tout ce Païs, 77
Emmaüs Bourgade. Sa description, 259
Entrée du Pacha de Gaza dans sa Ville, 42
Erreur des Peintres sur la figure du S Sepulchre, 124
Esdrelon plaine, demeure de l'Emir Nasser, 2.2 & *suiv.*
Exercice des Turcs qu'ils appellent Gerid ou Meidan, 325 & *suiv.*
Extravagance d'un Pelerin François, & ses suites, 152

DES MATIERES.

F

Fkherdin Emir, son attention pour les Païs de son obéïssance, 337

Ferrat Vice-Consul à Barut, son mauvais caractere, 156 & suiv.

Festin de nôces à Gaza, où l'Auteur est invité, 58

Figues d'Adam fruits, leur description. Remarques, 335

Figues de Pharaon, 336

Fons Signatus, ou Fontaine scellée, sa description, 231

Fontaine appellée le jardin d'Audifret, 3

Fontaine ou Reservoir des Bedoüins. Histoire des poissons qui y sont, 390

Forteresse de Barut, 339

G

Gardien des Cordeliers de Jerusalem, ses prérogatives, 115

Garizim Montagne, tradition sur cela, 81

Gaza Ville de Palestine, sa description, 46

Gazelle espece de Biche, dont la chair est excellente, 20

S. George. Son Eglise changée en Mosquée par Ali Pacha Renegat, 373 & suiv.

Geth Patrie du Geant Goliath, 101

Gibleta Ville ruinée, sa description, 379

Gié Village. Tradition du Païs, 329

Gomme de cedre ou cedria. Sa description, & ses usages, 413 & suiv.

Gommiers, & autres arbres d'une prodigieuse grosseur à l'Amerique, 410

Grottes appellées les Sepulchres des Prophe-

TABLE

tes, 177 & *suiv.*
Grotte où Notre Seigneur sua du Sang, 178
Grotte de Sainte Marine, son Histoire, 421
 & *suiv.*
Grottes des anciens Solitaires dans la Vallée
 des Saints, 430
Grotte des sept Dormans près de Damas, 458

H

*H*Ebron Ville très-ancienne. Sa description, & ses environs, 236
Hhama ou Aman Ville. Sa description & son commerce, 443 & *suiv.*
Histoire de Hussein Pacha, 62 & *suiv.*
Honnêteté du Pacha de Gaza pour l'Auteur & ses compagnons, 37
Hortus Conclusus de Salomon, 233
Hussan Aga Gouverneur de Seïde. Avanie qu'il fait aux François, 1
Hussein Pacha de Gaza. Sa bonté pour les François, 1
Hussein Pacha de Gaza. Son bon caractere. Description de son Serail, 47

J

*J*Affa ou Joppé, où fut bâtie l'Arche de Noé. Sentimens des Espagnols sur ce point, 96
Japhet fils de Noé en grande vénération à Aliben-aalam, 21
Jerusalem, sa situation presente & sa description, 107
Jerico Ville très-ancienne. Ses sicomores, ses prétenduës roses. Ce que c'est, & d'où elles viennent, 187 & *suiv.*
Jeu de Cannes usité chez les Turcs. Sa description, 56

Indiens

Indiens Idolâtres ou Mahometans établis au Mont-Carmel. Leur vie austere, 308 & *suiv.*
Indulgences que les Pelerins gagnent à Jerusalem, 114
Jonas Prophete s'embarqua à Jaffa. Description de cette Ville, 97
Joseph Prêtre & Curé Maronite accompagne & traite l'Auteur, 401
Jourdain Riviere. Sa description, 190 & *suiv.*
Isaac & Sergius Evêques Maronites. Leur Histoire, 366 & *suiv.*
Jubar Village près de Damas. Ce que les Juifs en disent, 461

K

K Assimie Riviere. Sa description & son pont, 5
Keli ou Kali herbe dont on fait la cendre pour le savon & le verre, 197
Khams Ville, prétenduë Patrie de Job, 144
Khans de Barut, 353 & *suiv.*

L

L Ac du Crocodille, 22
Lardezaval (le Pere Dominique de) Cordelier fort accredité chez le Pacha Hussein. Ses charitez pour les Cordeliers, 66
Lettres de Chevalerie du S. Sepulchre accordées à l'Auteur, 471 & *suiv.*
Liban Montagne renommée. Sa description en general, 398 & *suiv.*
Lidda Ville de Palestine. Sa description & son commerce, 31
Lieu du Martyre du Prophete Isaïe, 172
Logement des Francs dans l'Eglise du S. Sepulchre, 130

Tome II. Z

M

Maalem ou Conducteur des Pelerins. Accord que l'on fait avec lui, 190
Magdel Village, 73
Maniere des Grecs pour sonner leurs Offices, 117
Maison du Mauvais Riche, 102
Maison de plaisance de Caïphe, 29
Maison de Sainte Elizabeth, 253
Maison d'Ananias à Damas, 455
Marastan Hôpital pour les fols. Comment ils y sont traitez, 28
Marbat passage dangereux dans la Galilée, 266
Melons d'eau ou pasteques. Leur description, 288
Melons petrifiez. Leur origine, 295 & suiv.
Mer Morte. Remarques de l'Auteur sur ce Lac, 192 & suiv.
Modin Patrie des Machabées, 103
Monastere de Sainte Croix, 254
Monastere de Derviches près de Tripoli. Leur regle, habillement & leurs coûtumes, 392 & suiv.
Mont des Olives. Description de sa Chapelle, & des olives petrifiées, 175 & suiv.
Montagne de la Quarantaine. Sa description & du chemin pour y monter, & ce qu'on y voit, 198 & suiv.
Monts de Socoth & Vallée du Terebinthe, 103
Mosquée du Château de Damas bâtie par un Surintendant des Finances, 451
Mosquée principale de Damas, 452 & suiv.

N

Napoli de Samarie, autrefois Sichem. Remarques sur cette Ville, 78
Nasser Emir. Sa politesse pour l'Au-

teur,

Nazareth Ville. Sa situation, son Monastere & Eglise, sa description, 267 & *suiv.*
Nourriture des Pelerins au Couvent de S. Sauveur, 112

O

*O*Béïssance au Pape est le seul point où les Orientaux different des Occidentaux, 133
Officiers du Couvent de S. Sauveur, & leurs Emplois, 113
Ordre de Chevalerie du S. Sepulchre. Son institution, & comment on le confere, 156 & *suiv.*

P

*P*Asha de Gaza appellé Hussein. Sa generosité pour les François, 33
Particularitez de la Chapelle des Abissins au S. Sepulchre, 125
Paul Evêque d'Eden Maronite reçoit l'Auteur. Description du festin, & des ceremonies qui s'y observent, 03 & *suiv.*
Pierres qui marquent les douze Tribus. Devotion des Juifs, 294
Pierres extraordinaires que l'on trouve auprés de Tripoli de Syrie, 391 & *suiv.*
Pilier de S. Paul à Damas, 464
Piscine de Bersabée. Sa description, 218
Plaine de Zabulon, 266
Poissons & écrevisses de Jerico qui sont privilegiez, 204
Potage aux lentilles que les Derviches donnent aux passans, 237
Précautions que l'on doit prendre contre les Arabes, 20

Z ij

TABLE

Prélats Maronites. Leur vie, 424 & suiv.
Puits d'Ascalon semblable à celui du Caire, 72
Puits de Jacob près de Samarie, 79 80
Puits du Prophete Nehemie, 171
Puits de Rama. Sa description, 31

R

Rama. Restes de cette Ville, 225
Rama ou *Ramlé* Ville de Palestine. Sa description, 23
Raisins de Damas, lieu où ils croissent. Rêveries des Juifs, 459
Reception que l'on fait aux Pelerins au Couvent de S. Sauveur, 105
Reina Village. Ce qu'on y voit, 272
Remarques particulieres sur la Ville de Jerusalem, & ses environs, 168. 206
Rencontre de Cavaliers Turcs, qui reçoivent l'Auteur en leur compagnie, leur politesse, 75 & suiv.
Repas que le Pacha de Gaza donne à l'Auteur dans sa maison de campagne, 54
Reservoir ou Fontaine de Siloë. Sa situation, sa description, 174
Retour de Rama à Acre, 262
Retour de l'Auteur de Gaza à Seïde par une autre route, 71
Riviere du Chien. Ce que les Turcs en disent, 378
Riviere des Saints, ou *Fluvius Sanctorum*, qui passe à Tripoli, 385
Riviere de Caïfa, 9
Richelius (le Pere George) Jesuite fort estimé du Pacha de Gaza, 38
Rocher du Prophete Elie, 225
Route de Rama à Seïde, 75
Route de Seïde à Gaza, 3

Route de Damas à Seïde, 465 & *suiv.*

S

S Aba. Monastere de ce Saint. Sa description, 244
Safet Capitale de Galilée. Dévotion des Juifs & la raison, 318 & *suiv.*
Sangiac de Jerusalem, 115
Sarepta Ville ancienne de la Palestine, sa description, 4
Sarfend. Résidence d'un Derviche, 4
Sceau du Patriarche du Mont-Liban, 422
Sebaste Ville ruinée, 84
Sebeste arbre & fruit. Sa description & ses usages, 354 & *suiv.*
Sepulchre de Joseph. Erreur sur cette tradition, 80
Sepulchre prétendu de S. Jean-Baptiste, 85
S. Sepulchre, Eglise. Sa description, 117
Sepulchre des Rois Chrétiens de Jerusalem, 121
Sepulchres prétendus de trois Rois de Juda, 169
Sepulchre de la Sainte Vierge, 179
Sepulchres de quelques Rois, 181 & *suiv.*
Sepulchre de Rachel, 224
Serail du Pacha de Gaza à Rama. Sa description & la reception que le Pacha fit aux François, 35
Serail d'Ibrahim Pacha à Gaza. Sa description, 53
Synagogue des Juifs à Barut, 349
Soyes de Barut. Different entre les Marchands François, 354 & *suiv.*
Soldats Drusses qui viennent à Canoobin. Leur portrait, & leur bravoure, 432 & *suiv.*
Souribe Marchand François député au Pacha de Seïde, 2

TABLE

T

Tableaux de Moſaïque dans l'Egliſe du S. Sepulchre, 110

Tamarins arbres & fruits. Leur deſcription & uſage, 336 & ſuiv.

Tartoura Ville au pied du Mont-Carmel, ſa deſcription, 13

Temple de Dagon à Gaza détruit par Samſon, 53

Temple de Salomon, à preſent Moſquée en vénération, & pourquoi, 207 & ſuiv.

Thabor Montagne fameuſe. Sa deſcription, 280 & ſuiv.

Terebinte de la Sainte Vierge, 219

Trônes dans le chœur des Grecs, 128

Tiberia ou Tiberiade Ville ſur le Lac de Genezareth. Sa deſcription, 275

Torrent de Ciſſon, 286

Tour de Babel, 459

Tour de Jacob, 224

La Tour Antonia, Forterreſſe ruinée de Jeruſalem, 217

Tripoli de Syrie Ville. Sa ſituation & ſa deſcription, 82 & ſuiv.

Turabeye Emir ou Prince des Arabes du Mont-Carmel, 29 & ſuiv.

V

Vallée de Joſaphat, où eſt le champ du Potier. Deſcription de ce lieu, 10 & ſuiv.

Vallée de Mambré, 234

Vie auſtere des Maronites du Mont-Liban, 421 & ſuiv.

Village ſur la route d'Eden, où le vin eſt ex-

DES MATIERES.

quis. Décision d'un Mufti de Tripoli sur ce vin, 401 & suiv.
Village du bon Larron, 101
Ville près de Damas habitée de Chrétiens. Son Eglise & ses merveilles, 462
Vin du Liban Son éloge, 399
Vivres mediocres, mais à bon marché dans la campagne d'Acre, 265
Voyage de Rama à Gaza avec le Pacha de cette Ville. Son équipage, 28
Voyage de l'Auteur à Jerusalem, 88
Voyage au Jourdain & aux environs, 185 & suiv.
Voyage à Bethléem & autres lieux, 217
Voyage à Nazareth, & au Mont-Carmel, 264
Voyage de Seïde à Barut, 324 & suiv.
Voyage du Mont-Liban à Damas, 436
Voyage de Barut à Tripoli de Syrie, 373
Voitures dont les Chrétiens sont obligez de se servir dans la Terre-Sainte, 93

Fin de la Table du second Volume.

www.ingramcontent.com/pod-product-compliance
Lightning Source LLC
Chambersburg PA
CBHW051354230426
43669CB00011B/1638